梅清年谱

蔡思羽　魏　靓◎著

安徽师范大学出版社
ANHUI NORMAL UNIVERSITY PRESS
· 芜湖 ·

图书在版编目(CIP)数据

梅清年谱 / 蔡思羽, 魏靓著. -- 芜湖 : 安徽师范
大学出版社, 2025.1. -- ISBN 978-7-5676-7113-3

Ⅰ. K825.72

中国国家版本馆CIP数据核字第202409R7A3号

梅清年谱

蔡思羽　　魏　靓◎著

MEIQING NIANPU

责任编辑 : 李慧芳　　　　　　责任校对 : 李克非

装帧设计 : 王晴晴　冯君君　　责任印制 : 桑国磊

出版发行 : 安徽师范大学出版社

　　　　　芜湖市北京中路2号安徽师范大学赭山校区

网　　　址 : https://press.ahnu.edu.cn

发 行 部 : 0553-3883578　5910327　5910310(传真)

印　　　刷 : 江苏凤凰数码印务有限公司

版　　　次 : 2025年1月第1版

印　　　次 : 2025年1月第1次印刷

规　　　格 : 787 mm×1092 mm　1/16

印　　　张 : 19

字　　　数 : 360千字

书　　　号 : 978-7-5676-7113-3

定　　　价 : 68.00元

凡发现图书有质量问题,请与我社联系(联系电话:0553-5910315)

前　言

梅清，系宣城文峰梅氏第十四世，据《文峰梅氏家谱》记载，其出于太七公七代孙珍公第五子梅枨。宣城梅氏主要有宛陵梅氏和文峰梅氏两支，均以唐末五代时期任宣城掾的梅远为始祖，据明梅鼎祚（字禹金）《先府君行状略》云："梅氏惟宣城繁，而皆非一族。唐末有伦叙公，授新安郡学教，生之慨，之慨生远，五代时为宣城掾，家焉。"又梅清辑《梅氏诗略》卷一云："远字维明，唐昭宗光化间，由吴兴之宣城为掾，以宣之风土淳厚，遂筑居于州学之西。梅氏卜世远大，实自公始。"梅清又在《柏枧山口行》长诗中写道："远公（即梅远）昔自吴兴至，历历四朝等百世。移来村落无迁次，宋代衣冠犹未坠。当年屈指尚书询，都官一出称宛陵。中间名世兼名臣，才子风流代主盟。"《宦林梅氏宗谱》卷首载："传二十一世而慨公子远为宣州掾，遂家于宣。宣之有梅，自远公始。至四世而中舍、学士二公崛起，五世而都官、殿丞，伯季炳炳麟麟，递显宋室，遂为宣之望族焉。"由此可知，宣城梅氏原籍浙江嘉兴，唐末五代时期梅远任宣城掾，将家族迁至宣城落户，大约在南宋嘉泰年间，文峰梅氏始迁祖太七公迁居宣城柏枧山，文峰梅氏自此繁衍。

柏枧山，位于城东南乡。《宁国府志》卷十《舆地志·山》载：柏枧山"山之阳即文脊山也。溪谷邃深，峰岩回曲，飞流界道，跨岫为梁。晋瞿硎先生隐此，古有僧以柏皮引水入厨，故名柏枧。"《宣城县志》第三十三章《文物胜迹·柏枧山》载："主峰天台海拔近千米，山势逶迤叠嶂、溪谷回曲深邃，悬峰峭壁，飞瀑长泻。"《辞源》称其："溪谷深邃，峰岩回曲，山水秀美，甲于江南。"古人有咏柏枧山诗《游柏枧》云："路入瞿硎室，松深古佛家。虹飞惊度壑，雀乳坐啼花。怒瀑冲云断，奔崖撼石斜。茗芽香共摘，峡露啜朝华。"自梅氏族人聚居柏枧山后，明清时相继建有文峰书院、柏枧山房，文峰书院为处士梅珍建，进士梅鹗撰

1

记，柏枧山房为清代古文大家梅曾亮建，其著名的《柏枧山房文集》就编著于此。文峰梅氏至明中期梅守德进士及第后，百余年人才辈出，先后孕育出梅禹金、梅清、梅庚、梅文鼎、梅毂成等明清两代著名剧作家、数学家、画家，有"宣城梅花遍地开"之誉。

曾祖父，梅继善。据《文峰梅氏宗谱》记载，继善，字幼孜，号城山，嘉靖甲子贡生，曾任赣州府学训导、宜都县学教谕、安庆府学教授等职。有子四人，长子梅守相是明万历己丑进士；次子梅守极（梅清祖父），字建甫，号斗枢，明万历丙子举人，先后受任安吉、高唐、冀州、通州等地知州，升南京户部江西司员外郎，督理淮安关榷，所至有惠政，今天安吉县的梅溪即因其得名；三子梅守峻九岁能文，当时被称为"天下奇才"，万历间任吏部主事等官职；幼子梅守和为万历戊戌进士，曾任广西按察使。时人誉为"一门四举人，兄弟三进士"，均为一代名流。

父亲，梅振祚，字伯起，号引虹。太学生，仕官文华殿中书。振祚为家中嫡长子，曾经独自捐修宣城柏枧山口引虹桥，在族人中很有威望。梅清从父（即叔伯、堂叔伯）有蓍祚（字子马）、嘉祚（字锡于）、台祚（字泰符）、咸祚（字以虚）、国祚（字景灵）、鼎祚（字禹金）、脣祚（字诞生）等，时有"林中七子"之称，各有著述和诗集。

振祚娶宣州溪口李氏，生四女。另有姜四位，分别是任氏、刘氏、李氏、张氏。梅清为张氏所生，在兄弟中排行第四，故有"梅四渊公"之称。从兄梅士玹、从弟梅梦绂、梅品，侄辈有梅磊、梅朗中等，侄孙辈中有梅庚、梅以俊等，都以诗书或绘画蜚声江左。因此顾景星说梅清"以名家子早陟公车，故其负气甚豪，未尝屑屑于寻尺"。

梅清，原名士羲，字渊公，号瞿山，别名在作品中常见的有：瞿硎、瞿山、敬亭山农、瞿山道者、老瞿、新田山长等。祖居在宣城城南七十里处的柏枧山口，自其祖父开始移宅到宣城东城。"自先大父版部公伯仲四人筮仕（古人将做官必先占卜问吉凶，故称刚做官为筮仕）时，实始移宅东城。"但在城外的宛东、黄池等处也建有住宅。《清史稿》卷四八九列传二百七十一《文苑一》载：梅清"宋梅尧臣后也。清英伟豁达，自力于学，以淹雅称。顺治十一年举人，试礼部不第。朝士争与之交，王士禛、徐元文尤倾倒焉。诗凡数变，自订《天延阁前后集》。年七十余，复合编《瞿山诗略》。书法仿颜真卿、杨凝式。画尤盘礴多奇气。尝作《黄山图》，极烟云变幻之胜，为当时所重。同族有梅庚者，生后于清。善八分书，亦工诗画，与清齐名。"《文峰梅氏家谱》卷五载："梅清，振祚四子，原名士羲，临场以梦授今名。""由邑庠生中顺治甲午科江宁乡试，考授中书，才储八斗，学总百家，少承诗礼，训昆季凡六人，克谐以孝。退则扫一室，披吟竟夜，为文刿肾抽肝，一切睥睨。年十六补博士员，诗文日有声。"惜"连上春官不得志，遂肆力诗古"，"间试墨画"，其画"磅礴有奇气，双松图苍秀劲古，尤佳绝。晚休宛上，集同志觞咏畅叙，日无虚暑，奖借后起，不遗余力"，有《瞿山诗略》《天延阁集》《梅氏诗略》等书行世。《宁国府志》卷二十九《人物志·文苑》载："梅清，字渊公，英伟豁达，以博雅负盛名。顺治甲午举于乡，遨游燕、齐、吴、越间。名公巨卿无不推毂。"好友施闰章在《瞿山诗略》卷首序中记叙："渊公名家子，生长阀阅，姿仪朗秀，有叔宝当年之目。其时插架万卷，歌呼自适，酒徒辞客常满坐。已而遭乱家落，弃举子业，屏迹稼园，窜身岩谷，郁郁无所处。始出应乡举，用是知名，驱车而北，再上春官，不得志。往还周览燕、齐、梁、宋之间，游接日繁。而其诗凡数变，其始年壮气盛，叱咤成篇。久之日见不足，杯罢夜阑，辄取旧所为雠校，删过半。所存赠答诸章，盖重友生之义，而其间沉至缠绵之意，则见之崎岖丧乱，岩栖旅食者为多。读其诗可以考其时、征其地焉。咏歌之余，间作墨画。下笔盘礴多奇气。"这是五十岁前的梅清。又《宣城县志》卷十八《文苑》载："梅清，字渊公，号瞿山。英伟豁达，读书辄竟夜不寐，既长，以博雅负盛名，顺治甲午举于乡，诗词雄迈隽逸，遨游燕、齐、吴、楚间，名公巨卿无不推毂。昆山徐元文、新城王士正尤倾服焉。远近名流至宣，倒屣相迎，御杯拈韵，主盟骚坛。后学藉以振起。善画理，墨松尤苍雄秀拔，为近来未有。"该志修订于康熙二十五年（1686年），那年梅清六十四岁。王士祯《居易卷》卷十七记载："宣城梅孝廉渊公清，别字瞿山，以诗名江左，画山水入妙品，松入神品。数年来罢公车，辑《梅氏诗略》十二卷……又写黄山天都、莲花、云门诸峰……备极烟云变幻之妙。……又寄画梅一卷，烟雪历落，枝干奇古，似过王孟端。"王士祯记载于梅清七十岁之后。王士祯还有"梅渊公画松为天下第一"之语。此后一些史书，如《画征录》《桐荫论画》《图绘宝鉴续纂》等有关梅清的记载均取上说。

妻，钱氏，出自宣城新田鲁墨钱氏，系吴越国主之后，与梅清感情极为深厚。据《文峰梅氏家谱》卷五记载："年十三嫔于公，克明内则，家贫躬亲春汲，丙夜勤女红给衣食，奉堂上欢颜，夫子得专精书史无忧内顾。""厥俪亦贵矣，身不纨

绮，首不玑翠，依然一贫诸生妇。""殁合葬公墓。生子五，季周、松龄、钟龄、
蔚、文远。女三，长适湖广黄陂原任前府都督同知陈公世昌次孙、刑部郎中于琏；
次适鳡鱼嘴孝廉刘公震生次子、庠生以治；三适总戎唐公邦杰荫子、金华府知府
文德。侧室江氏，生子一，熹（未及弱龄即早逝）。女一，适姜公兹山孙、庠生
绍会。"

凡　　例

一、叙述谱主活动，一般省略主语。谱主同他人联名参加的活动，一般只写同某某从事某项活动。

二、纪事按年、月、日顺序排列，少数条目采用纪事本末体。

三、同一时间有多条内容的，在第一条开头写明时间，自第二条起用"又"表示。

四、本谱中所录绘画、书法、印章作品图多见于出版物所录之公私藏品。谱后附有谱主绘画作品、书法作品和印章作品。

五、对谱主的作品采用原文引用和概述要点两种方法介绍。

六、某些重大历史事件，谱主虽未参加但与谱主有关，也单独列条，按时间顺序写入谱文中，与谱主生平有关之重要画史事件亦编入，作为谱主活动的背景材料。

七、对谱文中涉及的人物、地名、事件等，凡能查出者，作简略注释。

八、记述谱主活动涉及到的过去的地名现已改变的，加括号注明今名。谱主在同一时间到一省的几个地方活动，省名只在第一个地方出现。

九、数字在谱文中使用汉字表述。

十、本谱中所引用的书籍版本，在首次引用时注明，后文中仅注明书名和页码。所引文献若无标点则加标点。

十一、对于无法确认具体年份的谱主活动，依据《天延阁删后诗》《瞿山诗略》等资料，归纳至大致的时间范围。

目　　录

明崇祯十六年（癸未，1643年）二十一岁 / 13

清顺治（二十二至三十九岁）

清顺治元年（甲申，1644年）二十二岁 / 14

清顺治二年（乙酉，1645年）二十三岁 / 14

清顺治三年（丙戌，1646年）二十四岁 / 14

清顺治四年（丁亥，1647年）二十五岁 / 14

清顺治五年（戊子，1648年）二十六岁 / 15

清顺治六年（己丑，1649年）二十七岁 / 15

清顺治七年（庚寅，1650年）二十八岁 / 17

清顺治八年（辛卯，1651年）二十九岁 / 17

清顺治九年（壬辰，1652年）三十岁 / 17

清顺治十年（癸巳，1653年）三十一岁 / 17

清顺治十一年（甲午，1654年）三十二岁 / 18

清顺治元年（甲申，1644年）至十一年（甲午，1654年）二十二至三十二岁 / 20

清顺治十二年（乙未，1655年）三十三岁 / 25

清顺治十三年（丙申，1656年）三十四岁 / 25

清顺治十四年（丁酉，1657年）三十五岁 / 30

清顺治十五年（戊戌，1658年）三十六岁 / 38

清顺治十二年（乙未，1655年）至十五年（戊戌，1658年）三十三至三十六岁 / 38

清顺治十六年（己亥，1659年）三十七岁 / 43

清顺治十七年（庚子，1660年）三十八岁 / 47

清顺治十八年（辛丑，1661年）三十九岁 / 49

清康熙（四十至七十四岁）

清康熙元年（壬寅，1662年）四十岁 / 53

清康熙二年（癸卯，1663年）四十一岁 / 58

清康熙三年（甲辰，1664年）四十二岁 / 59

明天启（一至五岁）

明天启三年（癸亥，1623年） 一岁

腊月二十四（即1624年2月2日）子时，出生于宣城东城茶峡草堂。祖居在柏枧山口，清顺治十一年（南明永历八年，1654年）秋移居宛东（即东城），再移居平绿阁（由梅守和建），并将其改名天延阁。

《天延阁删后诗》卷五《宛东草·陈世祥序》（《四库全书存目丛书》编纂委员会编《四库全书存目丛书·集部第二二二册》，齐鲁书社1997年版，第263页）："瞿山之居曰'天延阁'，即旧所谓'平绿'者，为大参镜水公之遗构。"

《天延阁删后诗》卷十四《雪庐草·壬子腊月廿四日感怀》（第348页）："敢冀生今日，相看一老狂。"

《瞿山诗略》卷五《宛东草（丙申丁酉）·梅清自序》（《四库全书存目丛书》编纂委员会编《四库全书存目丛书·集部第二二二册》，齐鲁书社1997年版，第567页）："余故家世山口居也。自先大父版部公伯仲四人筮仕时实始移宅于东城，云惟先大父同廉使公铨部公偕居城内，而方伯公独于附城之外建一阁曰平绿，敬亭拱右，姑峰拥左，宛溪潆带于前，与禹金伯天逸阁相望并峙。故燕息之致较诸第独胜也。其后存历多故，余兄弟迁徙不常。越至甲午秋乃复卜居宛东。间以余力，次第完葺，而移平绿阁。于宅之西改曰天延。此则余托处之大略也。"

是岁，友人沈士尊出生。

沈士尊（1623—?），字天士，号五盐，安徽芜湖人，士柱胞弟。著有《愿庵集》。

梅清《行书长卷》（南京博物院藏）："曾向鸠兹唤沈郎，年同甲子鬓同霜。"自注曰："天士与余同庚。"

鸠兹，芜湖古称。

明天启四年（甲子，1624年）至七年（丁卯，1627年） 二至五岁

居家宣城东城茶峡草堂或宣城西北百余里的黄池（即今马鞍山市当涂县黄池镇）旧第。

《瞿山诗略》卷五《宛东草（丙申丁酉）·梅清自序》（第567页）："余兄弟迁徙不常。"

天启六年（丙寅，1626年）六月四日，友人邑人吴肃公出生。（《宣城吴府族谱》卷十《吴肃公传》）

吴肃公（1626—1699），字雨若，号晴岩，一号逸鸿。明诸生，入清不仕。以卖字、行医兼授徒自给。目眇，躄挛，多病几成废残，而著述勤劬不休。有《街南文集》二十卷、《续集》七卷等。

明崇祯（六至二十一岁）

明崇祯元年（戊辰，1628 年）　六岁

是岁，居宣城黄池旧第。

六月二十八日，五弟梅素出生。

梅素（1628—?），原名士羔，字素羔，号楚山，居宣城黄池，平生爱竹。著有《淇园诗略》。

明崇祯二年（己巳，1629 年）　七岁

是岁，在宣城黄池家塾中读书学习。其有诗忆曰："忆昔居池上，尚在孺子时。束发事书史，强半为儿嬉。伯仲五少年，娱乐无不为。挥手弄彩翰，横纵无嫌疑。自计平生欢，未或逾于斯。"［《瞿山诗略》卷十一《归舟草（丁未）·池上吟寄五弟素》，第604页］

池上，即黄池。

明崇祯三年（庚午，1630 年）　八岁

是岁，居宣城。

又，友人龚贤开始学画。

龚贤（1618—1689），一名岂贤，字半千，号野遗、柴丈人等，江苏昆山人，早年曾参加复社活动，入清隐居不出，居南京清凉山，卖画授徒，生活清苦。性孤僻，与人落落寡合。他是一位既注重传统笔墨又注重师法造化的山水画家。他与同时活跃于金陵（今江苏南京）地区的画家樊圻、高岑、邹喆、吴宏、叶欣、胡慥、谢荪并称"金陵八家"。工诗文，善行草，源自米芾，又不拘古法，自成一体。著有《香草堂集》。

明崇祯四年（辛未，1631年） 九岁

是岁，居宣城。

又，友人龚贤从董其昌习书画，髡残削发为僧，投龙山三家庵中。

髡残（1612—?），俗姓刘，武陵（今湖南省常德市）人。幼年失怙，青年出家为僧，法名髡残，字介丘，号石溪、白秃、石道人、残道者等。明亡后寓居南京，修禅弘佛之暇潜心于山水画的创作。他承袭元人王蒙、黄公望，明人沈周、文徵明诸家笔法，结合自身的感悟，形成独特的山水画风。善用秃笔、渴墨，以线造型，在深浅、断续、粗细线条的相互交叉、转换、顿挫中表现幽僻的景致，意境苍莽，画格高逸古拙。他与同时代的程青溪合称"二溪"，与石涛合称"二石"，与八大山人、弘仁、石涛并称"清初四僧"。

明崇祯五年（壬申，1632年） 十岁

是岁，居宣城。

明崇祯六年（癸酉，1633年） 十一岁

二月七日，族侄梅文鼎出生。

梅文鼎（1633—1721），字定九，号勿庵，精历算之学。于古书之难读者，必求其说，至废寝忘食。圣祖南巡，召对御舟，赐赍甚厚。居京师，公卿皆与之交。李光地命子弟及群从皆执弟子礼。著作大部为天算之书，多至八十余种，皆发前人所未发。亦善诗文，著有《积学堂诗钞》四卷、《积学堂文钞》六卷。

是年，居宣城。

又，友人沈泌出生。

沈泌（1633—1689），字方邺，号昕斋，沈寿尧之子，博闻强记，才捷一时，是宣城诗派的后劲。所著甚多。今存《溪口杂咏》。（戎毓明主编《安徽人物大辞典》，团结出版社1992年版，第266页）

明崇祯七年（甲戌，1634年） 十二岁

是岁，居宣城。

又，从父梅膺祚卒，终年八十七岁。

梅膺祚，字诞生，明国子监太学生，有"古代字典体例的开创者"之誉。一生沉游书海，著述多种。《字汇》一书最负盛名，为海内珍本。《字汇》对《说文解字》作了重大改革，将其五百四十个部首，归类合并成二百一十四个，并首创按笔画多寡排列部首和单字，使字典具备通俗实用和便于检索的特点。《康熙字典》问世之前，《字汇》是我国古代唯一完备的大字典。

又，友人王士祯出生。

王士祯（1634—1711），字子真，又字贻上，号阮亭，晚号渔洋山人，原名王士禛，因避讳，改名士正，乾隆帝赐名士祯，山东新城（今山东桓台）人。顺治十五年（1658年）进士，翌年出任扬州府推官，累官至刑部尚书。康熙四十三年（1704年）罢官归里。康熙五十年（1711年）卒于里第，乾隆间补谥"文简"。其论诗，继承了司空图"味在酸咸之外"和严羽"羚羊挂角，无迹可求"的理论，自称平生诗论屡变，但创导"神韵"则是一贯的，晚年编选《唐贤三昧集》，仍以"隽永超诣者"入选，不录李白、杜甫二家之诗。王士祯也能词，如《浣溪沙》"绿杨城郭是扬州"，即为传世名句。著有《阮亭诗钞》十七卷、《带经堂全集》九十二卷、《渔洋山人精华录》十卷，诗话、笔记《渔洋诗话》《池北偶谈》《居易录》《香祖笔记》等。

明崇祯八年（乙亥，1635年） 十三岁

六月二十七日，侄孙梅以俊出生。

梅以俊，字子彦，号承露，麒子，国祚曾孙。博综经史百家。古文词豪宕有奇气，诗尤古雅清腴。入清隐居，有古文士遗风。著有《弱冠草》《承露集》《茗语》。（《安徽人物大辞典》，第264页）

又，随家父梅振祚从宣城移至宣城黄池。

何时迁回宣城不得而知。

明崇祯九年（丙子，1636年） 十四岁

是岁，居家。

其时是否移回宣城东城茶峡草堂不详。

明崇祯十年（丁丑，1637年） 十五岁

是岁，居家。

明崇祯十一年（戊寅，1638年） 十六岁

六月十九日，侄孙梅鋗出生。

梅鋗，原名以行，字尔止，号桐崖，康熙进士。知太平县，多惠政；官福建巡抚时，上疏请赈，阖省俱沾实惠。官至左都御史。

十月一日，长子季周出生。

《文峰梅氏宗谱》卷六载："季周，字天章，号岐初，邑庠生。恩授贡生，考授州同。""崇祯十一年十月初一卯时生，康熙丁卯殁。娶官塘湖（官塘湖在宣城北郊）太学生杨公一蕃女，殁葬柏枧山飞桥侧。生子二：彪、彤。彤过继松龄主后。"

是岁，居宣城茶峡草堂，通过童子试。入宁国府学。

《瞿山诗略》卷首《梅清自序》（第537页）："使者将按郡，先君督应童子试。余始键户攻苦无昼夜，久而不知其疲。同学与从者皆病。"梅清幼时就对绘画感兴趣，曾对着山林树木自学绘画。但其父亲管教甚严，不许他信手涂抹。督促其应童子试，梅清遂闭门苦读。

又，父梅振祚卒，自此守丧三年。

《瞿山诗略》卷首《梅清自序》（第537页）："是岁（即崇祯十一年）入学，先君倏见背，余年十六矣。"《文峰梅氏宗谱》载，崇祯十六年（癸未，1643年），父卒。两者说法不一。梅振祚"生明隆庆五年辛未十月初十日寅时，殁崇祯癸未。享年七十三。葬山嘴大塘冲祖茔前。前妻溪口李氏，女三，长适赣州通判冯世升；次适蔡贡士子蔡胤恂；三适蒙阳蔡公凤子蔡胤庄。殁葬楚王城脚下。侧室任氏，生子一，士美。刘氏，生子一，士羡。李氏，生子二，士羹、素。张氏生子二，清、英，女一，适山西榆次县原任顺德知府周玮。共子六女四。"

又，自此三年多病，乃从病中学诗于方文。

《瞿山诗略》卷首《梅清自序》（第537页）："居三年，多病，乃从病中学诗。余之学诗也，断自方子畲山始。畲山论诗，喜吟咏有一唱三叹之致。余闻之，恍然得其大意。"

方文（1612—1669），字尔止，号嵞山，安徽桐城人。梅清诗友兼启蒙之师。少负时誉，好结四方名士，与从子以智声名相颉颃。值世乱，不就博士弟子试，专心著述以终。文诗善抒性灵，不屑雕绘，好改人诗，每与人辩，至面赤背汗不少休。著有《嵞山集》五十卷，诸名家如钱谦益、施闰章、龚鼎孳辈均推许之。（谭正璧编《中国文学家大辞典》，上海书店1981年版，第1297页）

约从是岁始作诗，所作编入《天延阁删后诗》卷一《拟古乐府》。

《天延阁删后诗》卷一《拟古乐府·梅士玹序》（第219页）曰："渊公年正少。"据此判定，此集作品当在学诗之后，成年之前，故系于是年之下。

明崇祯十二年（己卯，1639年）　十七岁

是岁，友人余怀至，访其出宰宣城的从兄余飓。余怀有《忆昔行答赠梅瞿山先生》一诗纪梅清事。

余怀（1616—1696），字澹心，一字无怀，号蔓翁，又号蔓持老人，福建莆田人，侨寓江宁。他工词善曲，诗清而能绮，丽而不靡。著有《砚林》一卷、《板桥杂记》三卷、《妇人鞋袜考》一卷、《茶史补》一卷、《三吴游览志》一卷、《秋雪词》一卷、《味外轩文稿》等。

又，守丧于宣城城内茶峡草堂家中。

又，友人萧云从中副榜，弟云倩中举。

萧云从（1596—1673），原名龙，字尺木，号默思、无闷道人、钟山老人等。梅清画友。芜湖人，明崇祯副贡生，入清不仕。擅诗文绘画，精画山水，兼工人物，风格疏秀，晚年放笔，自成一家，称"姑孰派"。著有《梅花堂遗稿》。

冬，与梅磊等人参与友人顾梦游在宣城的社集论诗吟咏活动。

顾梦游（1599—1660），字与治，晚明秦淮名士，著名诗人，贡生。喜交游、好结社，工古文辞，善行草书。"诗情书法，妙绝一时"，以"表扬文士为己任"，名垂江左。顺治十七年（1660年）卒，好友施闰章为其治丧，方文、沈希孟等人搜罗其遗稿，刊刻出版《顾与治诗集》。[徐耀新主编《南京文化志》（上），中国书籍出版社2003年版，第97页；宋廷军《晚明秦淮名士顾梦游是金陵诗坛领袖式人物》《金陵晚报》2021年10月29日]

明崇祯十三年（庚辰，1640年） 十八岁

一月二十日辰时，侄孙梅庚出生。（《文峰梅氏宗谱》卷七）

梅庚（1640—1722），原名以庚，一字耦长、子长，号雪坪、雪坪子，又号听山翁。梅鼎祚之孙，梅朗中子，少孤，力学，能承其祖、父之传，与梅清齐名，是清初著名画家、诗人。康熙二十年（1681年）举人，官浙江泰顺知县，多惠政。善八分书，作画旷逸有雅韵，尤长于诗。著有《天逸阁集》。

暮春，作《芝寿图》（立轴，设色纸本）。

该图是目前发现的梅清最早的绘画作品。

《芝寿图》

是岁，守丧于宣城城内之茶峡草堂，与族侄梅磊等竞相读书。

《瞿山诗略》卷首《梅清自序》（第537页）："犹忆壬午夏，杓司下榻草堂。浴罢衔卮，取陶谢李杜诸集及乐苑诸书，两人竞读。每夜默之，各以数百计。时愚山、观湖、晴岩、晓原、鹤耆诸同学，蒸蒸然来和之，致足乐也。"

又，友人汤燕生授徒于宣城。

汤燕生（1616—1692），字元翼，号岩夫、黄山樵者。安徽太平（今黄山）人。甲申后弃诸生，寓居芜湖。工诗文，善书画，博览群书，究心于易。著有《商歌集》。

又，此后的两年间，与族侄梅磊共同从梅朗中学诗，两年后搬至宣城城东之稼园。

《天延阁删后诗》卷二《稼园草·梅磊序》（第232页）："余从先兄朗三游学五七言诗，渊公来和之，臭味始蒸蒸矣。是后余得句必属渊公，渊公得句亦必示余，虽盛暑严霜，罔有间焉。如是者凡两年，渊公会以他故，移居城东，或月一见，或积月一见。"

明崇祯十四年（辛巳，1641年）　十九岁

是岁，居宣城城内茶峡草堂。

明崇祯十五年（壬午，1642年）　二十岁

三月，方文、刘长倩、龚孟章集天逸阁，喜而晤之。

方文有《梅朗三招同刘长倩、龚孟章集天逸阁》，见方文《嵞山集》卷一。

又，在宣城，与方文、梅超中、麻三衡、蔡蓁春等人泛舟响山，兼访梅磊别业。

《天延阁删后诗》卷二《稼园草》中有《春日同方尔止、麻孟璇、蔡大美、家季升诸子泛舟响山，兼访家杓司别业》（第239页）。

方文在宣城盘桓，和麻三衡（字孟璇）、颜庭绍（字庭生）、梅超中、蔡蓁春等结诗社。

蔡蓁春，字大美，明末清初宣城人，文章初为陈子龙所推重，与梅清、施闰章相友善。家贫，好交游，客至每质衣具酒。著有《来谂居集》等。

又，吴兴闵中介、齐安余十房、五狼陈善伯、歙州赵藏若和同里（即同乡）黄鸣仙诸子过访，遂喜而分韵赋诗。

《天延阁删后诗》卷二《稼园草》中有《田居喜吴兴闵中介、齐安余十房、五狼陈善伯、歙州赵藏若、同里黄鸣仙诸子过访，分得闲字》。

吴兴郡，三国东吴宝鼎元年（266年）置，治所在乌程县，辖地相当于今湖州市。

齐安，即黄州，治所在今湖北黄冈。

五狼，即五琅山，在今江苏南通。

歙州，即今安徽泾县。

夏，梅磊下榻茶峡草堂，与施闰章、倪正、吴肃公、蔡瑶、王露等友人竞赛默诗。

蔡瑶，字晓原，号玉及，宣城人。工画，梅清画友，与梅清、梅庚、梅翀合称"宣城四妙"。刻有《晓原诗留》，即景生情，诗中有画。

王露（？—1670），字湛斯，号翥鹤，宣城人。梅清画友。陈维崧有《桃源忆故人·秋日晒扇，见故人王湛斯画柳，赋此志感》词："天涯乍遇宣城叟，御苑听砧时候。曾写几行疏柳，劝我青门酒。别来往事消沉久，只有齐纨在手，露叶烟条依旧，解与愁眉斗。"（钱仲联选编《清八大名家词集》，岳麓书社1992年版，第46页）

秋，作《悲秋》诗。

《天延阁删后诗》卷二《稼园草》中有《悲秋四首》（第239页）。

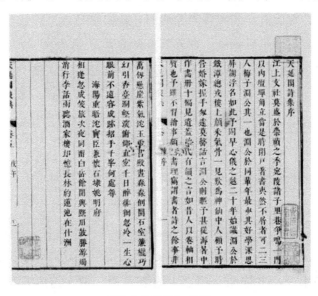

《天延阁诗集》书影

又，梅庚父梅朗中往休宁县白岳山授经，秋，卒，年三十六，时，梅庚年仅三岁。

梅士好《哭朗儿》诗曰："多才夭折莫嗟伤，修短同归向北邙。但是吾年五有七，逢儿三十六云亡。"（梅鼎祚《宛雅二编》卷八）

又，游广陵，夜发采石矶。

《天延阁删后诗》卷二《稼园草·梅清自序》（第233页）："岁壬午……游广陵，并附有淮海数诗。"

《天延阁删后诗》卷二《稼园草》中有《夜发采石》（第238页）。

广陵，即今江苏扬州。

又，舟泊广陵。

《天延阁删后诗》卷二《稼园草》中有《舟泊广陵复寄八兄象先清浦》（第238页）。

又，过邗江。

《天延阁删后诗》卷二《稼园草·邗江》（第240页）："十年佳丽梦扬州，此日萧条泊小舟。二十四桥何处是，满江风雨使人愁。"

邗江，因春秋吴王夫差筑邗城、开邗沟而得名，距今已有约2500年的历史。邗江位于江苏省中部，长江三角洲腹部，长江与淮河交汇处，东依上海，西连南京，南临长江，北接淮水，中贯京杭大运河，是国家历史文化名城——扬州的重要组成部分。

又，作《广陵怀古》诗。

《天延阁删后诗》卷二《稼园草》中有《广陵怀古》（第238页）。

又，在润州城楼看雨。

《天延阁删后诗》卷二《稼园草》中有《润州城楼看雨》（第238页）。

润州，即今江苏镇江。

又，在清江浦坐雨赋诗。

《天延阁删后诗》卷二《稼园草》中有《清江浦家水部叔署中同肤公叔象先兄维百弟坐雨分赋》（第238页）。

清江浦，今江苏省淮安市辖区，古黄河、里运河、大运河、淮河四水穿城，京杭大运河等多条流域性航道通江达海，是苏北地区重要的区域性交通枢纽。

又，在清江浦舟中作诗。

11

《天延阁删后诗》卷二《稼园草》中有《清江浦舟中呈家水部无华六叔二十韵（同肤公叔季因叔象先兄维伯弟石郎侄赋）》（第240页）。

又，作《客中送懒先》诗。

《天延阁删后诗》卷二《稼园草》中有《客中送懒先》（第238页）。

又，作《楼晚》诗。

《天延阁删后诗》卷二《稼园草》中有《楼晚》（第239页）。

冬，钱塘吴羽三、徐世臣、徐复仪、叶雷生等同客宣城（客居两个月），与其论文把酒，相得甚欢。

《天延阁删后诗》卷二《稼园草·赠别徐世臣归越》（第240页）："敬亭游未惬，竟别敬亭归。分手一何遽，离怀遄欲飞。当歌群还还，洒洒独依依。微雨江城寂，荒烟驿路围。晓寒惊立马，野翠恋征衣。西洛悲张载，南津念陆机。诸公心共远，旧日兴都违。水到钱塘涧，云过玉岭微。陇梅开正晚，衡雁返应稀。怪我长桥望，秋风各掩扉。"

《天延阁删后诗》卷五《宛东草·秋怀十二子·钱塘吴子羽三》（第270页）："壬午冬，羽三与徐世臣、徐汉官、叶蕃仙同客宛。阅两月，论文把酒，相得欢甚。"

《天延阁删后诗》卷八《越游草·徐继恩序》（第289页）："忆壬午岁暮，薄游敬亭，白犬丹鸡，唱余和汝。"

吴羽三，生平不详。据戈炳根主编《常熟国家历史文化名城词典》"临社"条："清初文社名，常熟钱方明创立。成员有陆圻、汤卿谋、尤桐、吴羽三、黄蕴生、侯涵、归士琯、陆振宣、陆薄明、陆远之等。"

徐继恩，字世臣，名止岩，号菽庵、豁堂，杭州人。梅清诗友。明亡，为僧，住西湖净慈寺。工诗善画。著有《同凡集》。

徐复仪（？—1646），字汉官，今浙江绍兴上虞人。崇祯十六年（1643年）进士。福京亡，"幅巾草履走千里，归辞父母妻妾，独居山中，日诵离骚。……一日风雨昼晦，恸哭，急投谷中死，目犹张。其父承宠趋视，持其首哭之，乃瞑"。

叶雷生，字蕃仙，号蓉庵，今浙江绍兴人。崇祯十五年（1642年）举人。入清，官清丰知县。著有《游滁草》《叶蓉庵诗》。

是岁，由宣城城内移居城东外三里之稼园。

《天延阁删后诗》卷二《稼园草·梅清自序》（第233页）："稼园在郡城东三里

许。余少时惬志田亩，不乐居嚣市。岁壬午，从城内旧第携家迁此地。虽近郭而细径曲折，古木幽深。俯仰周遭，划然有人世之别。曰稼园，砥初志也。先是有《稼园集》二卷，大略皆田间作苦之辞，不敢告世，曾删其半。兹复取其所为半者删之。匪以存诗也，存初志也。是岁，游广陵，并附有淮海数诗。"

又，年届二十，尚未有所作为而甚感不安。

《天延阁删后诗》卷二《稼园草·稼园九首之九》（第234页）："昔闻贾洛阳，二十擅文辞。我今丁斯年，枯槁胡所为。白眼守穷庐，欲动畏人嗤。我生不上古，安用浮名欺。何如衡门下，一咏归来诗。"

又，将往来赠答之诗，辑成《休夏集》。

《天延阁删后诗》卷六《休夏集·梅清自序》（第273页）："余不敏，自束发即有志四方。思以诗文贽当世，首于壬午岁浪迹白门，萍寄萧寺。往来赠答有《休夏草》。顾子与治序之，此余问世初编也。"

又，作诗赠丹湖唐著天。

《天延阁删后诗》卷二《稼园草》中有《赠别唐著天》（第236页）。

丹湖，位于今江苏省高淳区西部。

又，友人石涛出生。

石涛（1642—1708），明宗室靖江王赞仪之十世孙，广西桂林人。本姓朱，名若极，小字阿长，削发为僧后，更名元济、超济、原济、道济，自称苦瓜和尚。游南京时，得长竿一枝，因号枝下叟，他的别号很多，还有大涤子、清湘陈人、靖江后人、清湘老人等。

明崇祯十六年（癸未，1643年） 二十一岁

是岁，赴芜湖拜见萧云从，自此与其结成忘年交，并受赠诗画。

萧云从《题画赠渊公》："秋华揽尽日幽闲，放艇开尊暮未还。有句惊人怀老谢，松风直到敬亭山。"

清顺治（二十二至三十九岁）

清顺治元年（甲申，1644年） 二十二岁

是岁，居宣城城东之稼园。清朝鼎定后，继续举子业。

《瞿山诗略》卷首《梅清自序》（第537页）："岁甲申，典朝鼎既定，余乃复事举子业。"

清顺治二年（乙酉，1645年） 二十三岁

是岁，居宣城城东之稼园。

仲春既望五日，从兄梅士玹为《瞿山诗略》卷一《乐余集（甲申至甲午）》作序。

梅士玹，字象先，号孤山人，由太学生官少尹，卒于任。著有《梅孤山先生八集》。

清顺治三年（丙戌，1646年） 二十四岁

是岁，居宣城城东之稼园。

八月，施闰章以第十八名中举。

九月十六日，作《黄山松云图》。题款："夙爱黄山风景幽，危桥松引渡深秋。欲穷天际观云海，直到丹梯最上头。丙戌秋九月既望，瞿山梅清。"

清顺治四年（丁亥，1647年） 二十五岁

是岁，居宣城城东之稼园。

仲夏，作调色山水团扇，赠溧阳马世俊。题款："甸臣一兄大人雅正，丁亥仲夏，瞿山弟清。"

马世俊（1609—1666），字章民，号甸臣，今江苏溧阳人。顺治十八年（1661年）状元，官至翰林侍读。精于书画，有"二右"之誉，即书如右军（王羲之），画似右丞（王维）也。其书工于楷，尤善各体书。画擅山水，好作巨幛，不专师法，而自出杼轴，耸拔夺目。著有《匡庵诗集》等。

清顺治五年（戊子，1648年） 二十六岁

是岁，居宣城城东之稼园。

清顺治六年（己丑，1649年） 二十七岁

是岁，迁居新田，在新田期间，时常读书、吟诗和作画，并时与同里诗友订为文会。

《天延阁删后诗》卷三《新田集·梅清自序》（第245页）："计余移居新田，则在岁之己丑间也。新田，逸山名，与华阳、柏枧诸峰联络。鼎峙一庐数亩，寝食于斯。俯仰之间，阒焉自适。维时家益穷，而读书之兴未倦。与里族同志数子订为文会，或邻一溪，或隔一岭，相望而呼，风雨靡辍。制艺之余，酒酣兴发，泼墨挥毫，分题拈韵。倡和之篇，所在都有。阅数年间，颇有读书之乐。迄今回首，邈不可追。甲午冬底，辑而删之。原稿仅存百首，兹复删其大半，存三十余首。嗣后，己亥从北征归，携家托迹鲁墨，仓皇之中，得诗十余首。鲁墨与新田咫尺，并附各体之后，仍名曰新田草。"

八月十五，有诗三首，对比前两年八月十五的"欢满堂""歌满城"，有"今夕何夕"之感，对下一年的八月十五又生出"复何处"之叹。

《天延阁删后诗》卷三《新田集》中有《八月十五夜三首》（第248—249页）。

秋，作《曳杖过溪图》轴。题款："谷里云烟常隐约，门前松石喜平安。歌完曳杖过溪去，图得青山自在看。己丑秋日，呈闰翁老师教之。瞿山道人梅清。"

又，梅庚入乡塾，好为诗。

又，作《移居新田草堂》诗。

《天延阁删后诗》卷三《新田集》中有《移居新田草堂四首》（第245页）。

又，作《赠凡民九兄》诗。

《天延阁删后诗》卷三《新田集》中有《赠凡民九兄》（第245—246页）。

又，作《敬亭怀古》诗。

《天延阁删后诗》卷三《新田集》中有《敬亭怀古》（第 246 页）。

又，作《墨溪社集怀古》诗。

《天延阁删后诗》卷三《新田集》中有《墨溪社集怀古》（第 246 页）。

又，作诗送江右岷之太平仙源。

《天延阁删后诗》卷三《新田集》中有《送江右岷之仙源》（第 248 页）。

仙源，为安徽太平县辖下的乡镇，现已没太平湖下。

又，作诗题黄谷坑草阁。

《天延阁删后诗》卷三《新田集》中有《题黄谷坑草阁》（第 249 页）。

又，作诗寄钱果存。

《天延阁删后诗》卷三《新田集》中有《寄钱果存》（第 249 页）。

又，同王露、陆在璞等诸子在宣城叠嶂楼赋诗。

《天延阁删后诗》卷三《新田集》中有《同王湛斯、陆在璞诸子叠嶂楼次壁间原韵》（第 249 页）。

陆之珍，原名之瑜，字在璞，宣城人。

又，有诗寄五弟梅素。

《天延阁删后诗》卷三《新田集》中有《寄五弟池上》（第 251 页），其中有"秋山秋水处处寒"之句。

又，同杨景倩、吴周臣、洪天度、汪雨公等在宁国西津夜饮，并分韵赋诗。

《天延阁删后诗》卷三《新田集》中有《西津夜饮同杨景倩、吴周臣、洪天度、汪雨公分得青字》（第 249—250 页）。

汪雨公，即汪作霖，字雨公，宁国人。

又，与方育盛、倪正等在宣城黄池五弟梅素处唱和盘桓。

《天延阁赠言集》卷之二中有方育盛《戊申春仲客宛上晤渊公老年世长兄感赋四首》（之三）（《四库全书存目丛书》编纂委员会编《四库全书存目丛书·集部第二二二册，齐鲁书社 1997 年版，第 504 页）。

方育盛，字与三，号栲舟，安徽桐城人。方拱乾第三子。顺治十一年（1654年）举人。其父方拱乾批点之《杜诗论文》即由他"敬照底稿，誊录清册"而流传下来。

冬，作《仿李营丘雪景图》扇面。题款："己丑冬月呵冻仿李营丘法，瞿山梅清。"

收录于廉泉编《明清名家扇面大观》（文明书局 1916 年版）。

清顺治七年（庚寅，1650年） 二十八岁

是岁，居家新田。

清顺治八年（辛卯，1651年） 二十九岁

是岁，居家新田。

十二月十二日。次子松龄出生。

《文峰梅氏宗谱》卷六："松龄原名澄，字贞汝，号鹤次，郡庠生……顺治八年十二月十二日生，康熙戊午殁。娶莱州府司理李公煌长女。"

是岁，游西湖。

《天延阁赠言集》卷之一徐继恩《喜渊公过访湖上》（第 488 页）："千里相逢还怅惘，十年论别漫跑躅。……莫怪西泠风景异，敬亭云鸟近何如？"《天延阁删后诗》卷八《越游草·徐继恩序》（第 289 页）："忆壬午岁暮，薄游敬亭，白犬丹鸡，唱余和汝。邓禹封侯之年，贾生献赋之日。抗心邺下，托志兰陵，远想古人，谓为可接。"自明崇祯十五年（1642 年）至清顺治八年（1651 年）恰为十年。

清顺治九年（壬辰，1652年） 三十岁

是岁，居家新田。

五月，为盛时泰作《秋山觅句图》。题款："秋山觅句。岁在壬辰夏五月，仿贺真笔法，梅清为盛时泰画于城山草堂。"

盛时泰，生卒年不详，应天府上元（今南京）人，字仲交，号云浦。嘉靖进士，一说贡生。善画水墨山水竹石，为吴派名画家，亦工书法，擅名一时。笃学有才气，喜藏书。著有《城山堂集》《牛首山志》等。

十二月二十四日，三子钟龄出生。

《文峰梅氏宗谱》卷六："钟龄字鸣汝，号竹虞。郡廪生……顺治九年十二月二十四日生，康熙壬戌殁。娶詹鲁泉公孙女。"

清顺治十年（癸巳，1653年） 三十一岁

是岁，居家新田。

清顺治十一年（甲午，1654年） 三十二岁

季春，在宣城。

又，钱光绣过访，以所藏方于鲁、程大约墨条数函示之，钱光绣遂作《梅渊公藏墨歌》。

《天延阁赠言集》卷之一中有《梅渊公藏墨歌》（第488页）。

方于鲁，生卒年不详，初名大激，字建元，歙县人。明代制墨家。初学为诗，后改而制墨。本为程君房家制墨工人，后独自经营，与君房齐名，著有《方氏墨谱》《方建元诗集》等。（邵洛羊主编《中国美术辞典》，上海辞书出版社1991年版，第185页）

程大约，生卒年不详，字幼博，又名君房、士芳。明万历时安徽休宁人。善制墨。辑有《程氏墨苑》。

佛腊日（农历七月十五日），施端教为《天延阁删后诗》卷四《燕征》作序。

《天延阁删后诗》卷四《燕征·施端教序》（第253页）："甲午佛腊日，泗上年家眷弟施端教题。"

施端教（1603—1674），字匪莪，泗州（今安徽泗县）人。梅清友人。喜集唐人成句为诗，切情指事，绝无凑合痕迹。以贡生为宣城训导，升范县知县，迁东城兵马司指挥。精六书，工草隶。著有《唐诗韵汇》《集唐》。

秋，以乡荐中举。

《清史稿》卷四百八十九《列传·文苑一》："梅清……顺治十一年举人，试礼部不第。"

又，徐世臣来宣城，出示越游新诗，读之感慕不已，喜而赋诗。

《天延阁删后诗》卷五《宛东草》中有《秋怀十二子·钱塘徐子世臣》（第269—270页）。

又，移居宣城城东，并移平绿阁于宅之西，更名"天延阁"，后居此三十余载。

《天延阁删后诗》卷五《宛东草·梅清自序》（第264页）："越至甲午秋，乃复卜居宛东。间以余力，次第完葺，而移平绿阁于宅之西，改曰'天延'。此则余托处之大略。"

十一月二十一日，四子梅蔚出生。

《文峰梅氏宗谱》卷六：蔚"原名文起，字豹方，号柏岩……顺治十一年十一月二十一日生，康熙丙戌殁。娶钱氏，继娶颜氏，生子五，炳、大声、焕、祖远、祖俞。祖远过继堂兄文奇为后，大声过继兄钟龄为后。"

冬，将北上赴试。施端教赠诗曰："凌云登高台，大雅将在兹。"王露亦赋古诗六章相赠。

《天延阁赠言集》卷之一中有施端教《甲午冬梅渊公公车将发薄赠一诗兼致都门故人见南榜有渊公吾党亦不寂寞也》（第490页）、王露《甲午冬梅子渊公上公交车第赋古诗六章为寿章十句》（第496页）。

仲冬，过句曲，将访朱亮公，于古丹阳道上与之相遇，时亮公去金陵，自己病中。病愈后返金陵。

《天延阁后集》卷五《宛东草》中有《秋怀十二子·句曲朱子亮公》（《四库全书存目丛书》编纂委员会编《四库全书存目丛书·集部第二二二册，齐鲁书社1997年版，第270页）。

句曲，山名，在今江苏省镇江市句容市东南。相传汉茅盈与其弟固、衷修道于此，故又称茅山。

又，过金陵。

《天延阁后集》卷六《己未庚申诗略·重过秦淮竹枝词九首（其九）》（第432页）："儿时午日甲申前，甲午来游又一年。两度鼓声俱在耳，可容还上太平船。"

冬末，《新田集》辑成。

《天延阁删后诗》卷三《新田集·梅清自序》（第245页）："甲午冬底，辑而删之。原稿仅存百首，兹复删其大半，存三十余首，嗣后，己亥从北征归，携家托迹鲁墨，仓皇之中，得诗十余首。鲁墨与新田咫尺，并附各体之后，仍名曰新田草。"

又，顾梦游为《新田集》作序。

《天延阁删后诗》卷三《新田诗》中有《顾梦游序》（第241—242页）。

又，钱光绣为《新田集》作序。

《天延阁删后诗》卷三《新田集》中有《钱光绣序》（第242—243页）。

又，倪正为《新田集》作序。

《天延阁删后诗》卷三《新田集》中有《倪正序》（第243—244页）。

又，李育遂评海内闱牍，得梅渊作，辄掩卷叹曰："此仙才也。顾安得亲炙其

人，而与相上下哉！"（《天延阁后集》卷二《乙卯诗略·李育遂序》，第383页）

清顺治元年（甲申，1644年）至十一年（甲午，1654年） 二十二至三十二岁

作《卿云歌三章》诗。

《瞿山诗略》卷一《乐余集（甲申至甲午）》中有《卿云歌三章》（第543页）。

又，作《江南曲》诗。

《瞿山诗略》卷一《乐余集（甲申至甲午）》中有《江南曲》（第543页）。

又，作《鸡鸣》诗。

《瞿山诗略》卷一《乐余集（甲申至甲午）》中有《鸡鸣》（第543页）。

又，作铙歌八章。

《瞿山诗略》卷一《乐余集（甲申至甲午）》中有《铙歌八章》（第543—544页）。

又，作《箜篌引》诗。

《瞿山诗略》卷一《乐余集（甲申至甲午）》中有《箜篌引》（第544页）。

又，作《城南行》诗。

《瞿山诗略》卷一《乐余集（甲申至甲午）》中有《城南行》（第544页）。

又，作《西门行》诗。

《瞿山诗略》卷一《乐余集（甲申至甲午）》中有《西门行》（第544—545页）。

又，作《苦寒行》诗。

《瞿山诗略》卷一《乐余集（甲申至甲午）》中有《苦寒行》（第545页）。

又，作《善哉行》诗。

《瞿山诗略》卷一《乐余集（甲申至甲午）》中有《善哉行》（第545页）。

又，作《短歌行》诗。

《瞿山诗略》卷一《乐余集（甲申至甲午）》中有《短歌行》（第545页）。

又，作《长歌行》诗。

《瞿山诗略》卷一《乐余集（甲申至甲午）》中有《长歌行》（第545页）。

又，作《古别离》诗。

《瞿山诗略》卷一《乐余集（甲申至甲午）》中有《古别离》（第545—

546 页）。

又，作《子夜四时歌》诗。

《瞿山诗略》卷一《乐余集（甲申至甲午）》中有《子夜四时歌四首》（第546 页）。

又，作《江陵乐》诗。

《瞿山诗略》卷一《乐余集（甲申至甲午）》中有《江陵乐二首》（第 546 页）。

又，作《桐江行》诗。

《瞿山诗略》卷一《乐余集（甲申至甲午）》中有《桐江行（有引遗）》（第546—547 页）。

又，作《市中虎》诗。

《瞿山诗略》卷一《乐余集（甲申至甲午）》中有《市中虎（有引遗）》（第547 页）。

又，作《桑中鸟》诗。

《瞿山诗略》卷一《乐余集（甲申至甲午）》中有《桑中鸟（有引遗）》（第547 页）。

又，作《前溪歌》诗。

《瞿山诗略》卷一《乐余集（甲申至甲午）》中有《前溪歌二首（有引遗）》（第 547 页）。

八月十四日，作《八月十四夜》诗。

《天延阁删后诗》卷三《新田集·八月十四夜》（第 249 页）："……鹊并池中影，鸿孤塞外音。……"

秋，作《苦雨》诗。

《天延阁删后诗》卷三《新田集·苦雨》（第 251 页）："……安得朝光照后土，千山秋色共相寻。……"

又，作《荒山》诗。

《天延阁删后诗》卷三《新田集·荒山》（第 251 页）："……满空风急鸿初断，尺地霜严桂不开。……"

又，作《山晚》诗。

《天延阁删后诗》卷三《新田集·山晚》（第 251 页）："……烽照江东啼哭乱，秋归河北梦魂多。……"

又，作诗吟静上人禅房。

《天延阁删后诗》卷三《新田集·静上人禅房》（第249页）："……岩暖从蜂聚，秋空见鹤浮。……"

又，作《漫兴》诗。

《天延阁删后诗》卷三《新田集·漫兴》（第250页）："……屈指秋期半，惊心秋夜长。……"

又，作《偶兴》诗。

《瞿山诗略》卷三《新田集·偶兴》（第557—558页）："无赖春光扎地垂，可怜著眼太披离。……"

又，作诗题山口石壁。

《瞿山诗略》卷三《新田集·题山口石壁》（第558页）："……惆怅瞿硎客，登临意惘然。"

又，作诗寄倪正。

《天延阁删后诗》卷三《新田集·感怀寄倪观湖》（第250页）："秋风莫倚谢公楼……草庐明月好淹留。"

又，为钱光绣归来阁题诗。

《天延阁删后诗》卷三《新田集》中有《寄题钱圣月归来阁》（第247页）。

钱光绣（1614—1678），字圣月，晚号蛰庵，今浙江宁波人。梅清诗友。著有《从慕堂诗文》前后集。全祖望《钱蛰庵征君述》云："先生少负异才，随侍其父侨居硖石，因尽交浙西诸名士。……是时社会方殷，四方豪杰俱游江浙间，因尽交天下诸名士。"

又，致书冯歉然。

《天延阁删后诗》卷三《新田集》中有《简冯歉然》（第249页）。

冯歉然，字圣期，生平事迹不详。梅清诗友。方文《喜冯歉然归自白门》诗中有"才思赡藻称圣期，怀抱磊落推枚司"句。

又，过敬亭山南昝质故居，有诗咏之。

《天延阁删后诗》卷三《新田集》中有《昝石汀故居（敬亭山南）》（第249页）。

昝质（？—1649），字无疑，号石汀子，宣城昝村人。梅清诗友。陈维崧《石汀子诗序》云："石汀子，姓奇人奇诗益奇，其死亦甚奇。……其死也以诗故，死于狱，悲夫。……性又偏狭，意所不合掉头去，喃喃骂不止。……其才如象犀珠贝、丹砂翠羽，瑰奇斑驳，绝可贵重。而天顾不甚爱惜之，而使其流离不得志以死。"

又，赠诗天都许茹。

《天延阁删后诗》卷三《新田集》中有《赠天都许子柔》（第249页）。

天都，代指徽州。

许茹，字子柔，许楚之子。梅清诗友。

又，在宣城柏枧山同梅文鼎等族人聚饮，并分韵赋诗。

《天延阁删后诗》卷三《新田集》中有《柏枧山同家云举、美公、清老、定九、伯虔、圮书分赋八韵》（第251页）。

又，从弟梅子方娶妇，作《花烛诗》四首为其催妆。

梅子方，梅清从弟，亦擅画。

《天延阁删后诗》卷三《新田集》中有《花烛诗为从弟子方催妆》（第251页）。

催妆，旧俗，女子出嫁必多次催促，始梳妆启行。贺者赋诗以催新妇梳妆，是为催妆诗。

又，行宁阳道上。

《天延阁删后诗》卷三《新田集·宁阳道上》（第249页）："驱马历层峦，秋山面面寒。……"

宁阳，指山东省宁阳县。

又，有北渡长诗。叙述自己从"今夏仍北渡"至返回家乡的历程。

《天延阁删后诗》卷三《新田集》中有《北渡》（第246—247页）。

又，在扬州，有诗送孙默归黄山。

《天延阁删后诗》卷三《新田集·维杨送孙无言归黄山》（第248页）："梦里分明见黄海，惆怅余怀三十载。……淮南孙子天都裔，掉头拂袖不可羁。邗江客散春潮退，送将归去谁追随。"

孙默（1613—1678），字无言，号桴庵，又号黄岳山人。休宁（今属安徽）人，布衣。梅清诗友。乃当时著名隐士，以编《国朝名家诗余》著闻。客寓扬州，以能诗闻。凡名公巨卿或寒士畸人，工诗文擅书画者，无不折节与之交。尤喜奖掖后学。终生不事生产，交友文字中，无毫发涉私事。晚年欲归黄山，四方饯行之作不下数千首，一时名流如朱彝尊、施闰章等皆有诗。终卒于扬州。著有《留松阁集》。

又，作《归后》诗。

《天延阁删后诗》卷三《新田集·归后》（第250页）："归后愁翻剧……浮名尔何济，吾计老青山。"

又，回新田后，作诗告诸好友。

《天延阁删后诗》卷三《新田集》中有《既归山中复寄维周、子传、云简、萼公诸子》（第250页）。

又，在丘中丞溪馆饮酒赋诗。

《天延阁删后诗》卷三《新田集·饮丘中丞溪馆》（第250页）："主人寄迹溪西旁，昔拥侯门今草堂。……"

中丞，官名。汉代御史大夫下设两丞，一称御史丞，一称中丞。中丞居殿中故以为名。东汉以后，以中丞为御史台长官。明清时用作对巡抚的称呼。

又，作《结庐》诗。

《天延阁删后诗》卷三《新田集·结庐》（第250页）："结庐何处是深山，十亩修篁昼掩关。……"

又，行泾县琴溪。

《天延阁删后诗》卷三《新田集·琴溪》（第250—251页）："……叹息往来车马客，几人忙处问琴公。"

琴溪，宣城泾县下辖之乡镇。

又，行旌德三溪道上。

《天延阁删后诗》卷三《新田集》中有《三溪道上》（第250页）。

三溪，宣城旌德县下辖之乡镇。

又，作《墨溪草堂》诗。

《天延阁删后诗》卷三《新田集·墨溪草堂》（第250页）："……隔溪寻旧舍（新田与墨溪相近），小筑好相依。"

又，儿子阿龙夭，年方五岁。有诗四首哭之。

《天延阁删后诗》卷三《新田集》中有《胡为歌四首哭阿龙》（第248页）。此事在《文峰梅氏宗谱》中未见记载。

又，年后重到旌德梓山，作诗和汤宾尹。

《天延阁删后诗》卷三《新田集》中有《梓山汤睡庵先生原韵》（第251页）。

汤宾尹（1567—?），字嘉宾，号睡庵，宣城人。梅清诗友。明万历朝榜眼，授翰林院编修。在翰林院，内外制书、诏令多出其手，号称得体。后官南京国子监祭酒。著有《睡庵集》二十八卷。（王鸿鹏、王凯贤、张荫堂编著《中国历代榜眼》，解放军出版社2004年版，第241页）

梓山，在宣城旌德城郊。

清顺治十二年（乙未，1655年） 三十三岁

年末，首次进京应试，出门并过新丰，有诗咏之。

《天延阁删后诗》卷四《燕征草·新丰道上》（第258页）："岁暮乡关路，驱车万里行。……"

新丰，应在宣城附近，因其出现在《出门》诗中，且在《新丰道上》诗里点明行走新丰道上是"乡关路"。

又，过宣城黄池，同黄鸣仙、侯子传、张萼公、丁圣音夜宿黄池五弟书舍。

《天延阁删后诗》卷四《燕征草》中有《同黄鸣仙、侯子传、张萼公、丁圣音宿黄池五舍弟书舍》（第258页）。

张萼公，名时英，字萼公，康熙三年（1664年）进士。

又，同黄鸣仙、侯子传、张萼公、丁圣音等渡过长江。

《天延阁删后诗》卷四《燕征草》中有《渡江同鸣仙、子传、萼公、圣音分得游字》（第258页）。

清顺治十三年（丙申，1656年） 三十四岁

春，登东昌郡望岳楼。

《天延阁删后诗》卷四《燕征草》中有《登东昌郡望岳楼》（第259页）。

东昌郡，现在泛指山东鲁西一带，治所在聊城。

又，过山东临清，遇雨阻，同戴云简、张萼公、丁圣音作诗和温栗然。

《天延阁删后诗》卷四《燕征草》中有《临清阻雨同戴云简、张萼公、丁圣音和温栗然原韵》（第259页）。

临清，县名，在山东省西北部。

又，风阻沧州，喜晤吴玉随、金非因、孙伟千等人，有诗。

《天延阁删后诗》卷四《燕征草》中有《风阻沧州喜晤吴玉随、金非因、孙伟

千感赋》（第259页）。

又，晓发邹县。

《天延阁删后诗》卷四《燕征草》中有《晓发邹县》（第258页）。

邹县，位于山东省南部，北依曲阜，南望滕州，现为山东省邹城市。

又，结识泰兴画家季开生，有诗即席诗答之。

《天延阁删后诗》卷四《燕征草·即席答季天中给谏》（第259页）："季布河东去，风流并在兹。才兼龙尾丽，画屈虎头奇。北游尊前曲，西山雪里诗，遥怜秋后雁，万里系余思。"

季开生（1627—1659），字天中，号冠月。江南泰兴（今属江苏）人。梅清友人。顺治六年（1649年）进士，选庶吉士。迁礼科给事中，数上疏建言，调兵科给事中。以谏买扬州女子，下刑部杖赎，流放尚阳堡。卒于戍所。其诗早擅才名，如《尚阳堡即事》"语多悲壮，在沧溟（李攀龙）、怀麓（李东阳）之间"。著有《赣臣诗稿》。

又，过山东高唐。

《天延阁删后诗》卷四《燕征草》中有《高唐晓发》（第259—260页）。

高唐，县名，隶属于山东省聊城市。

又，拂晓，渡泗州塔影湖。

《天延阁删后诗》卷四《燕征草》中有《晓渡塔影湖泗州》（第260页）。

泗州，古地名，辖地大概在今泗县、泗洪、天长、盱眙、明光一带。

又，过下邳，应五兄梅广文之招，登第一山看玻璃泉。

《天延阁删后诗》卷四《燕征草》中有《过下邳家五兄广文招登第一山看玻璃泉》（第260页）。

下邳，别称邳国、下邳郡、下邳国，古城遗址在今邳州市和睢宁县交界处。

又，过天津西北十五公里处的磐山。

《天延阁删后诗》卷四《燕征草·过磐山》（第258页）："……劳劳南北望，何处见长安。"

又，在京城结识王士祯。

又，在燕邸（京城），数候武林（杭州）丁飞涛不值。

《天延阁删后诗》卷五《宛东草·秋怀十二子·武林丁子飞》（第270页）："乙未春飞涛顾余燕邸，余亦数候俱不值，及飞涛既售余遂出京。……"

丁飞涛（约 1622—1685），名澎，字飞涛，号药园，浙江仁和（今杭州）人。明朝诗人丁鹤年之孙。梅清诗友。少有隽才，尝有《白燕楼诗》刊行。明崇祯十五年（1642 年）中举，清顺治十二年（1655 年）中进士。初任刑部主事，后任礼部郎中兼办主客司、河南乡试副主考等职。后谪居辽东清安（今吉林洮安县）。晚年归故里参加编辑《浙江通志》。著有《扶荔堂诗集》《信美轩诗集》《药园集》等。

又，在徐乾学兄弟京城宅中晤赵明远、姚楚公。

《天延阁删后诗》卷四《燕征草·徐原一公肃昆仲寓中晤赵明远、姚楚公感赋》（第 259 页）："帝乡春欲暮，旅馆客如何。欲折燕台柳，愁闻易水歌。机云名久并，刘阮兴还多。且醉一尊酒，明朝又渡河。"

徐乾学（1631—1694），字原一、幼慧，号健庵、玉峰先生，清代大臣、学者、藏书家，江苏昆山人。顾炎武外甥，与弟元文、秉义皆官贵文名，人称"昆山三徐"。康熙九年（1670 年）进士，授编修，先后担任日讲起居注官、《明史》总裁官、侍讲学士、内阁学士，康熙二十六年（1687 年），升左都御史、刑部尚书。曾主持编修《明史》《大清一统志》《读礼通考》等书籍，著有《憺园文集》三十六卷。家有藏书楼"传是楼"，乃中国藏书史上著名的藏书楼。

又，在京城报国寺（位于今北京广安大街北）看古松，有诗咏之。

《天延阁删后诗》卷四《燕征草》中有《报国寺看古松》（第 258 页）、《报国寺古松》（第 260 页）。

又，离京前，寄诗于晋阳阎夫子。

《天延阁删后诗》卷四《燕征草·将出京寄阎夫子晋阳·二》（第 257 页）："……长安迫且远，风雪满车盖。……"

晋阳，中国古代北方著名的大都会之一，故址在今山西省太原市晋源区。

又，春夜过柳青。

《天延阁删后诗》卷四《燕征草》中有《夜发柳青》（第 259 页）。

柳青，河名，流经山东省临沂市。

又，作诗即席酬方孝标太史。

《天延阁删后诗》卷四《燕征草·即席酬方楼冈太史》（第 260 页）："春风处处柳条晴，敝褐依然冷凤城。敢拟题诗随太史，漫承樽酒对书生，沉吟万里论先世，惭愧重尘满旧缨。退食只今青琐近，谁当左掖与陪行。"

方孝标（1617—?）安徽桐城人，原名玄成，以字行，号楼冈。梅清友人。顺治进士。累官至内弘文院侍读学士。后坐事戍宁古塔。释归，赴云南。附吴三桂叛乱，为翰林承旨。三桂败后回里闲住，著有《钝斋文集》《滇黔纪闻》等书。与戴名世交往，康熙间戴名世《南山集》案发，他已死，剖棺戮尸。诸子亦株连被杀。（廖盖隆等主编《中国人名大词典·历史人物卷》，上海辞书出版社1991年版，第78页）

太史，官职名，传夏代末已有此职。西周、春秋时太史掌管起草文书，策命诸侯卿大夫，记载史事，编写史书，兼管国家典籍、天文历法、祭祀等，为朝廷大臣。明、清两代修史之事则归于翰林院，所以对翰林亦有太史之称。

又，舟阻山东安山。

《天延阁删后诗》卷四《燕征草·舟阻安山》（第259页）："……归期浑难定，莫望日南天。"

安山，即安民山，在山东省东平县西南，境内多水患。

又，雪后望龟蒙山。

《天延阁删后诗》卷四《燕征草》中有《雪后望龟蒙山》（第260页）。

龟蒙山，因酷似神龟伏卧于云端而得名，位于山东省平邑县境内，为省内第二高峰，与泰山遥遥相望。

又，过东岳泰山。

《天延阁删后诗》卷四《燕征草·东岳》（第260页）："古岳茏葱插浩旻，东方千嶂尽称臣。峰头缥纱疑江练，海底沉浮仜日轮。遗狩到今仍纪舜，封碑犹在不知秦，平阳孙复真难侣，挥手莲崖蚤置身。""东西门向星辰列，汗漫游当霄汉逢。劈野只余天一半，盘空却有路千重。苍茫不散青齐气，缭绕惊传南楚烽。侧首浮云蔽秦观，长安何处上三峰。"

又，在南阳，与诸子在舟中小饮。

《天延阁删后诗》卷四《燕征草》中有《南阳舟中同诸子小饮》（第259页）。

南阳，属山东省济宁市微山县，为运河四大古镇之一。

又，有诗谒山东即墨姜夫子。

《天延阁删后诗》卷四《燕征草》中有《谒即墨姜夫子》（第256页）。

又，过孟夫子庙，庙前古柏望之若山，为北地奇观。

《天延阁删后诗》卷四《燕征草》中有《过孟夫子庙》（第257页）。

孟夫子庙，位于山东省平邑县。

又，乘舟返至宿迁。

《天延阁删后诗》卷四《燕征草》中有《舟返宿迁复送张莘公之霍丘》（第258页）。

又，行至阿城，有诗和孙易公。

《天延阁删后诗》卷四《燕征草》中有《阿城晚眺和孙易公韵》《阿城望荆门山仍和孙韵》（第259页）。

阿城，位于山东省聊城市阳谷城东，与东阿临界，是海慧寺所在地。

又，归舟又阻临清。

《天延阁删后诗》卷四《燕征草》中有《归舟重阻临清》（第260页）。

临清，地处冀鲁豫三省交界处，由山东省聊城市代管。

又，停留南阳湖，作《南阳湖晚眺》诗。

《天延阁删后诗》卷四《燕征草》中有《南阳湖晚眺》（第260—261页）。

又，从夏镇移舟渡吕梁。

《天延阁删后诗》卷四《燕征草》中有《从夏镇移舟渡吕梁》（第261页）。

夏镇，山东省微山县政府所在地，运河四大古镇之一。

又，登子房山，有怀古诗两首。

《天延阁删后诗》卷四《燕征草·子房山怀古》（第261页）："苍凉祠庙古山中……寒烟满壁动天风。……"

子房山，位于江苏省徐州市，原名鸡鸣山，传说楚汉相争中张良（字子房）命士兵在此吹箫散楚兵，遂更名。

又，春过山东兖州新嘉驿，作诗两首和会稽（今绍兴）女子壁间诗。

《天延阁删后诗》卷四《燕征草·新嘉驿和会稽女子壁间诗》（第261页）："古柏荒亭冷绝尘，孤灯犹忆照孤身。可怜泥壁题诗后，夜夜乌啼二月春。""知尔当年是阿谁，前人空使后人悲。只今多少飘零泪，纵使伤心无处垂。"

又，行檀城道上。

《天延阁删后诗》卷四《燕征草》中有《檀城道上》（第261页）："深浅桃花百里红，飘零片片送春风。怪将河北驱尘地，竟是江南夕照中。"

又，归舟泊宣城黄池，同詹幼清、汪发若、屠维周和张莘公在五弟梅素书屋饮酒。

《天延阁删后诗》卷四《燕征草》中有《北归舟泊黄池同詹幼清、汪发若、屠维周、张蕚公饮五舍弟书屋》（第261页）。

汪发若，名灿，字发若，宣城人。顺治三年（1646年）举人。后改名如龙，号健川，官淄川知县。

七月七日（七夕），在宣城，同孙直公、詹幼清、王露、陆在璞等宣城诸子会于詹百一前辈之宛溪书屋小饮赋诗。

《天延阁删后诗》卷五《宛东草》中有《七夕同孙直公、詹幼清、王湛斯、陆在璞集詹百一前辈宛溪书屋，得群字》（第267页）。

孙直公，名曰绳，字直公，宣城人。顺治十三年（1656年）县学生。官丰县学训导。

秋，寄诗徐半山。此时与徐半山分别已半年。

《天延阁删后诗》卷五《宛东草·寄徐半山》（第267页）："别时余半载，归到忽三秋。传尔诗中画，舒余病里愁。过檐松定长，绕舍秌应妆。何日曾游地，仙草更放舟。"

约是岁，过徐半山草堂，此前一日，与倪正约，未至。

《天延阁删后诗》卷五《宛东草·重过半山草堂八首》（266页）："故人忽有约，理棹入云窝。竹暗秋庄路，桥通夏渡河。山光依旧好，鸟语较前多。莫问幽居远，停舟且踏歌。"

清顺治十四年（丁酉，1657年） 三十五岁

是岁，曾途经泰山，作望岳诗。

《天延阁删后诗》卷十二《岳云集·梅锏序》（第323页）："余叔祖瞿山先生之有望岳诗也，岁在丁酉。"

二月九日，梅庚长子琢成出生。

《文峰梅氏宗谱》卷六："顺治十四年二月初九午时生，康熙良辰殁。娶蓼里廪生葛公超女，生子一鹗。"

春，在宣城，同刘楚白、郭元冶、刘汉长、郭大赤、郑朋玉、茆思皇、冯天贞、张清源、阮伊弁、王湛斯、袁于磐、徐若彝、陆在璞、陈介立、茆百一、黄文在、唐寅清、张蕚公、陈元士、詹旦公等众好友暨五弟梅素于敬亭春宴，并分韵赋诗。

《天延阁删后诗》卷五《宛东草》中有《春日同刘楚白、郭元冶、刘汉长、郭大赤、郑朋玉、茆思皇、冯天贞、张清源、阮伊弁、王湛斯、袁于磐、徐若彝、陆在璞、陈介立、茆百一、黄文在、唐寅清、张蕚公、陈元士、詹旦公暨素五弟敬亭春宴，分得青字》《晚坐额珠楼又分得游字》（第267页）。

《瞿山诗略》卷五《宛东草（丙申丁酉）》中有《敬亭山春宴诗》（第569页）。

刘楚白，名澍，字楚白，邑庠生。

茆思皇，名士桢，字思皇，官溧水训导，未任卒。

茆百一，比照《瞿山诗略》卷五《宛东草（丙申丁酉）》中的同题诗，应是茆荐馨，字楚畹，康熙十八年（1679年）进士。

又，施闰章经御试合格选中学政，奉使督学山东。题诗四首送之。

《瞿山诗略》卷五《宛东草（丙申丁酉）》中有《寄施愚山视学东鲁四首》（第567—568页）。

五月十三日晚，同王露、郑朋玉晚坐赋诗。

《天延阁删后诗》卷六《休夏集》中有《五月十三同王湛斯、郑朋玉晚坐，拈得虹字》（第278页）。

《天延阁删后诗》卷六《休夏集·王露序》云："丁酉岁，瞿山梅子休夏里中，则相与修河朔故事，而日招二三知己者为高会赋诗，友人王子鬵鹤其一也。"

五月十四日晚，同倪正、王露、郑朋玉用前夜韵赋诗。

《天延阁删后诗》卷六《休夏集》中有《次晚倪方公至，与湛斯、朋玉又分前韵》（第278页）。

夏，宣城大水，与五弟梅素及好友倪正失去联系，坐平绿阁上，见"蛟涨淹没百里余"，作《苦涝叹》。

《天延阁删后诗》卷六《休夏集·苦涝叹（是夏之季，蛟涨淹没百里余，坐平绿阁几二旬，阁最高，所见甚悉，因纪是诗）》（第276页）："丁酉六月之望后，怒雨直注无白昼。……"

又，过王安又处，留饮。

《天延阁删后诗》卷六《休夏集·溪涨既平，过王安又留饮》（第279页）："山城溪涨息，着屐即相寻。处处炊晨火，家家急晓砧。雕栏空蛤路，小苑断瓜阴。痛饮吾何惜，河边水尚深。"

王安又，生平不详。与宣城诗人有唱和，如陈允衡《王安又招同施次仲、周鹤田诸君游响山，兼访朽司不值》。

秋，作《秋怀十二子》（只有十一人）诗，怀念数年不见钱塘徐世臣、芜江萧尺木、四明钱圣月、安平康小范、武林丁飞涛、钱塘吴羽三、句曲朱亮公、吴门许孝酌、枞阳姚经三、仙源汤严夫、桐汭戴云简等人。

《天延阁删后诗》卷五《宛东草·秋怀十二子》（第269—271页）："钱塘徐子世臣，世臣自壬午别去，尺书虽达，良晤为艰，甲午秋□子□云□□游归，传示新诗，益深感慕。……芜江萧子尺木，宛水距芜江不二百里，乃一别竟十余年，回首昔游，不胜怅望。……四明钱子圣月，圣月家宁波，数常往来宛陵，鼎革以来，仅得一晤，又复远阻。……安平康子小范，小范客宛两月，时余避暑山中，未得握手，及入市，而小范又将束装白门，仅从蔡大美席中一晤，临行索余画，曾作秋江折柳图送之。……武林丁子飞涛，乙未春飞涛顾余燕邸，余亦数候俱不值，及飞涛既售，余遂出京。……钱塘吴子羽三，壬午冬，羽三与徐世臣、徐汉官、叶蕃仙同客宛，阅两月，论文把酒，相得欢甚，迄今别去十六年，今之出处较昔之出处各异，长啸临风，用增慨叹。……句曲朱子亮公，甲午仲冬，余走句曲，朱子走金陵，雨中相晤，于古丹阳道上，维时余病甚，及力疾返金陵，冀再一握手，而亮公已归矣。……吴门许子孝酌，余与孝酌屡有吴门之约，久不果，作此寄之。……枞阳姚子经三，经三天才横绝，不可一世，又复工于诗画，宿有虎头燕尾之沈誉，长安一别，徒系余思。……仙源汤子严夫，严夫家仙源，寄居芜江，博学怀古，每有异好近闻明于乾象，思欲一棹相晤不可得也。……桐汭戴子云简，云简年少于吾党，而天姿独美，冬来将有北上之约，赋此订之。……"

本诗的年代据"壬午冬，羽三与徐世臣、徐汉官、叶蕃仙同客宛，阅两月，论文把酒，相得欢甚。迄今别去十六年"判断可知是年为顺治十四年（1657年）。

康小范，江西人，清代诗人。曾客宣城两个月，时因梅清避暑山中未得相见，回来后，康小范又将去南京，仅从蔡大美席中一晤，临行向梅清索画，遂作《秋江折柳图》送之。

姚经三（1628—1692），名文燮，字经三，号羹湖，又号黄蘗山樵。安徽桐城人。梅清诗友。顺治十六年（1659年）进士，官至云南开化府同知，以疾卒。文燮工诗善书，尤善山水。著有《羹湖诗选》《薙麓吟》《雄山草》《无异堂文集》等，并传于世。

许孝酌，长洲甫里（今苏州市吴中区甪直镇）人，生平不详。

又，有《秋怀十四子》，"诸子皆老友，阔别有数十年者，今秋前后或寄或答，人各有书，乃作秋诗纪之。"十四子为：钱塘徐世臣、芜江萧尺木、四明钱圣月、安平康小范、武林丁飞涛、钱塘吴羽三、句曲朱亮公、吴门许孝酌、晋阳何铭三、长安周恕庵、枞阳姚经三、仙源汤岩夫、桐汭戴云简和鄢陵黄云鹤。

《瞿山诗略》卷五《宛东草（丙申丁酉）》中有《秋怀十四子》（第569—571页），与《秋怀十二子》比，增加何铭三、周恕庵和黄云鹤三人。

晚秋，过新田旧居，此时距搬离新田已经四年。

《天延阁删后诗》卷五《宛东草·晚秋过新田旧居》（第267页）："四载新田梦，常从望里生……。"顺治十一年（1654年）秋，举家从新田迁入宣城。

十一月望后，为培翁作《宛陵十景图》册页十一开。描绘宣城"砍石""古敬亭""宛溪""华阳山""响山潭""南湖落雁""古柏枧山飞桥""双桥""叠嶂楼"和"开元水阁"十处名胜。图册第十一开题款："宛陵十景，旧多粉本。画家泥于成迹，有形似无笔墨矣。寒窗无事，偶图数幅，请教培翁老祖台大辞宗博览。他日过存之处，应知瞿硎之子之画，不独在粉本之外，并在笔墨之外。是则请教之意也。丁酉十一月望后，瞿硎治，晚。梅清识。"

收录于铃木敬等编《中国绘画总合图录》第一册（东京大学出版会1983年版）。现藏于美国普林斯顿大学美术馆。

冬，与邑人黄云鹤、侯灯生（字子传）、张萼公北上以应明年春试。弟梅素、从弟梅喆有诗送之。

梅喆，原名廷哲，字逋先，更字逋仙，号霜崖。隐居教授，长于诗，醉后作画，品格在云林大痴之间。著有《霜崖咏物诗》。梅喆有《丁酉冬送渊公兄北上》，梅素有《送四兄公车北上》，均见《天延阁赠言集》卷之一（第500页）。

除夕，舟泊龙江关（今南京下关），与同乡屠维周、张时英饮酒赋诗。

《天延阁删后诗》卷四《燕征草》中有《丁酉除夕舟泊龙江关，同维周、萼公赋》（第259页）。

又，御史张澹明大宴宾客，同席四十余人，即席呈诗。

《瞿山诗略》卷十二《岳云集（丁酉庚戌丙午）》中有《即席呈御史张公澹明（同席四十余人）》（第608页）。

《天延阁删后诗》卷十二《岳云集》中有《即席呈御史张公澹明（同席四十余人）》（第328页）。

张澹明，名所志，字澹明，辽东人，由贡生累官监察、御史。

又，施端教先生别去，设席饯行，即席呈上别离之诗。

《天延阁删后诗》卷十二《岳云集》中有《即席呈施匪莪先生兼志别怀》（第328页）。

《瞿山诗略》卷十二《岳云集（丁酉庚戌丙午）》中有《即席呈施匪莪先生兼志别怀》（第608页）。

又，有篆籀歌赠蒋季虎。

《天延阁删后诗》卷十二《岳云集》中有《赠蒋季虎》（第326—327页）。

《瞿山诗略》卷十二《岳云集（丁酉庚戌丙午）》中有《篆籀歌赠蒋季虎》（第608页）。

蒋季虎，即蒋超（1624—1673），字虎臣，号绥庵，又号华阳山人。梅清友人。江苏金坛人。顺治四年（1647年）一甲三名进士，授翰林院编修。提督顺天学政，秩满，谢病归，遍游诸名山。卒于峨眉山伏虎寺。耽禅理，自称前身为峨眉老僧。施闰章《绥庵诗稿序》谓其诗："匠心独造，瑰瑰森拔，不肯一语近人。"所作以《金陵旧院》两绝最著名，王士祯赞其中"荒园一种瓢儿菜，独占秦淮旧日春"两句。著有《绥庵诗稿》。

又，作《寻菊》诗。

《瞿山诗略》卷十二《岳云集（丁酉庚戌丙午）》中有《寻菊》（第609页）。

又，同张荀仲、施次仲、施闰章、唐辅臣、刘峙三诸公游宣城城东玉山慧照寺。

《瞿山诗略》卷十二《岳云集（丁酉庚戌丙午）》中有《同张荀仲、施次仲、愚山、唐辅臣、刘峙三游玉山慧照寺》（第609页）。

张荀仲，即张陆舟，字荀仲。浙江萧山人。梅清友人。约生于明万历二十八年（1600年），清康熙十九年（1680年）尚在世，剧作家，著有《文犀柜》。

施次仲，即施誉，施闰章叔父。

又，许电青归泰州，有诗相送。

《瞿山诗略》卷十二《岳云集（丁酉庚戌丙午）》中有《送许电青归泰州》（第609页）。

又，寻访友人倪正隐居处。

《瞿山诗略》卷十二《岳云集（丁酉庚戌丙午）》中有《访观湖隐居二首》

（第 609 页）。

又，有诗赠族人梅澹如。

《天延阁删后诗》卷十二《岳云集·赠家澹如》（第 331 页）："蒲里先生寄伏村，官穷草就更何存。归来逸兴思彭泽，老去风流见鹿门。……"

梅澹如旧居蒲干，彭泽任上归来，此时移居伏村，著有《官穷草》。

又，晓雪坐天延阁，怀城北（黄池在宣城之北）梅素五弟。

《瞿山诗略》卷十二《岳云集（丁酉庚戌丙午）》中有《晓雪坐天延阁怀五弟城北》（第 609 页）。

又，次夜又雪，与五弟梅素、侄梅文鼎聚会。

《天延阁删后诗》卷十二《岳云集》中有《次夜复雪与素五弟定九侄复用前韵》（第 329 页）。

又，雪霁，在天延阁，和梅文鼎原韵。

《天延阁删后诗》卷十二《岳云集》中有《天延阁雪霁和定九原韵》（第 329 页）。

又，应族人梅圣时之招，小饮醉月楼看雪，与诸兰友分韵赋诗。

《瞿山诗略》卷十二《岳云集（丁酉庚戌丙午）》中有《家圣时招饮醉月楼看雪同兰友存诚卓公石坪分赋》（第 610 页）。

又，雪阻山中，有诗怀李绥山，他将归西蜀。

《天延阁删后诗》卷十二《岳云集》中有《雪阻山中怀李绥山将归西蜀作此寄之》（第 325 页）。

《瞿山诗略》卷十二《岳云集（丁酉庚戌丙午）》中有《雪阻山中怀李绥山，将归西蜀，作此寄之》（第 610 页）。

又，有诗送李绥山暂返钟离，明年将归西蜀。

《天延阁删后诗》卷十二《岳云集》中有《送李绥山暂返钟离，明年将归西蜀》（第 330 页）。

钟离，地名，出自《太平寰宇记》，位于凤阳县板桥镇古城村。

又，有诗寄药地老人。

《天延阁删后诗》卷十二《岳云集》中有《寄药地老人》（第 325 页）。

《瞿山诗略》卷十二《岳云集（丁酉庚戌丙午）》中有《寄药地老人》（第 610 页）。

又，有诗赠澹公。

《瞿山诗略》卷十二《岳云集（丁酉庚戌丙午）》中有《赠澹公》（第610页）。

又，应梅尔彦、梅汉瞻之约游敬亭，梅石郎未应约而有作，戏和一首。

《瞿山诗略》卷十二《岳云集（丁酉庚戌丙午）》中有《家尔彦、汉瞻约石郎游敬亭不果，石郎有作戏和一首》（第610页）。

梅石郎，即梅磁，字石郎，号铁崖。著有《就将集》四卷。

又，邑人徐尔先作《怀萱图》，题诗其上。徐尔先为俞绶令甥，正在其家读书。

《瞿山诗略》卷十二《岳云集（丁酉庚戌丙午）·题徐尔先怀萱图（时先为洞影令甥，今读书其家）》（第611页）："闻君北堂下，芳草共沾巾。罢社初成俗，遗枝半不春。杖犹从父倚，橘自入怀新。慰藉都无赖，因知百感真。"

又，有诗答王椒却。

《瞿山诗略》卷十二《岳云集（丁酉庚戌丙午）》中有《答王椒却》（第611页）。

又，俞绶病中题诗见示，亦有诗作答。

《瞿山诗略》卷十二《岳云集（丁酉庚戌丙午）》中有《答俞洞影病中题见寄》（第611页）。

又，题画送女婿陈于琏归楚黄。

《瞿山诗略》卷十二《岳云集（丁酉庚戌丙午）·题画送陈婿归楚黄》（第611页）："风引楼船箫鼓声，云帆不系石头城。楚山楚水原无尽，可奈江南送别情。"

楚黄，古地名，在今湖北省境内。

又，题画寄新安太史曹鼎望。

《天延阁删后诗》卷十二《岳云集·题画寄太史曹冠五新安》（第326页）："……三十六峰在天上，峰峰齐吐碧芙蓉。……偶挥一尺青松枝，遥对黄山两相忆。"

曹鼎望（1618—1693），字冠五，别号澹斋。梅清友人。官至翰林院庶吉士、安徽徽州府知府、江西广信府知府、陕西凤翔府知府，主修了《浭阳曹氏族谱》。（河北省唐山市政协文史资料委员会编《唐山碑刻选介》第二辑，2004年，第369页）

又，有诗寄督学简夫子。

《天延阁删后诗》卷十二《岳云集》中有《寄督学简公夫子》(第325页)。

又,有诗赠徐半山。

《天延阁删后诗》卷十二《岳云集》中有《赠半山》(第325页)。

又,徐子陶、蔡玉及、潘朗公、陈同若、梅梦绂等过天延阁,留饮并分韵赋诗。

《天延阁删后诗》卷十二《岳云集》中有《徐子陶、蔡玉及、潘朗公、陈同若、家季赤过天延阁留饮得传字》(第328—329页)。

又,同施闰章、吴止庵、刘根生、汪发若、唐辅臣、詹在周、张萼公、丁麟辰、丁圣音、梅锏小饮于澄江亭,并即席限韵赋诗。

《天延阁删后诗》卷十二《岳云集》中有《晏集澄江亭同施愚山、吴止庵、刘根生、汪发若、唐辅臣、詹在周、张萼公、丁麟辰、圣音、家尔止即席用澄江二字》(第329页)。

又,有诗寄丁山俞绶。

《天延阁删后诗》卷十二《岳云集》中有《寄俞涧影丁山》(第329页)。

又,徐子陶回广德桐川,有诗赠别。

《天延阁删后诗》卷十二《岳云集·赠别徐子陶》(第329页):"桐川今日梦,水阁(开元水阁为徐子陶旧园)旧时花。"

又,作诗寄巢邑明府于子先。

《天延阁删后诗》卷十二《岳云集》中有《寄巢邑于子先明府》(第330页)。

又,访觉华庵。

《天延阁删后诗》卷十二《岳云集》中有《觉华庵香灯诗》(第331页)。

又,有诗奉赠兵宪吕梦轩先生。

《天延阁删后诗》卷十二《岳云集》中有《奉赠兵宪吕梦轩先生》(第331页)。

兵宪,军事官职,一般由有一定资历和丰富经验的将领担任。

吕梦轩,即吕正音,字梦轩,浙江新昌人。进士,顺治二年(1645年)治宣城,康熙十年(1671年)任分巡徽宁兵备道兵宪。(《宁国府志》卷四《职官表·职官下》)

又,有诗答山城和尚。

《天延阁删后诗》卷十二《岳云集》中有《答山城和尚》(第331页)。

又,有诗题梅。

《天延阁删后诗》卷十二《岳云集》中有《题梅》（第332页）。

清顺治十五年（戊戌，1658年） 三十六岁

春，二次应试，不第。

《天延阁赠言集》卷之一中有梅喆《丁酉冬送渊公兄北上》（第500页）。

又，为江西南昌人丁弘海画扇，丁氏以画索王士禛书，王士禛作《丁景吕以梅渊公画扇索书，戏为长句》诗。

王士禛《带经堂集》卷四《渔洋诗话四（戊戌稿）》中有《丁景吕以梅渊公画扇索书，戏为长句》。

丁弘海，字景吕，生平不详。施闰章有《送丁景吕》诗。

又，归舟泊宣城黄池，在梅素书屋同詹幼清、汪发若、屠维周、张萼公聚饮。

秋，与邑人黄云鹤、倪正、倪旦及施端教游敬亭山，登云齐阁。

倪旦《秋日同黄鸣仙、梅渊公、施匪莪、兄观湖登齐云阁望澄江，得"秋"字》。（光绪《宣城县志》卷三十三《艺文》）

倪旦，倪正弟，生平不详。

清顺治十二年（乙未，1655年）至十五年（戊戌，1658年） 三十三至三十六岁

春，作《金鱼池》诗。

《天延阁删后诗》卷四《燕征草·金鱼池》（第262页）："长安二月柳丝丝，奈何寻幽独此池。……"

又，作《子规》诗。

《天延阁删后诗》卷四《燕征草·子规》（第262页）："江南二月杜鹃飞，好鸟多情此地稀。赢得五更愁里睡，更无啼鸟唤春归。"在《瞿山诗略》卷四《燕征草（乙未至戊戌）》中又作《晓睡偶成》（第566页）。

秋，过金陵燕子矶，看"钟山日落秋风急"。

《天延阁删后诗》卷四《燕征草》中有《燕子矶》（第261页）。

又，回金陵后寄诗于程北海，称"长安（指京城）黄金多，不如归故里"。

《天延阁删后诗》卷四《燕征草》中有《归白门寄程北海》（第257—258页）。

秋，作《赊酒》诗。

《天延阁删后诗》卷四《燕征草·赊酒》（第261—262页）："秋光帘外日初斜，倾倒金尊酒更赊。……"

冬，作《梅花诗》，和汪蛟门。

《瞿山诗略》卷四《燕征草（乙未至戊戌）·梅花诗四首和汪蛟门原韵》（第565—566页）："不避冰霜不染尘，孤芳冷冷自生春。……"

汪蛟门（1640—1688），名懋麟，字季用，号蛟门，江苏江都人。康熙六年（1667年）进士，授内阁中书。因徐乾学荐，以刑部主事入史馆充纂修官，与修《明史》。撰述甚富，吏才尤通敏。旋罢归，杜门谢宾客，昼治经，夜读史，日事研究，锐意成一家言。方三年，遽得疾卒。懋麟与同里汪楫同有诗名，时称"二汪"。著有《百尺梧桐阁集》二十六卷。

是年，作诗寄呈浙江平湖马夫子。

《天延阁删后诗》卷四《燕征草》中有《寄呈平湖马夫子》（第256—257页）。

平湖，浙江嘉兴下辖县。

又，作诗赠施端教先生。

《天延阁删后诗》卷四《燕征草》中有《赠匪莪施先生》（第257页）。

六月，在平绿阁，望水涨。

《天延阁删后诗》卷五《宛东草·平绿阁望山涨》（第268页）："六月霓霆冷似秋，横流满眼乱生愁。……"

约八月，在途中闻徐元文殿试唱名第一，以诗寄之。

《天延阁删后诗》卷五《宛东草·途中闻徐公肃胪唱第一却寄》（第269页）："八月桂从开杏带，曲江秋色报春苑。共传首应南宫诏，却忆孤看御苑花。天近漏声邀佩起，扇开香影拂毫斜。徐琼陆逊他年事，麟阁声名未有涯。"

徐元文（1634—1691），字公肃，号立斋，江苏昆山人。徐乾学之弟。

秋，泾县赵时可投诗索画，依韵答之。

《天延阁删后诗》卷五《宛东草·赵考叔投诗索画依韵答之》（第268页）："渺渺天涯足倦游，归来底事又当秋。梦余作客频搔首，想到看山更上楼。画里辋川聊自适，诗中梁父总多愁。不嫌十日迟缣素，直写琴溪枕畔流。"

又，送陈而念归无锡，兼寄堵廉生。

《天延阁删后诗》卷五《宛东草·送陈而念归锡山兼寄堵廉生前辈》（第265页）："君过山城三载前，双流帆落秋风天。遥闻柏枧曳云出，我来君去心茫然。

去年笑遇长安里，久约南旋重过此。岂料陵阳桑落浓，不敌惠山泉味美。踟蹰复去来几时，秋月秋花还与期。更烦寄讯堵先达，梅生颂谢怀中诗。"

堵廉生，名景濂，字廉生，江苏无锡人。梅清友人。

又，题画答堵廉生。

《天延阁删后诗》卷五《宛东草·题画答堵廉生前辈》（第271页）："君乡谷水最清芬，酌水时时更忆君。寄问松风双塔静，可能忘却敬亭云。"

又，与倪正、徐乾学等至敬亭山旁的北园分韵赋诗。

《天延阁删后诗》卷五《宛东草·同倪方公过徐紫阁、清溪、子陶、昆仲北园即席，分得狂字》（第267页）："主人居更卜，小隐敬亭傍。醉里闻长啸，诗成见古狂。……"

徐紫阁，即徐乾学。

又，寄诗于翰林周渔。

《天延阁删后诗》卷五《宛东草·寄周恕庵翰林》（第269页）："当年文赋先南国，此日星辰列上台。柱史紫微供御座，图书青锁吁仙才。悠悠怀抱连江海，渺渺沉吟自草莱。安得登瀛观秘密，相逢千卷一时开。"

周渔，生卒年不详，字恕庵，江苏兴化人。梅清友人。顺治十六年（1659年）进士，改庶吉士。著有《加年堂讲易》传世。

又，作诗怀京城诸同学。

《天延阁删后诗》卷五《宛东草》中有《怀都门诸同学》（第269页）。

又，寄诗于吴门章素文。

《天延阁删后诗》卷五《宛东草》中有《寄章素文吴门》（第265页）。

章素文，生卒年不详，字在滋，江苏吴县人。梅清诗友。顺治十四年（1657年）副榜，明末清初著名文选家和文社活动家。

又，作《西园桂树歌》。

《瞿山诗略》卷五《宛东草（丙申丁酉）》中有《西园桂树歌》（第568页）。

又，重过徐半山草堂。

《瞿山诗略》卷五《宛东草（丙申丁酉）》中有《重过半山草堂四首》（第568—569页）。

又，作诗呈海翁蓝夫子。

《瞿山诗略》卷五《宛东草（丙申丁酉）》中有《寄海翁蓝夫子粤东》（第

569 页）。

　　又，和李龙沙西园桂树歌，李龙沙离别宣城时，又作《留别郡司马李龙沙》。

　　《天延阁删后诗》卷五《宛东草》中有《和李郡司马龙沙西园桂树歌（园在郡西隅，为张子清源世居）》《留别郡司马李龙沙》（第265—266 页）。

　　李龙沙，即李士琪，号龙沙，龙泉人，贡生。顺治十三年（1656 年）任宁国府同知（即推官）。

　　张湛逢，字清源，号浣州，顺治十六年（1659 年）进士。

　　又，有诗寄同邑好友俞绥。

　　《天延阁删后诗》卷五《宛东草》中有《寄俞涧影丁山》（第266 页）。

　　又，送王令公石幢先生应召北上。

　　《天延阁删后诗》卷五《宛东草》中有《送王令公石幢先生应召北上》（第268 页）。

　　又，题诗孙直公宛溪草堂。

　　《天延阁删后诗》卷五《宛东草》中有《题孙直公宛溪草堂》（第268 页）。

　　又，徐羽王自北归闽，弯道宣城相会，感而赠诗。

　　《天延阁删后诗》卷五《宛东草》中有《徐羽王自北归闽，枉道敬亭，率尔赠此》（第268 页）。

　　又，作诗寄鄢陵黄石楼。

　　《天延阁删后诗》卷五《宛东草》中有《寄黄石楼鄢陵》（第269 页）。

　　又，老友施端教由宣城训导出任范邑，题诗送之。

　　《天延阁删后诗》卷五《宛东草》中有《送施匪莪先生之任范邑》（第269 页）。

　　范邑，今河南省范县。

　　又，作诗赠郡尊秦宗尧。

　　《天延阁删后诗》卷五《宛东草》中有《赠郡尊秦公》（第267 页）。

　　郡尊秦公，指秦宗尧，字明宇，辽东义州人，顺治九年（1652 年）由华州知州擢知宁国府，性廉俭。

　　又，作《山雨》诗。

　　《天延阁删后诗》卷五《宛东草·山雨》（第267 页）："万木连云起，千山送雨来。……"

　　又，作《寻梅》诗。

《天延阁删后诗》卷五《宛东草·寻梅》（第267—268页）："山城一夜雪，处处放寒梅。……"

又，致简在池上（宣城黄池）的赵蕊初。

《天延阁删后诗》卷五《宛东草》中有《简赵蕊初池上》（第268页）。

又，作诗送太守迟公赴浙海。

《天延阁删后诗》卷五《宛东草·送太守迟公赴浙海》（第268页）："……如何落叶秋风里，大道飞辕不可攀。"

浙海，指浙江省台州市。

又，作诗赠谢起东。

《天延阁删后诗》卷五《宛东草·赠谢起东》（第268页）："……吟到敬亭云鸟在，待来官阁簿昼闲。……"

又，作诗寄晋阳何铭三司李。

《天延阁删后诗》卷五《宛东草》中有《寄何铭三司李晋阳》（第268—269页）。

司李，推官别称。李，通理，即司理，为掌狱讼之官。明至清初时对推官的习称。明代顺天府、应天府二府推官为从六品，其余各府推官为正七品。推官的别称、省称亦有推府、乂史、推知。清周亮工《理信存稿序》："且天下知司李一官，系于国家之宪纪，生民之利害，彰彰如是。"

又，作诗赠姑孰司李许源仲。

《天延阁删后诗》卷五《宛东草》中有《投赠姑孰司李许源仲》（第269页）。

姑孰，隶属于安徽省马鞍山市当涂县，曾是当涂县治。历史悠久，三国黄武年间建筑，为六朝古都金陵（今南京）门户。修建于晋代的黄山塔、明代的金柱塔和凌云塔是姑孰镇历史悠久的见证，有"当涂虽小，三塔两浮桥"之说。

又，作诗送吴兴司李李念庵。

《天延阁删后诗》卷五《宛东草》中有《送李念庵司李吴兴》（第269页）。

又，作诗寄芜江的子恭。

《天延阁删后诗》卷五《宛东草·花烛诗寄子恭芜江》（第271页）："……为问梅花消息近，江干十月几枝开。"

又，在敬亭山，作《赋得孤云独去闲》诗。

《天延阁删后诗》卷五《宛东草·赋得孤云独去闲》（第271页）："谪仙人已

去，还咏谪仙诗。想见高楼暮，江天独倚时。"

清顺治十六年（己亥，1659年）　三十七岁

是岁，作《墨溪社集怀古》。

墨溪应在新田鲁墨附近，参与社集的文士不详。

六月，因加开恩科，北上应试，遇海寇之乱（郑成功、张煌言北伐，占领宣城），匆匆逃返，归来后举家迁居新田鲁墨（夫人娘家居此）。

《天延阁删后诗》卷三《新田集·梅清自序》（第245页）："己亥从北征归，携家托迹鲁墨。"

王士禛《带经堂集》卷六《渔洋诗六（己亥稿）·初夏北上过访愚山督学陶斋有诗贻寄久未奉答复闻宣城寇乱，感怀二首》："回飙起天末，落叶满山城。嘉会一相失，羁愁自此生。花残惜湖路，雁带鲁门情。自枉瑶华赠，无由远寄声。""烽照清溪栅，新林斗舰多。王师殊不战，盗贼竟如何？春谷空烟水，梅湖剩薜萝。江南离乱后，庾信几悲歌。"

七月，梅文鼎父梅士昌卒。（《文峰梅氏宗谱》卷五）

又，有《夏夜》诗，叹农田"千里枯"。

《天延阁删后诗》卷六《休夏集》中有《夏夜》（第275页）。

秋日，同顾景星、魏宪游敬亭云齐阁。

《天延阁删后诗》卷六《休夏集·同顾黄公、魏惟度敬亭云齐阁》（第279页）："霜后看山秋气多，悲秋人意奈秋何。……"

顾景星（1621—1687），字赤方，号黄公。蕲州（今湖北蕲春）人。梅清诗友。明末贡生，南明弘光朝时考授推官。入清后，屡征不仕。他记诵淹博，词作诗文均名于当时。在京师时和方孝标、邵长蘅、周亮工、施国章等交游，受到器重。著有《白茅堂集》《白茅堂词》《读史集论》《南渡来耕集》等。

魏宪，生卒年不详，字惟度，福建福清人。梅清诗友。顺治间邑诸生，有《枕江堂集》。民国《福建通志·文苑传》称，宪为人豪爽，刻苦问学，遍游名山。爱浦城山水之胜，寓浦者十年，后移建溪。尝寓姑苏、白下间，以诗交海内。（陈世熔纂，汪波、陈叔侗点校《福州西湖宛在堂诗龛征录》，福建人民出版社2007年版，第656页）

又，作诗答徐半公，曰"瞿室门常开"。

《天延阁删后诗》卷六《休夏集》中有《答半公》《又答半公》（第279页）。

又，作诗怀柏枧山。

《天延阁删后诗》卷六《休夏集》中有《怀柏枧》（第278页）。

又，作诗赠梅季赤五弟（应为从弟）。

《天延阁删后诗》卷六《休夏集·赠五弟季赤》（第278页）："……近秋看羽翮，已觉向千寻。"

又，作《观天》诗，表达自己"往复有定则，变化惟自然"的自然观。

《天延阁删后诗》卷六《休夏集》中有《观天》（第275—276页）。

又，作诗怀顾景星。

《天延阁删后诗》卷六《休夏集》中有《怀顾黄公》（第278页）。

又，作诗示儿辈季周、松龄、钟龄、季蔚。

《天延阁删后诗》卷六《休夏集》中有《示儿辈（季周、松龄、钟龄、季蔚）》（第278页）。

又，忆宣城黄池旧居（儿时曾住过一段时间），遂有诗两首寄五弟梅素。

《天延阁删后诗》卷六《休夏集》中有《忆黄池旧居便寄家弟素五》（第279页）。

又，编成《休夏集》。

又，营山张菊水为《休夏集》作序。

《天延阁删后诗》卷六《休夏集》中有《张羽皇序》（第272页）。

张菊水，号菊水，字羽皇，营山（一般指四川省营山县）人，举人，康熙七年（1668年）至十年（1671年）任宁国府经照知事附。（《宁国府志》卷四《职官表·职官下》）

又，王露为《休夏集》作序。

《天延阁删后诗》卷六《休夏集》中有《王露序》（第272—273页）。

是年，作诗寄方拱乾。

《天延阁删后诗》卷六《休夏集》中有《敦山六章寄呈方坦庵年伯》（第273页）。

《瞿山诗略》卷六《休夏草（己亥）》中有《敦山六章寄方坦庵年伯》（第572—573页）。

方拱乾（1593—1664），字肃之，号坦庵，安徽桐城人。明崇祯元年（1628

年）进士。官左谕德。李自成克北京，被执。后降清，官少詹事。因江南科场案舞弊，流放宁古塔，后释归。著有《宁古塔志》《方詹事集》。

又，作诗寄李来泰。

《天延阁删后诗》卷六《休夏集》中有《瞻彼四章呈督学李公石台》（第274页）。

《瞿山诗略》卷六《休夏草（己亥）》中有《瞻彼四章寄李公石台》（第573页）。

李来泰（1624—1682），字仲章，号石台，江西临川人。梅清友人。顺治九年（1652年）进士，授工部主事。康熙十八年（1679年）举鸿博，授翰林院侍讲，二十三年（1684年），卒于京师。诗文皆近云间一派，才华横溢。著《莲龛集》四十余卷，毁于兵火。

又，作诗怀顾与治。

《瞿山诗略》卷六《休夏草（己亥）》中有《高冈六章怀顾子与治》（第573页）。

又，作诗怀邠州刺史张旭源。

《瞿山诗略》卷六《休夏草（己亥）》中有《明月四章怀张旭源刺史邠州》（第573页）。施闰章亦有《送张旭源刺邠州》诗。

邠州，州名。唐开元十三年（725年）改豳州为邠州。治所在新平（今陕西彬州），辖境相当于今陕西彬州、长武、旬邑、永寿四地。

又，作诗怀韩圣秋中翰。

《瞿山诗略》卷六《休夏草（己亥）》中有《凤凰四章怀韩圣秋中翰》（第573—574页）。《天延阁删后诗》卷六《休夏集》中有《缅彼四章奉怀韩圣秋中翰》（第275页）。

韩圣秋，即韩诗，字子固，号固庵、圣秋。陕西三原人。梅清友人。官兵部职方司郎中。韩诗还是清初三秦诗派重要成员。

中翰，指皇宫内收藏图书文籍之所，明清时内阁中书的别称。

又，作诗呈宁国郡司马李龙沙。

《天延阁删后诗》卷六《休夏集》中有《皇彼四章赋呈郡司马李龙沙》（第274页）。

又，（由春天开始）所续编之族谱告成。有诗贺之。

《天延阁删后诗》卷六《休夏集·族谱告成三十四韵》（第279—280页）："余梅氏之有家乘也旧矣。自从叔祖宛溪公辑之于前，叔祖大庾公修之于后，越今又六十五年。""今年春，小子清乃集族众祀先灵，而慨然以纂述告，凡搜罗编次，载更寒暑，始获竣役。……因作诗一章，以系书末。将以宣亲德而示来，兹不仅志厥成功也。"

又，施闰章出任江西布政使司参议，分守湖西道，寄诗祝贺。

《天延阁删后诗》卷六《休夏集·寄施愚山参政湖西》（第279页）："……三江枫树影，八月澥潮声……"。此处与《施愚山先生年谱》卷二中的说法不一，《年谱》中记为清顺治十八年（1661年）。

湖西，鄱阳湖以西。

又，有诗赠楚白二兄。

《天延阁删后诗》卷六《休夏集·赠楚白二兄》（第277页）："……手把青藤芒屩稳，酒瓢诗卷秋风冷。"

又，同诸子游，过宛津庵，时徐半山有庐山之游。

《天延阁删后诗》卷六《休夏集·同诸子过宛津庵时半公有庐山之游》（第279页）："舍前隔舍高城下，桥外横桥两水间。耽野兴能来白社，得闲吟不去青山。群鸥远市忘喧寂，孤鹤凌空任往还。久意匡庐云雾里，真源何日共追攀。"

又，观莆较书写临池歌。

《天延阁删后诗》卷六《休夏集·看莆较书临池歌》（第277页）："数声鹦鹉惊帘枕，睡余却喜松花浓。搦管迟迟犹未下，朱唇半启含霜锋。须臾电光腾满楮，呼出龙蛇走风雨。白纨黄绢一齐飞，争道大娘筵上舞。忽然掷笔立东亭，欲语不语空沉吟。长叹一声君莫问，梦中曾见画眉人。"

又，作诗答从弟梅喆。

《天延阁删后诗》卷六《休夏集·答逋仙七弟》（第279页）："看君笔墨多能事，年少还如老郑虔。醉染烟霞兼海岳，愁吟花草杂鱼鸢。不闲怪我为时累，数至征图与世传。平绿阁今虚绢素，肯无逸典及东田。"

又，作诗赠王绍斋。

《天延阁删后诗》卷六《休夏集》中有《赠王绍斋四首》（第278页）。

《瞿山诗略》卷六《休夏草（己亥）》中有《赠王绍斋二首》（第576页）。

又，作《题莲峰钓矶图》诗。

《天延阁删后诗》卷六《休夏集·题莲峰钓矶图》（第280页）："南岳山前霜叶飞，西风故故动寒威。欲寻如意归何处，半在莲峰半钓矶。""扫出莲峰不见痕，一竿舒卷更谁尊。拈花肯到峰头上，莲子心中自有根。"

又，作诗怀陈默公。

《天延阁删后诗》卷六《休夏集》中有《怀涤岑陈默公先生》（第276页）。

《瞿山诗略》卷六《休夏草（己亥）》中有《怀涤岑陈默公先生》（第574页）。

陈默公，即陈焯，字默公，号越楼，安徽桐城人。梅清好友。顺治九年（1652年）进士，官兵部主事，以亲老乞归。著有《宋元诗会》等。

又，作《午夜歌》，叹"人间欢怨争茫茫"。

《天延阁删后诗》卷六《休夏集》中有《午夜歌》（第276页）。

又，有诗赠观察董健华先生。

《天延阁删后诗》卷六《休夏集》中有《赠观察董健华先生》（第277页）。

又，月夜独宿敬亭山。

《瞿山诗略》卷六《休夏草（己亥）》中有《月夜独宿敬亭》（第576页）。

清顺治十七年（庚子，1660年） 三十八岁

秋，与施闰章、张清源、李龙沙等，游城东玉山寺。

《天延阁赠言集》卷之一中有施闰章《庚子秋日同郡司马李龙沙暨张清源沈调万梅渊公游玉山寺即席和答渊公一首》（第494页）。

冬，北上，赴来年春试，顺道往豫、冀、晋等地一游，历时近一年。

《天延阁删后诗》卷七《驱尘集·梅清自序》（第282页）曰："庚子冬，余将计偕北上。先是故人有山右之约，因渡江而西趋大梁。历太行，抵太原，淹留两月。既而从晋阳达都门，踉跄又两月。铩翮南还，复羁大梁一月，始抵里门，为时将近一载。纵横往返，约程万里，约诗仅五十余首。"

又，作《行路难》诗。

《天延阁删后诗》卷七《驱尘集》中有《行路难三首》（第282页）。

又，渡江北上。

《天延阁删后诗》卷七《驱尘集》中有《渡江》（第282—283页）。

又，过巢湖。

《天延阁删后诗》卷七《驱尘集》中有《巢湖（既渡后作）》（第282页）。

又，行宿州道上。

《天延阁删后诗》卷七《驱尘集》中有《宿州道上》（第284页）。

又，抵大梁。

《天延阁删后诗》卷七《驱尘集》中有《大梁行》《大梁鼓楼歌》（第283页）。

大梁，战国时魏国都城，在河南省开封市西北，隋唐以后称开封为大梁。

又，冒雪行盘陀道上。

《天延阁删后诗》卷七《驱尘集》中有《盘陀道上》（第284页）。

又，行至谷口（即盘陀道山口）。

《天延阁删后诗》卷七《驱尘集》中有《谷口（即盘陀山口）》（第284页）。

又，过星貂驿（在太行山）。

《天延阁删后诗》卷七《驱尘集》中有《星貂驿（在太行山）》（第284页）。

又，过太行山。

《天延阁删后诗》卷七《驱尘集》中有《太行山》（第286页）。

又，过尼山回辙处。

《天延阁删后诗》卷七《驱尘集》中有《尼山回辙处》（第284页）。

又，行在"叠雪层冰万壑寒"的南关道上。

《天延阁删后诗》卷七《驱尘集》中有《南关道上》（第286页）。

南关，即南关镇，位于今山西省晋中市灵石县东南部，与沁源、汾西、霍州相接，境内仁义河、汾河两河交汇，西山、南山、北山三山环拱。交通便利，资源丰富，商业发达，历史悠久。

又，登太原拱宸楼。

《天延阁删后诗》卷七《驱尘集》中有《登太原拱宸楼》（第286页）。

又，作《留别晋阳阎夫子》诗。

《天延阁删后诗》卷七《驱尘集》中有《留别晋阳阎夫子》（第287页）。

又，行白圭道上，遇雪。

《天延阁删后诗》卷七《驱尘集》中有《白圭道上阻雪》（第284页）。

又，雪中同周我闻、雷博山和桑赞伯游刺史周蓝喻源涡别业。

《天延阁删后诗》卷七《驱尘集》中有《同周我闻、雷博山、桑赞伯游刺史周蓝喻源涡别业分赋二首》（第284页）。

周我闻，浙东人，流寓榆次。

岁末,同周我闻、雷博山和桑赞伯登周蓝喻古台。

《天延阁删后诗》卷七《驱尘集》中有《同周我闻、雷博山、桑赞伯登周蓝喻古台》(第286—287页)。

又,作《留别周蓝喻刺史》诗。

《天延阁删后诗》卷七《驱尘集》中有《留别周蓝喻刺史》(第284页)。

又,作《留别周我闻》诗。

《天延阁删后诗》卷七《驱尘集》中有《留别周我闻(浙东人流寓榆次)》(第284页):"俱是天涯客,愁余更远征。……"

又,在山西榆次,与阔别十年的姐姐见面。

《天延阁删后诗》卷七《驱尘集·至榆次见家姊感赋》(第286页):"迢递初经涂水湄,到来怀抱喜还悲。十年骨肉伤心处,万里东西见面时。双泪相看皆老大,孤身远寄任安危。即今天外同回首,愁问高堂两鬓丝。"

《瞿山诗略》卷七《驱尘集(庚子辛丑)》中有《至榆次见家姊》(第580页)。

又,过山西固关。

《天延阁删后诗》卷七《驱尘集》中有《固关(山西平定府)》(第284页)。

平定,即平定县,隶属于今山西省阳泉市,位于阳泉东南部,太行山中段西麓,有娘子关、冠山、开河寺、固关长城等名胜。

又,作《青绿山水图》立轴。题款:"庚子仿元人笔意,清士。"

清顺治十八年(辛丑,1661年) 三十九岁

二月,作诗和刘梦更。

《瞿山诗略》卷七《驱尘集(庚子辛丑)·和刘梦更折柳词二首》(第582页):"袁家小女倚新妆,灯下红颜胜海棠。一曲琵琶一杯酒,销人魂梦断人肠。"(其一)

春,在京城,三度应试,失利。

《天延阁删后诗》卷七《驱尘集·顾景星序》(第281页):"辛丑之岁,将复上春官。"

《天延阁删后诗》卷七《驱尘集·梅清自序》(第282页):"达都门,跔跆又两月,铩翮南还。"

又,作《客中送春》诗。

《天延阁删后诗》卷七《驱尘集·客中送春》（第288页）："长安城内见花飞，城外风吹花已稀。客里春风原不管，却从何处送春归。"

又，行良乡道上。

《天延阁删后诗》卷七《驱尘集》中有《良乡道上望春气》（第285页）。

良乡县，古地名，西汉置，属涿郡。明永乐元年（1403年）属顺天府，清因之。1958年与房山县合并，今为北京市房山区。

又，在邯郸路上，发感叹："但能吴市隐，何必问邯郸。"

《天延阁删后诗》卷七《驱尘集》中有《邯郸路上》（第285页）。

又，过汉帝斩石人处，有"三春沙畔月，千古塞边云"之感。

《天延阁删后诗》卷七《驱尘集》中有《汉帝斩石人处》（第285页）。汉光武帝刘秀斩石人的故事在邢台市柏乡县一带广为流传。

又，在朱仙镇拜岳庙。

《天延阁删后诗》卷七《驱尘集》中有《朱仙镇拜岳庙》（第285页）。

朱仙镇，今河南省开封市下辖镇，自唐宋以来，一直是水陆交通要道，明朝是开封的水陆转运码头，与湖北汉口镇、江西景德镇、广东佛山镇并称中国四大名镇。

又，于河南鄢陵，访邑人、知县黄云鹤，并同在梁园赏牡丹。

《天延阁删后诗》卷七《驱尘集》中有《鄢陵梁园同黄石楼明府看牡丹》（第283页）。

又，于鄢陵，应韩秋水之招，同王仪皇、郑石公、王子厚在梁园亭分韵赋诗。

《天延阁删后诗》卷七《驱尘集》中有《鄢陵韩秋水招同王仪皇、郑石公、王子厚梁氏园亭，分得深字》（第285页）。

又，自鄢陵登舟，行至瓦埠。

《瞿山诗略》卷七《驱尘集（庚子辛丑）》中有《自鄢陵登舟至瓦埠将近千里遣怀二首》（第582页）。

瓦埠，今安徽省淮南市寿县所辖镇。

又，过黄河，遇洪水。

《天延阁删后诗》卷七《驱尘集》中有《洪水》（第285页）。

又，既渡黄河，寻路不得，泥行四十里，当夜至铜城。

《天延阁删后诗》卷七《驱尘集》中有《既渡河寻路不得，泥行四十里，夜至铜城感赋》（第285页）。

铜城，今滁州市天长市所辖镇，在其最北端，为高邮湖滨千年古镇，据传因西汉时期吴王之侄刘濞在此铸钱而得名。

又，月夜泊焦湖。

《天延阁删后诗》卷七《驱尘集·月夜泊焦湖》（第285页）："……谁怜千里外，客梦一孤舟。"

焦湖，古地名，又作漅湖，即巢湖。

又，晓发焦湖。

《天延阁删后诗》卷七《驱尘集·晓发焦湖》（第285页）："……归当还自好，早种墨溪田。"

又，在焦湖遇风阻挡，不得不再宿。

《天延阁删后诗》卷七《驱尘集》中有《焦湖夜望》（第285页）、《焦湖阻风》（第288页）。

《瞿山诗略》卷七《驱尘集（庚子辛丑）》中有《焦湖夜望》（第583页）。

又，在徐湖为风所阻。

《瞿山诗略》卷七《驱尘集（庚子辛丑）·徐湖阻风》（第583页）："数定归程几日还，扁舟系处却如闲。愁心不怕风涛阁，望尽天南山外山。"

徐湖，与巢湖相连。

秋，"秋水孤帆"渡长江。

《天延阁删后诗》卷七《驱尘集》中有《江上》《江行》（第287页）。

又，作《归来》诗。

《瞿山诗略》卷七《驱尘集（庚子辛丑）·归来》（第584页）："半世愁禁得，归来好是闲。……风尘吾欲老，何处问深山。"

又，将至芜湖，有诗寄五弟梅素，"喜剧到乡关"。

《天延阁删后诗》卷七《驱尘集》中有《北归将至芜阴先寄五弟一韵二首》（第285—286页）。

八月，作《南归林屋图》册页六开（《岩居》《溪行》《钓矶》《林屋》《池边草阁柳初岸》《瞿山清》等六开）。题款："南归林屋，亦有溪山。念我怀人，兴歌柱石。因作图寄之，非敢尘有道之观，聊见意也，谨存余素，以待新诗。辛丑八月，瞿山同学弟梅清识。"

收录于中国古代书画鉴定组编《中国古代书画图目》第四册（文物出版社

2000年版）。现藏于上海博物馆。

冬，作《雪望》诗。

《瞿山诗略》卷七《驱尘集（庚子辛丑）》中有《雪望》（第584页）。

是岁，游月夜下的黄腊河。

《天延阁删后诗》卷七《驱尘集》中有《月夜黄腊河遣兴》（第287页）。

又，作诗寄刘子延先生。

《天延阁删后诗》卷七《驱尘集》中有《寄刘子延先生》（第286页）。

又，作诗寄李昌祚先生。

《天延阁删后诗》卷七《驱尘集·寄李过庐先生》（第286页）："紫禁日趋陪，清时侍从才。辟门论典旧，捧诏对廷开。应制春歌缓，陈言晓漏催。蛮传惟允客，风采近三台。"

李昌祚（1616—1667），湖北汉阳人，字文孙，号剑浦，又号来园，别号过庐。因世居九真山下，故又号真山人。梅清友人。顺治九年（1652年）进士，选为庶吉士，继为翰林院检讨。康熙元年（1662年），任大理寺少卿。他深通洛闽学派要旨，诗文亦负盛名。著有《学古录》《昔友集》《真山人集》。

又，作诗分别寄王世禄、王士禛兄弟。

《天延阁删后诗》卷七《驱尘集》中有《寄王西樵先生》《寄王阮亭先生》（第286页）。

又，梅庚初识施闰章，相交莫逆。施随即延揽梅庚至其家塾，教授施彦淳、施彦格二子。（梅庚《知我录》"施愚山先生"条）

清康熙（四十至七十四岁）

清康熙元年（壬寅，1662年） 四十岁

春，与梅庚同去杭州，过广德，有诗寄广德杨竹如刺史。

《天延阁删后诗》卷八《越游草·寄广德杨竹如刺史》（第292页）："……晏坐桐川川水明，共说春风千骑转。"

又，过吴山。

《天延阁删后诗》卷八《越游草·吴山春望》（第291页）、《吴山》（第292页）。

吴山，在浙江杭州西湖东南，春秋时为吴西界，故名。

又，过钱塘，作钱塘怀古诗。

《天延阁删后诗》卷八《越游草·钱塘怀古》（第291页）："……长吟长啸须何日，春雨春风无限情。"

又，停留武进，为庄澹庵太史自画《西山秋爽图》卷题款。

《天延阁删后诗》卷八《越游草》中有《题庄澹庵太史自画〈西山秋爽图〉卷子歌》（第290页）。

武进，即现湖南常德。

庄澹庵，即庄冏生（1627—1679），字玉骢，号澹庵。顺治四年（1647年）进士，入翰林，授检讨等职，后因事受牵累罢官，至康熙初年，被朝廷重新起用，官复原职。康熙皇帝正待重用，遽以疾卒于京师，春秋仅五十有三。著有《澹庵集》、《漆园印型》十三卷、《长安春草》、《黄山纪游外集》四卷、《炉史》十四卷、《霍丘日记》、《红窗百咏》二卷、《兰语》二卷、《长安春词》一卷。

太史，官职名，传夏代末已有此职。明清时期，对翰林亦有太史之称。

又，在杭州，为钱塘画家戴苍所作许孟起写真图题诗。

《天延阁删后诗》卷八《越游草》中有《题戴葭湄为许孟起写真歌》（第290页）。

戴苍，字葭湄，武陵（湖南常德）人。梅清友人。亦能画山水、人物。

又，在杭州，再会徐世臣。

《天延阁删后诗》卷八《越游草·武林再晤徐世臣》（第291页）中有"十八年中此日情"句，宛陵一别已经十八年了，别时壬午年即1642年（见前文），再见时应当是1659年，但这里记为1661年。

武林，旧时杭州的别称。最早出自《汉书》，与其境内的武林山相关，武林山即今灵隐、天竺一带的山脉。

又，夜不能寐，作《不寐》诗，"风雨入春声"。

《天延阁删后诗》卷八《越游草》中有《不寐》（第291页）。

又，有诗为朱方来悼冯姬。

《天延阁删后诗》卷八《越游草·为朱方来悼冯姬》（第294页）："烂漫江南三月天，北邙原上起孤烟。花枝不管千年泪，处处春风放杜鹃。"

又，老友宣城人唐念祖卒，作诗哭之。

《天延阁删后诗》卷八《越游草·哭唐鬐孙》（第291—292页）中有"堂前白发悲春日"句。

唐念祖（？—1662），字式公，一字鬐孙，宣城人。梅清友人。《宛雅》称其"书学智永千文，又学虞永兴破邪论、欧阳率更心经，篆学峄山碑，隶学曹景完碑，虽未能入室，时时有合作。不时作画，乃通画理，为人强作，亦萧萧有致。"

又，作西湖竹枝辞。

《天延阁删后诗》卷八《越游草》中有《西湖竹枝辞》十二首（第293页），其中有"桃花流水且从新""吹尽东风复见春"等句，证明是春天作。《瞿山诗略》录其九首。

初夏，"雨霁招舟"过吴兴。

《天延阁删后诗》卷八《越游草·吴兴舟中》（第290页）中有"蚕丝绕夏田"句，可证明是夏天。

夏，客居南京。

《天延阁赠言集》卷之二《方育盛·戊申春仲客宛上得晤渊公老年世长兄感赋四首》（第504页）："回忆壬寅夏，秦淮君客居。我才归塞外，人各认生初。泪尽龙荒见，诗成鹤表如。(渊公与同人为余家赋生还诗)别来还几岁，池草梦谁疏。"
(其二)

立秋日，仍在南京，与江阴人张印顶交往。

《天延阁赠言集》卷之一中有张印顶《壬寅立秋日白下喜逢渊公，漫赠一律》
(第493页)。

张印顶，字大玉，浙江江阴人，明亡逃禅，法名大盲头陀，梅清诗友。李岳
瑞《春冰室野乘》说："大盲头陀，故明遗民，不传其姓氏，钱牧斋尝为刻其诗百
首，陈菊人为之序。"

中秋，在南京，同梅庚、施闰章、徐缄、顾景星、高咏等集云根亭赋诗。

徐缄，字伯调，浙江山阴人。梅清友人。明末清初人。少负盛名，勤于学问。
每日以半天治经，以半天治史。所注《经史传注》，凡数百万言。诗文曰《岁星
堂集》。

高咏(1622—?)，字阮怀，一作怀远，号遗山，宣城人。梅清姐夫、画友。
康熙十八年(1679年)举鸿博，授检讨，充明史馆纂修。幼有神童之称，书、画、
诗称三绝，尝画墨钟馗。著有《若岩堂集》《遗山堂诗》。(《中国美术家人名辞
典》，第785页)

秋，在南京陈铁潭总戎楼上，与梅朗三旧友桐城人陈焯(默公)晤，并赠以
诗、画(十幅)。

《天延阁赠言集》卷一陈焯《壬寅新秋偶游金陵得晤梅渊公贻余佳画答以长
歌》(第488页)："结交初识宛陵人，朗三梅子情最真。……邂逅忽睹瞿山面，瞿
山泼墨予益惊。临摹百家只顷刻，点染万品随生成。……十幅云蓝辱持赠，置吾
丘壑移吾情……。"

又，过芜湖，访萧云从，萧氏有题画诗相赠。

萧云从《题画寄渊公》："秋华揽尽日幽闲，放艇开尊暮未还。有句惊人怀老
谢，松风直到敬亭山。"

又，寄诗于湖州刺史吴绮。

《天延阁删后诗》卷八《越游草·寄湖州吴园次刺史》(第291页)："千里乌程
舫，秋风数载思。……"

吴绮(1619—1694)，字园次，号听翁，又号丰南，亦称红豆词人，江苏江都
人。五岁能诗，顺治十一年(1654年)拔贡生。以荐授秘书院中书舍人。奉诏谱

《杨继盛乐府》（即《忠愍记》）称旨，即以杨官官之。历授浙江湖州知府，多惠政。湖州人因其多风力，尚风节，饶风雅，故称为"三风太守"。性坦易，喜宾客，四方名流过从，赋诗游宴无虚日，坐事罢归。贫无田宅，购废圃以居。有求诗文者，以花木为润笔，因名其圃曰"种字林"，日读书坐卧其中。有《林蕙堂集》二十六卷，又著有《岭南风物记》，辑有《宋金元诗咏》及《选声集》。亦能曲，作有《啸秋风》《绣平原》《忠愍记》各一本，传于世。（《中国文学家大辞典》，第1320—1321页）

又，魏惟度以枕江堂诗见示，有诗酬答之。

《天延阁删后诗》卷八《越游草》中有《酬魏惟度（时以枕江堂诗见示）》（第289—290页）。

又，行在桐川道上。

《天延阁删后诗》卷八《越游草·桐川道上》（第291页）："……桐川秋色里，十载忆前游。"

桐川，位于广德境内。

又，登开化寺塔顶，怀广德杨竹如刺史。

《天延阁删后诗》卷八《越游草·登开化寺塔顶怀杨竹如刺史》（第291页）："……山光明若水，秋色艳于春。……"

又，作《越中漫兴》诗。

《天延阁删后诗》卷八《越游草·越中漫兴》（第295页）中有"秋风一骑越山清"句，说明是秋天。

又，应云浪上人募化衣单之约，题诗数句。

《天延阁删后诗》卷八《越游草·云浪上人募化衣单索题数句》（第291页）："野外无衣客，楼高倚独寒。……"

又，作诗送郭方重督漕北上。

《天延阁删后诗》卷八《越游草·送郭方重督漕北上》（第292页）中有"新诗须共蚤秋传"一句，断定为秋季所写。

又，赠诗汪参戎兼订湖上之约。

《天延阁删后诗》卷八《越游草》中有《贻汪参戎兼订湖上之约》（第292页）。

参戎，明清武官参将的俗称。明方以智《通雅·官制》："今之参将，本参戎之意也。"

又，作诗赠吴静腑先生。

《天延阁删后诗》卷八《越游草》中有《赠吴静腑先生三十韵》（第292—293页）。

又，游西湖，作诗《放鹤亭》。

《天延阁删后诗》卷八《越游草》中有《放鹤亭》（第291页）。

放鹤亭，位于杭州西湖孤山东北麓，为北宋隐逸诗人林逋纪念亭。

冬，既前二日，倪正忽忆梅清四十岁，作诗忆之。

《天延阁赠言集》卷之一倪正《壬寅冬既前二日读易寒岩，忽忆渊公四十，书此寄祝，相期久视也》（第498页）："我友瞿山人，今年年四十。致身强仕时，留心岂石室。石室有丹炉，千秋火未熄。安得尔仙才，间参古金碧。""金碧参同浅，疏开大易深。搜索人物隐，披陈天地心。至道忘贵贱，穷神藏古今。何须更十年，绝韦生沉吟。"

又，夜读诗，慰念从兄梅士劝并赋寄友人陈允衡。

梅士劝，字勉叔，少负俊才，好读古，著有《唾余集》。

《天延阁删后诗》卷八《越游草》中有《夜读诗慰感念从兄勉叔赋寄陈伯玑》（第289页）。

又，陈参军母夫人卒，有诗挽之。

《天延阁删后诗》卷八《越游草》中有《挽陈参军母夫人》（第291页）。

又，作《题画杂诗》诗。

《天延阁删后诗》卷八《越游草》中有《题画杂诗》（第294页）。

又，赠诗于当湖篆刻家陈玉石。

《天延阁删后诗》卷八《越游草》中有《赠当湖陈师黄》（第290页）。

当湖，又名柘湖，浙江平湖的别称。

陈玉石，康熙年间人，名师黄，字玉石，以字行，浙江平湖人。梅清友人。另有一说姓陆。工刻印，必深刻其底，光泽如鉴乃止。不肯轻为人作，尝目工印章者曰："尔辈持刀，将用以削人足指甲耶？"卒年未满五十。

又，见蔡瑶为沈北溟作东山谷口图，兴而题诗以赠。

《天延阁删后诗》卷八《越游草·蔡玉及为沈北溟作东山谷口二图，戏为题赠》（第296页）："画里看山兴欲飞，山还作响报弦徽。此日漫须携伎往，清尊凉月自依依。""谷口诗传出谷声，同心人写谷中情。三径自萦姑水度，片云还接蜀山清。"

又，题画赠蔡瑶。

《天延阁删后诗》卷八《越游草·题画赠蔡玉及》（第296页）："我自怜君诗里画，君情偏于画中长。就将此意为君写，竹里深依华子冈。""片影横斜半不真，若为看去向溪滨。朝来醉墨浑无赖，借尔孤山一点春。"

又，为名医施廷铨小像题诗。

《天延阁删后诗》卷八《越游草·施鼎臣索题小像》（第295页）："箕踞披襟万壑间，置身俨似出尘寰。独牵四海苍生望，那得常如画里闲。"

施廷铨，字鼎臣，江苏无锡人。梅清友人。名医施教孙，诸生，精医术。

又，题诗于宛瑶画扇。

《天延阁删后诗》卷八《越游草·戏题宛瑶画扇》（第295—296页）："漫拥罗衣向晓飔，琴心宛转定谁知。夜来幽梦浑难系，张绪风流此一时。"

又，题诗于张荀仲画扇。

《天延阁删后诗》卷八《越游草·题张荀仲先生画扇》（第296页）："淡烟疏雨过茅堂，西子湖东片岫长。不是陆舟谁解写，分明如笑又如妆。"

又，作《题画》诗。

《天延阁删后诗》卷八《越游草》中有《题画》（第293页）。

清康熙二年（癸卯，1663年）　四十一岁

春夏时，在宣城，与诸子泛舟响山，分韵赋诗。

《天延阁删后诗》卷九《匣琴集》中有《同陈珏庵、于子先、顾赤方、胡省游、唐祖命、张清源、王湛斯泛舟响山，分得游字》（第302页）。

陈珏庵，即陈联璧，字孚尹，号珏庵，原籍应山，迁居光化。明末监生。梅清友人。曾为太常典簿、江宁马政判官。他性情淡泊宁静，胸襟洒脱磊落，后辞官归应山，以栽花种竹为乐。著述甚富，长于吟咏，有《伊兰画舟集》《颍南息庐集》《珏庵集》等行世。主纂《应山县志》八卷本。（湖北省应山县志编纂委员会编《应山县志》，湖北科学技术出版社1990年版，第654页）

于子先，即于觉世（1619—1691），字子先，号赤山，山东新城人。梅清友人。顺治十六年（1659年）进士。有《居巢》《燕市》《使越》《岭南》等诗集。

胡省游，即胡阮，字省游，清湖北竟陵（今天门）人。梅清友人。工印学，顺治十八年（1661年）曾辑其自刻印成《胡省游印谱》。

唐祖命，即唐允甲（1601—?），字祖命，号耕坞，一号山茨，晚号握椒老人。安徽宣城人。梅清友人。明季官中书舍人。早年受汤宾尹器重，有文誉。入清后，喜读释氏书法，名大震，自称“宣城羼提汉”。

五月初五（端午），在宣城。同施闰章、唐耻莪、刘峙三、梅鋗、梅庚等人在城南泛舟，吟诗作赋并怀徐半山。

《天延阁删后诗》卷九《匣琴集》中有《午日同施愚山、唐耻莪、刘峙三、家桐崖、耦长泛舟城南并怀半公二首》(第302页)。

六月，作《山村清景图》扇页。题款：“癸卯六月挥汗为律翁并画，瞿山清。”

此作现藏于上海博物馆。

律翁，为徐律时，字乾若。梅清友人。

七月二十一日，梅翀出生。

《文峰梅氏宗谱》卷七：“梅翀原名翀汉，字培翼，行宏三，号鹿墅。耽诗酒善画，尝从瞿山公学，得教授颇多，双松图、黄山景尤称佳绝。康熙二年癸卯七月二十一日卯时生，康熙癸未殁。娶泾县查氏。立从兄良贵次子鼎成为后。”

初秋，作《山水》立轴。题款：“癸卯初秋，瞿山梅清写。”

是岁，与施闰章、梅文鼎、梅庚等人纂修《宁国府志》。

《天延阁后集》卷八《癸亥诗略》中有《太守王公、邑令袁公奉檄延修郡县续志，同屠升公、刘景威、徐程叔、张子畏、唐联虞、詹在周、家定九、耦长分赋》(第442页)。诗后自注：“康熙癸卯年曾纂定郡志，趋事者十人。愚山、佑瞻、楚白、缉生，相继谢去。存者强半，故起二句，未免今昔之感。”

太守王公，康熙年间姓王的太守只有王国柱，但王国柱任太守是从康熙十八年（1679年）始。邑令袁公，姓袁的县令只有一位，即袁朝选，但袁朝选任宣城县令，是从康熙二十一年（1682年）开始的。

清康熙三年（甲辰，1664年） 四十二岁

立秋后一日，招同姚江苏万民、竟陵程文琰、新城耿承喆、毗陵陈郃公、黄云孙、屠渭纶、王安又集天延阁饮酒，酒半，又召吴门女史蕊珍美人至，兴而赋诗。

《天延阁赠言集》卷之一苏万民《甲辰立秋后一日梅渊公招同竟陵程文琰、新

城耿承喆、毗陵陈邰公、黄云孙、屠渭纶、宛上王安又集天延阁，酒半，召吴门女史蕊珍至，歌以记之》（第493页）："梧叶才飞一日秋，群贤大会宛溪流。梅君家在溪水上，挹水瀹茶浮玉瓯。"

姚江，即余姚江，又称舜江、舜水，发源于宁波余姚，是沟通宁绍平原东西的重要航道。

新城，即山东新城县，宋绍定元年（1228年）所置。

王安又，即王期龄，字安又，安徽宣城人，顺治十五年（1658年）副榜。

黄云孙，即黄永，清代诗人，字云孙，号艾庵。江苏武进人。顺治十年（1653）进士，官刑部员外郎。以奏销案罢官。家居后，发奋读书，至老不倦。工诗词，与同邑董以宁、邹祗谟、陈维崧有"毗陵四子"之称。著有《黄云孙诗选》《溪南词》《艾庵存稿》等。生平事迹见《江苏诗征》卷六十四。其有《浣溪纱·赠妓蕊珍》词："昨夜蓬莱驾紫烟。天风吹下蕊珠仙。十分珍重破瓜年。对客离披浑似醉，为郎颠倒不成眠。秋波斜溜恨无边。"显然，吴门女史蕊珍为妓。

女史，古代女官名，也是对知识妇女的美称。

秋，白门（南京）陈菁客居宣城，与之晤，陈菁赋诗以赠。

《天延阁赠言集》卷之一陈菁《甲辰秋客宛陵喜晤渊公赋此以赠》（第491页）："宛陵有梅子，潇洒爽丰神。……翰墨真三绝，诗歌飞玉尘。"

陈菁（1621—1705），字幼木，一作幼林，号梅巢，康熙二年（1662年）举人，梅清友人。善画，康熙四十三年（1704年）尝作《梅巢图》。

冬日，蒋平阶为《瞿山诗略》卷九《阮余集》作序。

《瞿山诗略》卷九《阮余集（癸卯甲辰）》中有《蒋平阶序》（第588—589页）。

是岁，汶水柏肯堂访宣城，赞梅清"风流不鄙山中侣，文彩争传画里诗"。

《天延阁赠言集》卷之一中有汶水柏肯堂《甲辰过宛陵答梅渊公》（第494页）。

汶水，即大汶河，黄河在山东的最大支流，也是泰安市最大的河流。

柏肯堂，字君房，号冰龛，山东临清人。梅清友人。顺治十五年（1658年）进士，知建平（郎溪）县，值岁饥，筹粮服济，全活万人。又减丁粮，清积欠，努力减轻民众负担，还注意地方治安，治绩卓著。（《聊城人物大辞典》编纂委员会《聊城人物大辞典》，山东人民出版社1998年版，第149页）

又，曾登泰山。

《天延阁后集》卷七《辛酉壬戌诗略·昔游诗》（第433—444页）："我昔游东鲁，三过泰山道。……屈指汗漫游，乃在岁癸卯。……奇观至今饱。何日卜重游，余生嗟欲老。"（其五）

清康熙二年（癸卯，1663年）至三年（甲辰，1664年）　四十一至四十二岁

八月十二日夜，于天延阁集会，时陈散木将归广陵，以诗作别。

《天延阁删后诗》卷九《匣琴集》中有《八月十二夜诸子集天延阁用六月全韵即席联句，时陈子散木将归广陵，余复举全韵并志别怀》（第300页）。

陈散木，即陈世祥，字善伯，号散木，江南通州（今江苏南通）人。梅清诗友。明崇祯十二年（1639年）举人。入清，官直隶新安县知县。罢归后，与冒襄、陈维崧等游。有《含影词》二卷，孙默刻入《国朝名家诗余》（一名《十六家词》）本。（马兴荣等主编《中国词学大辞典》，浙江教育出版社1996年版，第185页）

秋，同郑鲁庵、严坡亭、王丹严、程晴田、陈世祥、史永言、王露、梅庚诸子聚于敬亭山，分韵赋诗。

《天延阁删后诗》卷九《匣琴集》中有《同郑鲁庵、严坡亭、王丹岩、程晴田、陈善伯、史永言、王湛斯、家耦长诸子敬亭分赋》（第303页）："……陵阳城在望，飒飒眼中秋。"

严翼王，字坡亭，湖北武昌人（《梅清诗集》中注为毗陵人），顺治十二年（1655年）进士，官山东滋阳知县。

王士羽，字丹岩，山东新城人。

十二月三日，为皆翁作《幽林闲居》扇面。题款："癸卯腊月三日，戏仿北苑法为皆翁老年台，瞿山弟梅清。"

冬至日，招集樵李朱洁湘、杨天培、五狼陈散木、云间蒋大鸿、左箴、丹阳贺天士、毗陵邹程村、白祗常、广陵汪蛟门、同郡唐祖命、沈泌、梅素、梅庚等人聚于敬亭山，分韵赋诗。是夜同诸子宿巢云楼。次早，沈泌、梅庚载酒重游。

《天延阁删后诗》卷九《匣琴集》中有《冬日招同樵李朱洁湘、杨天培、五狼陈散木、云间蒋大鸿、左箴、丹阳贺天士、毗陵邹程村、白祗常、广陵汪蛟门、同郡唐耕坞、沈方邺、家素五、耦长敬亭山宴集分赋》《是夜同诸子宿巢云楼，次早方邺耦长载酒重游，复得一首》（第299页）。

槜李，即桐乡槜李，又称醉李，是浙江桐乡著名的土特产，这里代指桐乡。

五狼，即五狼山，江苏南通著名景点，全国佛教八小名山之首，宋代州官认为"狼"字不雅，以"琅"字代之，故又称五琅，这里代指南通。

云间，古代松江府的别称，治华亭，又称华亭、茸城、谷水，今上海松江区一带。

毗陵，江苏常州古称。

广陵，即江苏扬州。

朱万锜，字洁湘，浙江桐乡人。

杨自发，字天培，浙江桐乡人。

蒋平阶，原名雯阶，字驭闳，后改平阶，字大鸿，别署杜陵生，华亭（今上海松江）人。梅清友人。明亡后平阶改名易道士服，漫游齐鲁吴越，以堪舆为生，后定居会稽（今浙江绍兴）以终。词有与弟子周积贤、沈亿年合撰之《支机集》，有《惜阴堂汇刻明词》本。《明词综》亦选其词。（《中国词学大辞典》，第179页）

蒋无逸，字左箴，云间（今上海松江）人。

贺宿，字天士，江苏丹阳人。

邹祗谟，字程村，毗陵（今江苏常州）人。

白彦良，字祗常，毗陵（今江苏常州）人。

又，以诗送俞绥游山左（即山东），兼寄施端教（时在山东任职）。

《天延阁删后诗》卷九《匣琴集》中有《送俞去文游山左兼寄施匪莪先生》（第301页）。

又，作诗寄沈寿民先生。

《天延阁删后诗》卷九《匣琴集》中有《寄沈耕岩先生》（第298—299页）。

沈寿民（1607—1675），字眉生，号耕岩，安徽宣城人。梅清诗友。明诸生，与张溥、张采、沈士柱齐名，时有"吴中二张，江上二沈"之称。明亡，以死拒征，足不入城市。工诗，著有《姑山遗集》三十卷、《昔者诗》一卷、《剩庵诗稿》等。生平事迹见黄宗羲《征君沈耕岩先生墓志铭》。

又，作诗寄唐祖命。

《天延阁删后诗》卷九《匣琴集·寄唐耕坞中翰》（第302页）："大雅如君少，羁栖复几时。乱余诸事失，老去众人知。修禊兰亭记，行吟水部诗。岁华堪自遣，厄酒进休辞。"

又，作感怀诗。

《天延阁删后诗》卷九《匣琴集》中有《后感怀九首》（第 297—298 页）。

又，作诗怀念柏枧山。

《天延阁删后诗》卷九《匣琴集·采兰篇》（第 298 页）中有"意中柏枧山"、"别来才一年"句。

又，作采茶诗。

《天延阁删后诗》卷九《匣琴集》中有《采茶篇》（第 298 页）。

又，作《寄简吏部谦居先生》诗。

《天延阁删后诗》卷九《匣琴集》中有《寄简吏部谦居先生》（第 303 页）。

又，作《寄福沙司李姚羹湖》诗。

《天延阁删后诗》卷九《匣琴集》中有《寄福沙司李姚羹湖》（第 299 页）。

司李，即推官，古代官名。唐朝始置，节度使、观察使、团练使、防御使、采访处置使下皆设一员，位次于判官、掌书记，掌推勾狱讼之事。五代沿袭唐制。清初沿明制，于各府设推官及挂职衔推官。顺治三年（1646 年）罢挂职衔推官。康熙六年（1667 年）废除推官。

又，作诗送蒋平阶归山阴。

《天延阁删后诗》卷九《匣琴集》中有《送蒋大鸿归山阴》（第 303 页）。

山阴，今浙江绍兴。

又，作诗送章来元归淮阴。

《天延阁删后诗》卷九《匣琴集》中有《送章来元归淮阴》（第 302 页）。

又，作诗怀念陈吉裴。

《天延阁删后诗》卷九《匣琴集》中有《怀陈吉裴山中》（第 301 页）。

又，过宣城城东玉山禅院，为野岳和尚题诗于徐半山画上。

《天延阁删后诗》卷九《匣琴集·过玉山禅院为野岳题半公画》（第 303 页）："爱汝城东烟刹浮，松阴十里自生幽。山中萝薜年年古，定里云霞日日留。晓雨郊坰妆酷暑，晚风钟磬报新秋。巨公落笔凌千仞，指点禅心在上头。"

又，作《玉山感旧》诗。

《瞿山诗略》卷九《阮余集（癸卯甲辰）》中有《玉山感旧》（第 592 页）。

又，寄诗于在黄山的沈寿民先生。

63

《瞿山诗略》卷九《阮余集（癸卯甲辰）》中有《寄耕岩先生黄山》（第591页）。

又，作诗赠别徐赐予年伯。

《天延阁删后诗》卷九《匣琴集》中有《赠别徐赐予年伯》（第303页）。

又，作《咏促织》诗。

《瞿山诗略》卷九《阮余集（癸卯甲辰）》中有《咏促织用工部原韵》（第592页）。

又，作诗即席赠韩仁吾。

《天延阁删后诗》卷九《匣琴集》中有《即席赠韩仁吾镇府》（第303页）。

又，作诗赠怀岳师。

《天延阁删后诗》卷九《匣琴集·赠怀岳师》（第303页）中有"观岳归来梦尚亲"句。

又，访书泉隐居。

《天延阁删后诗》卷九《匣琴集·访书泉隐居》（第303页）："万株杨柳一溪长，人到书泉水亦香。……"

又，作《双塔》《翠云庵》诗。

《天延阁删后诗》卷九《匣琴集》中有《双塔》《翠云庵》（第303—304页）。

又，为徐半山《庐山瀑布图》题诗。

《天延阁删后诗》卷九《匣琴集·题半公庐山瀑布图》（第301页）："半公曾到庐山顶，万丈飞泉眼中冷。我爱兹山游未能，意中常见飞泉影。巨然盘礴霜毫怪，乱卷珠帘挂天外。老瞿拂幛再三看，眼中意中却相会。青山何处不红尘，面目匡庐真不真。他年黄海峰头望，此幛原来是故人。"

又，应郡守龚鹏之命，题徐半山《两水夹明镜图》。

《天延阁删后诗》卷九《匣琴集·龚郡尊扶万命题半山两水夹明镜图歌》（第301—302页）："中堂怪底横秋水，山晓晴烟吹欲起。分明留我于其中，始信江城如画里。江城两水清更深，东则句溪南宛津。中有古刹曰明镜，潆洄环濯无纤尘。半山老衲歌欸乃，经营秃笔一挥洒。澄江明月故人心，此意惟当龚渤海。"

又，为邑人钟允谐画《书泉隐居图》。

《天延阁删后诗》卷九《匣琴集·为钟予夔画书泉隐居图》（第302页）："幽人卜筑居书泉，泉上风光别一天。扑水老梅放残腊，倚岩新竹生寒烟。短阁临流足幽绝，红尘欲侵侵不得。客至同看渡浦云，诗成共坐凌波月。长歌长啸日悠悠，妙手还推第一流。屏障纷纷借光彩，公卿滚滚下扁舟。近来此事竞风雅，偏尔精神露潇洒。指顾山阴应接迷，并刀欲剪纷难下。咄嗟胜事日多端，谁复幽栖得自宽。老瞿无限沧洲意，都入书泉画里看。"

钟允谐，字予夔，清初宣城人。工画。梅清画友。

又，向钟允谐索画。

《天延阁删后诗》卷九《匣琴集·索予夔画》（第304页），"自怪奈何耽僻性，谁能即可出尘寰。烦君洒墨挥毫处，置我高山流水间。"

又，观钟允谐作画，并欣然题诗。

《天延阁删后诗》卷九《匣琴集·予夔画成》（第304页）："一折一折几重山，指点仙源顷刻间。老我此中真不易，只今相对已开颜。"

又，为邑人倪正作《隐居图》并题诗。

《天延阁删后诗》卷九《匣琴集·题观湖隐居图二首》（第304页）："不到湖边十载余，意中常见水云居。我欲卜邻浑未得，挑灯惆怅画观湖。""松阴一径远萧疏，道士茅堂坐读书。他日倘予来问字，为君更画《隐居图》。"

又，作《题韫林书画二绝》诗。

《天延阁删后诗》卷九《匣琴集·题韫林书画二绝》（第304页）："大娘剑影落何处，满眼飞腾绝有神。谁信临池论笔阵，人间重见卫夫人。""楼头戏墨余亲见，扇底芳兰眼底无。十载幽香怀袖里，秋风吹尽不曾枯。"

林韫林，即林文贞，字韫林，福建莆田人。清代画家、诗人。工诗词，善画兰，精书法。著有《韫林偶集》。王蕴章《燃腊余韵》："女士林韫林，福建莆田人，暮春济宁（山东）道上得诗云：'老树深深俯碧泉，隔林依约起炊烟，再添一个黄鹂语，便是江南二月天。'有依此绘一便面（扇面）者，韫林曰：'画固好，但添个黄鹂，便失我言外之情矣。'"

又，题画送马幼御。

《天延阁删后诗》卷九《匣琴集·题画送马幼御》（第304页）："将归游子暂停骖，促写寒梅倚碧岚。为问天涯逢驿使，相思可尚在江南。"

又，为王露扇上梅花题诗。

《天延阁删后诗》卷九《匣琴集·题王湛斯扇上梅花》（第304页）："不因月下横孤影，岂藉岩边吐旧丛。何事寒香生顷刻，王郎笔底有春风。"

约此时，石涛皈依临济宗旅庵本月门下。

清康熙四年（乙巳，1665年） 四十三岁

五月，开始重修《文峰梅氏宗谱》，至翌年十月完成。

梅清《重修谱序》："开局于乙巳之午月，竣工于丙午之阳月。"（《文峰梅氏宗谱》）

秋仲，五琅陈世祥过宣城，为《宛东集》作序，此时两人相别二十年余。

《天延阁删后诗》卷五《宛东草·陈世祥序》（第263—264页）："余与瞿山梅子别二十年余矣，今年秋仲，复过敬亭。叩瞿山之庐，则瞿山方却扫焚香，歌吟自适也。……瞿山之居曰天延阁，即旧所谓平绿者。为大参镜水公之遗构，而旁接禹金先生之书带园，其上则左图右史，前鼎彝后金石。人入其中，莫不鄙吝顿忘，古道生色。……乙巳秋仲。"

又，与诸子作敬亭雅集。

《瞿山诗略》将诗《同郑鲁庵、严坡亭、王丹岩、程晴田、陈善伯、史永言、王湛斯、家耦长敬亭二首》编入《阮余集（癸卯甲辰）》，有误，陈世祥《宛东诗原序》载："余与瞿山梅子别二十年余矣，今年秋仲，复过敬亭"，序尾署"乙巳秋仲"，由此断定这首诗应作于乙巳年。

八月十二日，与五琅陈世祥、邑人王露、沈泌、钟允谐、梅素、梅庚诸子集天延阁即席联句（后集成《天延阁联句唱和诗》一卷）。

八月十五夜，在宣城黄池，与族人梅博山、梅仲建、梅尔玉、梅圣可、梅磊等人在梅素的橘园草堂饮酒作诗。

《天延阁删后诗》卷十《寒江集》中有《黄池月夜，同博山、仲建、尔玉、圣可、杓司饮五弟橘园草堂》《十五夜留别池上诸子得怀字》（第308页）。

《瞿山诗略》卷十《寒江集（乙巳丙午）》中有《黄池月夜，同博山、仲建、尔玉、圣可、杓司饮五弟橘园》（第597页）。

八月十六夜，仍在黄池夜饮赋诗。

《天延阁删后诗》卷十《寒江集》中有《次夜又次前韵（是夜仲建载酒见过）》（第308页）。

秋，毗陵邹祗谟过访，为之"置酒敬亭，大会宾客"。

《瞿山诗略》卷十一《归舟草·邹祗谟序》（第601页）："昔余于乙巳之秋，访

瞿山先生于宛上。先生为置酒敬亭，大会宾客。"

深秋，沈泌以歌相赠。

《天延阁赠言集》卷之一沈泌《乙巳深秋歌赠梅瞿山》（第496—497页）："我家麻姑麓，君住柏枧山。……"

又，梅磊卒。

《天延阁赠言集》卷之一沈泌《乙巳深秋歌赠梅瞿山》（第496—497页）："……书带园荒惜才子，响山佳人今又死。……"

至日（夏至日或冬至日），为友人道士海阳出示《列仙图》，并宴饮。

《天延阁赠言集》卷之二倪观湖《乙巳至日瞿山展列仙图视海阳，海阳愧也，已而蹶然，泰清紫虚不甚相远，瞿山宿禀仙才，加勤道力，揖让南宫等闲事耳。因共酌酒，而海阳为之歌》（第507页）。

冬，邀请众位江南文士朱万镝、杨自发，五狼陈世祥、云间蒋平阶、蒋无逸，丹阳贺宿，毗陵邹祗谟、白彦良，广陵汪懋麟，宣城唐祖命、沈泌、梅庚、梅素于敬亭山宴集，宿巢云楼，并同游云齐阁、金鸡井、虎窥泉、翠云庵、双塔。诗酒唱和。

《敬亭唱和集·唐允甲题辞》（第360页）："乙巳冬，吴越知名之士数辈咸集于宛，竞谓敬亭名胜拟于兰亭。"后刻《敬亭唱和集》，收诗三十六首、词九首：五言古梅清原唱二首，蒋平阶和二首，邹祗谟和二首；七言古陈世祥原唱一首，梅庚和一首；五言律沈泌原唱二首，汪懋麟和二首，贺宿和一首，梅素和一首；七言律朱万镝原唱一首，白彦良和二首，杨自发和一首，蒋无逸和一首；五言排律蒋平阶原唱一首；七言排律邹祗谟原唱二首；五言绝句蒋无逸原唱四首，陈世祥和二首，梅清和二首；七言绝句贺宿原唱四首，梅素和二首；诗余陈世祥原唱三首，邹祗谟和三首，梅清和三首。

是岁，作和诗《定西番》《别银灯》《多丽》等。

又，作诗寄大司成徐元文。

《天延阁删后诗》卷十《寒江集》中有《寄徐立斋大司成》（第306页）。

大司成，周官名，司徒属官。唐国子监祭酒的别称，掌儒学训导之政。唐高宗一度改国子监为司成馆，祭酒为大司成，旋复归。

又，舟泊山东张秋，作诗赠故交马旻来。康熙二年（1663年）徐半公从马旻来处归，带回诗多首。

《天延阁删后诗》卷十一《归舟草·泊张秋赠马旻来》（第316页）："前年半公归，新诗寄一尺。"

张秋，镇名，在今山东省阳谷县，为京杭运河的一个重要码头。

清康熙五年（丙午，1666年）　四十四岁

六月，在南京，于百尺楼即席有诗赠总兵陈世昌。

《天延阁删后诗》卷十《寒江集》中有《百尺楼即席赋赠总戎陈公铁潭》（第311页）。

陈世昌，号铁潭。梅清亲家。

又，在南京秦淮舟中，应朱用宾之招，同陈世昌、严端溪等吟诗作赋。

《天延阁删后诗》卷十《寒江集·朱用宾招饮秦淮舟中同陈公铁潭严公端溪各赋八韵》（第313页）："寂寞秦淮里，游人踏晚艘。三年如梦远，一水与天高。画舫传冰碗，牙樯鼓雪涛。宅新垂五柳，渡古系双桃。槛倚佳人笛，诗挥上客毫。歌终唤鹦鹉，酒醉问葡萄。暮雨翻珠箔，秋云落锦袍。临风一孤立，短发不胜搔。"

又，应陈世昌之招，同陈墨庵、何次德、何省斋、张翰臣、陈幼木、柱江、照江诸公登金陵百尺观女剧。

《天延阁删后诗》卷十《寒江集》中有《陈公铁潭招同陈墨庵、何次德、省斋、张翰臣、陈幼木、柱江、照江诸公百尺楼观女剧》（第311页）。

又，登金陵留观阁，作诗呈陈世昌老伯。

《天延阁删后诗》卷十《寒江集》中有《登留观阁呈铁潭陈卜吾老伯》（第311页）。

又，到金陵百尺楼观女剧并赋诗。

《天延阁删后诗》卷十《寒江集》中有《百尺楼观女剧》（第313页）。

夏日，高跃基客宣城鳌峰，作诗怀梅渊公。

《天延阁赠言集》卷之一高跃基《丙午夏客鳌峰奉怀渊公》（第498页）："相逢自初夏，今已夏之中。每缅思君子，穆穆此薰风。披襟晤当夕，所以良难躬。岂苦骤雨溢，步困于莫通。况云去复来，亦苦知有同。何但目以孤，致鸟竞摩空。我试峰晓立，遥看日升东。"

七月望前，搜罗诸君赠诗，辑成《天延阁赠言集》。

《天延阁赠言集》卷之一《天延阁赠言集引》（第487页）："岁庚子搜诸记载，曾汇为一卷，拟付剞劂。惜从宁阳道上失去之，至今悒悒有遗恨焉。数年以来，疏懒之性逾于昔日。见赠之言仍与年俱积。唯恐散漫渐致……丙午秋七月望前，瞿山梅清书于天延阁。"

七月，梅庚从江西湖西（施闰章做官处）归，筹划母亲六十大寿之事。

周茂源《鹤静堂集》卷三《七言古诗·送梅耦长归宣城为母夫人六十寿》："七月江风挂帆去，敬亭归梦秋云飞。"

八月十五夜，应王句仲老伯之招，同张雏隐、杨汉章诸子泛舟宣城响山。

《天延阁删后诗》卷十《寒江集》中有《八月十五夜王句仲老伯招同张雏隐、杨汉章诸子泛舟响山》（第309页）。

九月八日（重阳前一日），与王露、梅素过杨仲建宅看菊花并作诗。

《天延阁删后诗》卷十《寒江集》中有《重九前一日同王湛斯暨五弟过杨仲建宅内看菊感赋》（第309页）。

九月，作诗送丘接青归金陵，自往皖江。

《天延阁删后诗》卷十《寒江集》中有《送丘接青归白门（时余亦有皖江之行）》（第309页）。

又，梅庚母夫人刘氏六十大寿，顾景星作《梅太君六十歌》。

秋日，为赓老年道兄作《松石图》金笺扇面。题款："丙午秋日，为赓老年道兄教。瞿山梅清。"（胡积堂《笔啸轩书画录》，载于卢辅圣主编《中国书画全书》第十四册，上海书画出版社2000年版，第313页）

此扇面现藏于中国历史博物馆。

年道，年头，指多年的时间，对年长之人的尊称。

冬，作《山水》立轴十二开。题款："丙午冬日仿元人笔意。听石山房，清士梅清。"

听石山房，在扬州，梅清应有扬州之行。

又，与施闰章、吴晴岩、梅庚等晤由越中初至宣城的旅庵本月与石涛，见石涛而奇之。

本月，号旅庵，浙江宁波人，宏觉禅师法嗣。梅清禅友，石涛之师。顺治十六年（1659年）入都，顺治帝赐"乐天知命"四字及"一池荷叶衣无尽，数亩松花食有余""天上无双月，人间只一僧"两联。康熙元年（1662年）还山，驻锡昆山泗州塔院，八年建宝奎阁，敬奉宸翰，又拟种松于昆山之麓，以为十年之后，可与苏州之影岩、吴兴之白雀并峙，乃所愿未遂，示疾而死。（嘉庆《松江府志》卷六十三）

又，时将北上应试，遂与旅庵本月大师有诗歌唱和。

《天延阁删后诗》卷十一《归舟集·北上留别旅庵大师》（第320页）："半生南北老风尘，愧逐公车未息轮。驿路雪凝天外冷，江干梅吐意中春。壮心销尽长途客，乐事输将出世人。何日龙池参上乘，高山流水话迷津。"

《天延阁赠言集》卷之四旅庵本月《丙午冬中过宛水，小诗奉送渊公先生北上》（第527页）："交怀倾盖别难经，日表征鞍肯乍停。冻雪敲云浑敛白，晴沙卧柳欲舒青。春明桃李游南苑，飙起鲍鹏化北溟。久擅才华当得意，名传雁塔粲文星。"

又，从弟梅梦绂坐天延阁读赠言。

《天延阁赠言集》卷之一梅梦绂《丙午冬坐天延阁阅渊公兄赠言集漫赋一律》（第500页）："疏淙留晚色，弹铗且高歌。寒入绨袍切，风驱鸿雁过。楚骚怜我留，郢调为君多。欲步邯郸后，巴人奈若何。"

又，有诗送濮阳无著游楚，兼寄龚扶万。

《天延阁删后诗》卷十二《岳云集》中有《送濮阳无著游楚兼呈龚公扶万》（第327页）。

《瞿山诗略》卷十二《岳云集（丁酉庚戌丙午）》中有《送濮阳无著游楚兼寄龚公扶万》（第609页）。

濮阳无著，生平不详，施闰章有《春江引送濮阳无著游湖南兼怀龚扶万使君》诗。

使君，对州郡长官的尊称。

龚扶万，即龚鲲，字扶万。湖北钟祥人。顺治十二年（1655年）进士，康熙二年（1663年）始任宁国府知府。入祀八贤祠。

又，题画赠邑侯（即宣城县令）李文敏。

《天延阁删后诗》卷十二《岳云集》中有《题画赠邑侯李如白》（第328页）。

李文敏，字如白，陕西会宁人，贡生，明敏果决，催科有法，后升任太仓州知州。康熙三年（1664年）任宣城县令。（《宁国府志》卷四《职官表·职官下》）

又，龚扶万舟泊芜江以书见寄，作诗奉答。

《天延阁删后诗》卷十二《岳云集·龚公扶万舟泊芜江以书见寄作此奉答》（第330页）："……望移三楚近，别意四年余。……"

清康熙四年（乙巳，1665年）至五年（丙午，1666年） 四十三至四十四岁

春，首游九华山。

《天延阁删后诗》卷十《寒江集》中有《秋浦舟中望九华》（第310页）、《九华雪霁留别诸上人》（第311页）。

《瞿山诗略》卷十《寒江集（乙巳丙午）》中有《九华山二首》（第599页）、《月夜同觉上人景命阁》（第600页）、《九华景命阁坐雨》（第600页）、《九华雪霁留别诸上人》（第600页）。

又，在秋浦舟中望九华。

《天延阁删后诗》卷十《寒江集》中有《秋浦舟中望九华》（第310页）。

秋浦，地名，唐天宝年间改州为郡，池州改名为秋浦郡。另有县名，河名。

又，作《九华山》诗两首。

《瞿山诗略》卷十《寒江集（乙巳丙午）》中有《九华山二首》（第599页）。

又，作《九华山景命阁坐雨》诗。

《瞿山诗略》卷十《寒江集（乙巳丙午）》中有《九华景命阁坐雨》（第600页）。

又，月夜，与觉上人在九华山景命阁赏景。

《瞿山诗略》卷十《寒江集（乙巳丙午）》中有《月夜同觉上人景命阁》（第600页）。

又，游九华山东岩。

《天延阁删后诗》卷十《寒江集》中有《东岩》（第312页）、《东岩绝顶》（第314页）。

又，九华雪霁，作诗留别诸上人。

《天延阁删后诗》卷十《寒江集·九华雪霁留别诸上人》（第311页）："雪光真变幻，归兴独萧森。隐壑层层见，危溪细细寻。衣沾垂叶响，杖挂急坡深。谷口一长啸，泠然世外心。"

又，作诗赠蔡瑶。

《天延阁删后诗》卷十《寒江集》中有《赠蔡晓原》（第307页）。

《瞿山诗略》卷十《寒江集（乙巳丙午）》中有《赠蔡晓原》（第596页）。

又，雨中同蔡瑶、潘朗公、李宋若、梅素、梅季赤、梅仲宣、梅以俊看牡丹，并分韵赋诗。

《天延阁删后诗》卷十《寒江集》中有《雨中看牡丹，同蔡晓原、潘朗公、李宋若、家素五、季赤、仲宣、子彦灯下分赋》《次夜同诸子又分得留字》（第311页）。

梅仲宣，即梅尚实，字仲宣，号仁村。著有《吴门仙胄稿》。

又，次夜，同蔡瑶、潘朗公、李宋若、梅素、梅季赤、梅仲宣、梅以俊诸子小集，分韵赋诗。

《天延阁删后诗》卷十《寒江集》中有《次夜同诸子又分得留字》（第311页）。

夏，作诗赠紫竹林示月上人。

《天延阁删后诗》卷十《寒江集·紫竹林示月上人》（第308页）："……漫言消六月，坐此竟忘年。"

秋，到疑野堂看菊花，作诗记之。

《天延阁删后诗》卷十《寒江集》中有《疑野堂看菊花》（第309页）。

又，过访徐半山。

《天延阁删后诗》卷十《寒江集》中有《秋晚过半山》（第309页）。

又，作《看菊感赋》诗。

《天延阁删后诗》卷十《寒江集》中有《看菊感赋》（第310页）。

又，在紫沙洲舟中，应王纯宇总戎之招，同王露夜话。

《天延阁删后诗》卷十《寒江集》中有《紫沙洲舟中王纯宇总戎招同湛斯夜话》（第313页）。

总戎，指统管军事、统率军队之官，唐人称节度使为总戎，清时称总兵为总戎。

紫沙洲，位于安徽铜陵境内。

又，风阻大通，舟中向王露等示诗。

《天延阁删后诗》卷十《寒江集》中有《风阻大通舟中示湛斯青若》（第310页）。

大通，位于安徽铜陵西南，古名澜溪，为铜陵下属之镇，与安庆、芜湖、蚌埠并称安徽四大商埠。

又，作诗咏秋叶。

《天延阁删后诗》卷十《寒江集》中有《秋叶》（第310页）。

又，作诗寄江西鄱阳县令邓道祁。

《天延阁删后诗》卷十《寒江集》中有《寄邓道祁明府鄱阳》（第306页）。

又，作诗答赠梅以俊。

《天延阁删后诗》卷十《寒江集》中有《答赠蒲溪子彦》（第306页）。

又，有诗赞张母苦节。

《天延阁删后诗》卷十《寒江集》中有《张母苦节诗》（第307页）。

张母，蔡瑶之姨妈。

又，方氏昆仲奉二亲入关南归，并作诗和何省斋。

《瞿山诗略》卷十《寒江集（乙巳丙午）》中有《喜方氏昆仲奉二亲入关南归和何省斋归字二首》（第597页）。

何省斋，即何采（1626—1700），字第五，一字敬舆，号省斋，又号南涧。安徽桐城人。顺治六年（1649年）进士，授编修，迁侍读学士。顺治十二年（1655年）辞归，居南京。康熙二年（1663年）补官广东，未抵任即返。工诗词，尤工词，汤斌《省斋词跋》曰："省斋先生文章风雅，为词林领袖。"著有《让村集》《南涧集》《南涧词选》等。

又，作《送孙静庵归广陵》诗。

《天延阁删后诗》卷十《寒江集》中有《送孙静庵归广陵》（第309页）。

又，喜雨，和孙辰宗原韵寄徐半山，霁后，又和孙辰宗复寄徐半山。

《天延阁删后诗》卷十《寒江集》中有《喜雨，和孙辰宗原韵复寄半山之约》《霁后，和孙辰宗复寄半公》（第309页）。

又，作《储氏江亭》诗。

《天延阁删后诗》卷十《寒江集》中有《储氏江亭》（第310页）。

又，作《灯下》诗。

《天延阁删后诗》卷十《寒江集》中有《灯下》（第310页）。

又，作诗寄赠司李韦广庵。

《天延阁删后诗》卷十《寒江集》中有《寄韦广庵司李》（第310页）。

又，作诗赠汪尔池。

《天延阁删后诗》卷十《寒江集》中有《赠汪尔池》（第310页）。

又，作诗咏望江亭。

《天延阁删后诗》卷十《寒江集》中有《望江亭》（第310页）。

又，应刘长公之招，同五弟梅素参加小饮，既醉，复徙席天尺楼即席赋诗。

《天延阁删后诗》卷十《寒江集》中有《刘长公招同五弟素饮，既醉，复徙席天尺楼即分席赋诗》（第311页）。

又，应刘长公之招，同王安又、丁麟辰、丁圣音诸子在城南竹坞访昆生较书，小饮竟日，分韵赋诗。

《天延阁删后诗》卷十《寒江集》中有《刘长公招同王安又、丁麟辰、圣音诸子城南竹坞，访昆生较书小饮竟日，分得台字》（第309页）。

《瞿山诗略》卷十《寒江集（乙巳丙午）》中有《同长公、麟辰、圣音诸子城南竹坞，访昆生较书小饮》（第598页）。

又，作诗赠督抚韩洁瑀。

《天延阁删后诗》卷十《寒江集》中有《赠开府韩公洁瑀》（第312页）。

开府，古代指高级官员（如三公、大将军、将军等）建立府署并自选僚属之意。清人习称任督抚为开府。

又，作《复雪》诗。

《天延阁删后诗》卷十《寒江集》中有《复雪》（第312页）。

又，作《题版筑堂》诗。

《天延阁删后诗》卷十《寒江集》中有《题版筑堂》（第312页）。

又，有诗寄祝魏母古夫人。

《天延阁删后诗》卷十《寒江集》中有《寄祝魏母古夫人》（第312页）。

又，作诗呈山西晋阳阎夫子。

《天延阁删后诗》卷十《寒江集》中有《寄呈晋阳阎夫子》（第312页）。

又，作诗投开府张公。

《天延阁删后诗》卷十《寒江集》中有《投开府张公二十四韵》（第313页）。

又，作《芜江感旧》诗。

《天延阁删后诗》卷十《寒江集·芜江感旧》（第313页）："……唯有悠悠一江水，多情不解向西流。"

又，游安徽潜山天柱山。

《天延阁删后诗》卷十《寒江集》中有《天柱峰》（第314页）。

又，"结庐水之涯"的吴肃公过访天延阁，索画《半壁图》，作画、诗答之。

《天延阁删后诗》卷十《寒江集·答吴街南》（第307页）："我爱街南子，落落忘坎坷。一心为太古，居然天地大。结庐水之涯，而不习农课。有时抱琴弹，有时抱琴卧。田间二三子，风雨或相过。昨日来天延，寥寂为我破。索我半壁图，一壑于斯荷。图罢高声呼，图里何人坐。"

又，作《中秋》诗。

《天延阁删后诗》卷十《寒江集》中有《中秋》（第309页）。

又，龚扶万舟泊芜江时以书见寄，遂题诗奉答。

《天延阁删后诗》卷十二《岳云集·龚公扶万舟泊芜江以书见寄作此奉答》（第330页）中有"别意四年余"句。

是岁，寄诗与督学蒋超。

《天延阁删后诗》卷十《寒江集》中有《寄蒋虎臣先生督学畿内》（第311页）。

又，题诗梅澹如小像。

《天延阁删后诗》卷十《寒江集·题家澹如小影》（第308页）："神仙之人有仙骨，风流不肯同凡俗。……七十老翁何所求，抱孙抱子真优游。瞿硎万壑年年碧，白鹿招携春复秋。"

梅澹如，梅清族人，生平不详。

清康熙六年（丁未，1667年） 四十五岁

春，在京城应试落榜，侄孙梅锅中本年三甲第四十九名进士，南归时作诗留别梅锅。

《天延阁删后诗》卷十一归舟草《南归留别尔止》（第321页）："借尔看花及早春，惭余作赋尚迷津。天涯去住难分手，不独南归失意人。""并辔连床路几千，长安回首暮春天。那堪独返南来路，肠断芦沟风雪边。"

又，于北京，赠济南王士祯画，王有四绝奉答。

《天延阁赠言集》卷之二中有王士祯《丁未春，都门梅瞿山见贻墨妙，辄成四绝奉答，兼寄祖命、方邺》（第505页）。

王士祯《带经堂集》卷二十《渔洋诗二十（丁未稿）·答梅渊公赠画兼寄唐祖命、沈方邺三首》："北楼遥忆碧云间，谢朓诗中梦往还。今日老瞿图画里，依然

苍翠望寒山。""鸟弄屏风明镜开，青溪水色碧潆洄。琴高三月登春网，一日溪头醉一回。""年来八咏忆休文，耕坞先生袂又分。赖是谢家团扇上，相思为画敬亭云。"

三月三十日，南归，途中舟宿扳罾口。

《天延阁删后诗》卷十一《归舟草·三月三十舟宿扳罾口》（第 322 页）："三春九十尽今宵，一棹南归路正遥。何日秦淮邀酒伴，画船明月听吹箫。"另有《扳罾口杨柳》（第 322 页）。

又，作诗舟中，时在扳罾口。

《天延阁删后诗》卷十一《归舟草》中有《舟中漫兴》（第 322 页）。

四月，行至滹沱河口。

《天延阁删后诗》卷十一《归舟草》中有《滹沱河口》（第 321 页）。

《瞿山诗略》卷十一《归舟草（丁未）》中有《滹沱河口》（第 601 页）。

滹沱河，为海河流域子牙河系两大支流之一，发源于山西省繁峙县五台山北麓，流经河北。

又，作河西务渡河歌，叹渡河之难。

《天延阁删后诗》卷十一《归舟草》中有《河西务渡河歌》（第 322 页）。

又，作诗《晚舟》。

《天延阁删后诗》卷十一《归舟草·晚舟》（第 322 页）："……那得春潮连夜长，长年歌发五更头。"

又，晓发青河，并作诗和卓公。

《天延阁删后诗》卷十一《归舟草·晓发青河和卓公韵》（第 316 页）："两水别滹沱，棹转青河口。……"

又，过广川，有诗舟中示卓公、瑞公。

《天延阁删后诗》卷十一《归舟草》中有《广川舟中示卓公、瑞公》（第 316 页）。

广川，今河北省衡水市景县下辖的一个镇。

四月四日，行至天津。

《天延阁删后诗》卷十一《归舟草·天津行》（第 317 页）："四月四日春风残，天津丽人心未安。五五十十骤成团，风飘蜜语声一攒。群招小艇游盘桓，凌波竞欲生飞翰。蚤潮奔溔暮潮宽，波心绝不愁风湍。自是不解深闺难，无愁那得不为欢。中有少妇凭短阑，脉脉流盼生波澜。鬓丝婉转乌云蟠，若有所思临眉端。众被绮绣伊素纨，新晴欲暖伊仍寒。聘婷不是罗衣单，照耀一簇花枝繁。行人谁不矜相看，谁解行人着意叹。"

四月十八日，五子文远出生。（《文峰梅氏宗谱》卷六）

夏，舟到沧州夜宿。

《天延阁删后诗》卷十一《归舟草》中有《沧州晚泊同元冶卓公瑞公分赋》（第318页）。

又，舟到沧州蒙村镇夜宿。

《天延阁删后诗》卷十一《归舟草》中有《舟宿蒙村同元冶卓公瑞公分赋》（第318页）。

又，在流河，被风所阻。

《天延阁删后诗》卷十一《归舟草》中有《流河阻风》（第316页）。

流河，河名，又为镇名，隶属于今河北沧州青县，与京杭大运河相连。

又，过南池，在"老杜题诗处"作诗。

《天延阁删后诗》卷十一《归舟草》中有《南池》（第319页）。

南池，位于今山东济宁。古南池在城南三里许小南门外，指王母阁。

又，泊山东张秋，有诗赠马旻来。自称"瞿山老风尘，三年一行役"，表示"誓归南山南，吾自适吾适"。

《天延阁删后诗》卷十一《归舟草》中有《泊张秋赠马旻来》（第316页）。

张秋，镇名，隶属于今山东省阳谷县，为京杭大运河的一个重要码头。

又，过临清，遇阻。

《天延阁删后诗》卷十一《归舟草》中有《舟阻临清》《临清闸》（第318页）。

又，作《晚晴》诗。

《天延阁删后诗》卷十一《归舟草》中有《晚晴》（第318页）。

又，作《风便》诗，船行顺风矣。

《天延阁删后诗》卷十一《归舟草》中有《风便》（第318页）。

又，晚泊舟中，闻人弄箫，再用前韵赋诗。

《天延阁删后诗》卷十一《归舟草》中有《晚泊闻箫，再用前韵》（第318页）。

又，过四女祠，感叹"十二年前人再过，月明风冷欲消魂"。

《天延阁删后诗》卷十一《归舟草》中有《四女祠》（第321页）。

又，作诗咏旋风。

《瞿山诗略》卷十一《归舟草（丁未）·旋风》（第603页）："……何况浮云能蔽日，悔从天外望长安。"

又，见天上半月，作诗感怀。

《天延阁删后诗》卷十一《归舟草》中有《半月》（第318页）。

又，作《舟月》诗。

《天延阁删后诗》卷十一《归舟草》中有《舟月》（第318页）。

又，过清音庵，作诗吟之。

《天延阁删后诗》卷十一《归舟草》中有《清音庵》（第319页）。

又，作诗两首于客中送春。

《天延阁删后诗》卷十一《归舟草·客中送春》（第322页）："送尽东风酒一尊，固城（江苏省高淳县东南之镇）南望欲黄昏。孤舟孤客天涯外，不是春归亦断魂。"

又，题画《柏枧山图》赠山东邹平张万斛（字幼量）。

《天延阁删后诗》卷十一《归舟草·题画寄山左张幼量》（第316页）："山瞿浪迹归，抱志托深谷。缅想柏枧阳，剪茅结短屋。……山水有静理，日夕看不足。持将寄远人，落笔成半幅。何日登瞿峰，山中叩小筑。"

山左，太行山以左，旧指山东省。

又，船过青浦，同元冶、卓公、瑞公分韵赋诗。

《天延阁删后诗》卷十一《归舟草》中有《青浦同卓公瑞公分赋》（第319页）。

青浦，今上海青浦，古代为江浙沪重要的水上通道。

又，渐近家乡，作诗吟之。

《天延阁删后诗》卷十一《归舟草》中有《渐近》（第319页）。

又，作诗吟酒楼，缅怀大诗人李白。

《天延阁删后诗》卷十一《归舟草·酒楼》（第319页）："酒楼高百尺，能醉只青莲。……"

又，南归，舟中遇郡司马唐寓庵先生。

《天延阁删后诗》卷十一《归舟草·南归舟中喜逢郡司马唐寓庵先生》（第318页）："此地忽同归，迎舟兴欲飞。……"

又，作诗吟隐龙方氏双生（双胞胎）老人。

《天延阁删后诗》卷十一《归舟草·隐龙方氏双生老人诗》（第317页）。

又，作池上吟，寄五弟梅素。

《天延阁删后诗》卷十一《归舟草·池上吟寄五弟素》（第316—317页）："……尔独抱故园，依然居此池。……何日归新田，复筑池上居。……"

又，作诗赠吴肃公。

《天延阁删后诗》卷十一《归舟草》中有《赠吴南冈》（第317页）。

又，作折柳歌，答十六侄清老。

《天延阁删后诗》卷十一《归舟草》中有《折柳歌答十六侄清老（清老曾赠余长安吟累累千言）》（第317页）。

又，陪龚扶万泛舟宣城响山放生池。

《天延阁删后诗》卷十一《归舟草》中有《陪龚郡公泛舟响山放生池》（第319页）。

又，作诗怀王露。

《天延阁删后诗》卷十一《归舟草》中有《坐天延阁怀湛斯北幕》（第319页）。

又，作诗送喻无功、陈于琏归家应试。

《天延阁删后诗》卷十一《归舟草》中有《送喻无功同陈婿归楚应试》（第319页）。

又，作诗送陈婿商子。

《天延阁删后诗》卷十一《归舟草》中有《送陈婿商子》（第319页）。

又，闻从弟梅梦绂夜读，喜而赋之。

《天延阁删后诗》卷十一《归舟草》中有《闻季赤五弟夜读感赋》（第319页）。

又，作诗吟澄江草堂。

《天延阁删后诗》卷十一《归舟草》中有《马云人澄江草堂》（第320页）。

澄江草堂，在宣城城郊。

五月十六日（既望），辑成《归舟草》。

《天延阁删后诗》卷十一《归舟草·梅清自序》（第315页）："余之踉跄北上也，尝由陆以行，而归则取便于舟。盖烟水之适余性。所耽自张湾、天津而南，尤饶胜览。回视马蹄车辙，仆仆飞沙野莽间，固已大异。而吟咏亦藉此以长。既归而录之，并附以归后诸什。亦犹古者纪行之遗意云尔。时丁未五月既望。"

又，武进邹祗谟为《归舟草》作序。

《天延阁删后诗》卷十一《归舟草》中有《邹祗谟序》（第312页）。

六月，作宣城山水图，并作题画诗。

《天延阁删后诗》卷十一《归舟草·题画》（第322页）："陵阳城外碧岚长，十里松阴隔水凉。独坐岑楼过六月，意中秋色迥苍苍。"

秋，作诗赠福建晋安黄肇熙。

《天延阁删后诗》卷十一《归舟草》中有《赠黄忆溪》（第321页）。

黄肇熙，字忆溪，曾官凉州（今甘肃省武威市凉州区）。

八月十四，夜，同梅庚月下作诗。

《天延阁删后诗》卷十一《归舟草》中有《八月十四日夜月下同家耦长作》（第321页）。

中秋，同黄肇熙相别，并赠以诗画。

《天延阁赠言集》卷之二黄肇熙《丁未中秋别瞿山年道翁兼谢诗画》（第503页）："相忆瞿硎久，真能见此朝。双瞳秋水上，尺幅岳云遥。药碗怜余惯，诗简负尔招。何当分手去，白露正萧萧。""飘然同落叶，偶聚响山斜。秋夜偏多雨，名园即是家。逢君宽病眼，展墨粲心花。河上流虽涨，迟回问去槎。"

八月，作《燕》诗。

《天延阁删后诗》卷十一《归舟草·燕》（第318—319页）："紫燕与春期，双双巢旧泥……谁怜秋八月，沧海忆归时。"

又，作《骏马图》，寄天都郡司马高晫。

《天延阁删后诗》卷十一《归舟草·题〈骏马图〉寄天都郡司马高苍俨先生》（第319—320页）："草色起秋清，鸣珂动晓声。影从千里合，风出五花明。众许飞黄目，争看入塞行。论功问图画，麟阁借雄名。"

高苍俨，即高晫，字元中，号苍岩，山西襄陵人，顺治十五年（1658年）进士。官至苏州府知府。著有《滇游草》《新安近咏》等。

又，清政府裁湖西道，施闰章去官归里，自此赋闲十年。

冬日，主持修复宣城城东宛津、衍水（又称郭门桥）二桥。作诗两首呈太守孔贞来。

《天延阁删后诗》卷十一《归舟草·桥成诗（有引）》（第320页）："出宛城之东，有石桥二，曰宛津，曰衍水。岁久半圮，适太守孔公元起至，谋所以修复之。属余董其役，拮据经年，次第告成。作诗呈公以志众喜。时丁未仲冬也。"《宛津桥》（第320页）："行路久徘徊，桥成亦快哉。骤疑鞭石起，忽自引虹来。雨水分还合，长衢闭复开，莫忘贤太守，余岂济川才。"《衍水桥》（第320页）："一水宛津通，桥分结构同。观成从秉烛，倚望好凌风。寒罢褰裳泣，春邀跃马雄。还教植新柳，垂荫满城东。"

孔贞来，字元起，山东曲阜人，贡生，圣人之后，康熙六年（1667年）任宁国府太守，后任盐运史。（《宁国府志》卷四《职官表·职官下》）

宛津桥在泰和门外，通演武场。明万历中梅守德倡建，清康熙乙酉年（1705年），郡守孔贞来、邑人梅清倡募重建。郭门桥，南直街南，一名衍水桥。明洪武中，知县萧吉建，清康熙乙酉年（1705年），郡守孔贞来、邑人梅清倡募重建。（《宣城县志》卷一《山川》）

仲冬，楚黄老亲家陈世昌过访宣城，作诗相呈。

《天延阁赠言集》卷之二中有陈世昌《丁未仲冬重过宛陵访友有感赋呈渊老亲家》（第502页）。

是岁，作诗奉赠张侍御巡仓。

《天延阁删后诗》卷十一《归舟草》中有《奉赠张侍御巡仓》（第320页）。

巡仓，巡仓御史省称。系点差监察御史巡视京内外仓。正七品。

又，有诗奉赠吏部简谦居夫子。

《天延阁删后诗》卷十一《归舟草》中有《奉赠吏部简谦居夫子》（第320页）。

又，在金陵百尺楼作诗呈陈世昌老伯。

《天延阁删后诗》卷十一《归舟草》中有《百尺楼呈陈铁潭老伯》（第320页）。

又，诗答墨溪老人。

《天延阁删后诗》卷十一《归舟草》中有《答墨溪老人》（第320页）。

又，孔贞来由宁国知府赴闽任盐运史，作诗寄之。

《天延阁删后诗》卷十一《归舟草》中有《寄盐运孔元起夫子》（第320—321页）。

又，陈世昌（卜吾老伯）重过宣城，留饮、赋诗。

《天延阁删后诗》卷十一《归舟草》中有《陈卜吾老伯重过宣城，留饮赋此》（第321页）。

又，作《张家湾》诗。

《瞿山诗略》卷十一《归舟草（丁未）》中有《张家湾》（第601页）。

又，作《卢笋》诗。

《瞿山诗略》卷十一《归舟草（丁未）》中有《卢笋》（第601页）。

又，作《无题》诗。

《天延阁删后诗》卷十一《归舟草》中有《无题》（第322页）。

又，作诗呈大司马龚鼎孳。

《天延阁删后诗》卷十一《归舟草》中有《呈龚大司马》（第315页）。

龚鼎孳（1615—1673），字孝升，号芝麓。安徽合肥人。梅清友人。崇祯七年（1634年）进士，授兵科给事中。李自成陷京师，授直指使职。入清，授吏科给事中，累迁太常寺少卿。恋名妓顾媚，多为奇珍异宝以悦其心。闻父丧，歌饮流连如故。为孙昌龄所弹劾，降二级。寻遇恩诏获免。屡起屡踬。至康熙间，官至刑部尚书，以疾致仕。卒，谥端毅。诗古文俱工。在清初与钱谦益、吴伟业齐名，称为"江左三大家"。著有《定山堂集》，又谱顾妓事为《白门柳》传奇，并行于世。

又，作《双松交茂图》轴。题款："双松交茂。丁未□□，瞿山梅清。"

收录于《中国古代书画图目》第十五册。现藏于沈阳故宫。

又，为石涛作《十六阿罗汉应真图》。题款："白描神手，首善龙眠，生平所见多赝本，非真本也。石涛大士所制十六尊者，神采飞动，天趣纵横，笔痕墨迹，变化殆尽。自云此卷阅岁始成。余尝供之案前，展玩数十遍，终不能尽其万一，真神物也。瞿山梅清敬识。"石涛款署："丁未年，天童态之孙，善果月之子，石涛济。"

现藏于美国纽约大都会艺术博物馆。

又，将镌有"前有龙眠"之印赠送石涛。

李驎《大涤子传》记述："（石涛）时又画一横卷，为十六尊者像，梅渊公称其可敌李伯时，镌'前有龙眠'之章，赠之。"还记述："居久之，又从武昌之越中，由越中之宣城。施愚山、吴晴岩、梅渊公、耦长诸名士一见奇之。时宣城有书画社，招人相与唱和。"

清康熙七年（戊申，1668年） 四十六岁

仲春，在宣城晤龙眠方育盛，时即将往金陵。方育盛有感赋四首。

《天延阁赠言集》卷之二方育盛《戊申春仲客宛上得晤渊公老年世长兄感赋四

首》（之一）（第504页）："我来君适出，舟楫错河滨。余抵宣之日，渊公往江宁。"

方育盛（1624—1689），字与三，读书敏悟，工诗赋。梅清诗友。顺治甲午（1654年）举人，性至孝。晚年一度失明，梦见神人与药医治，不数月而愈，人们以为乃其孝行所感。著有《栲舟诗集》《天目诗集》行世。（宋豪飞编《明清桐城桂林方氏家族及其诗歌研究》，黄山书社2012年版，第229页）

龙眠，指龙眠山，在安徽桐城。

花朝日（二月初二，或十二，或十五，或二十五），在金陵，晤楚黄亲家陈世昌，陈有酬答留别之作，时其小孙丁琏应试楚黄。

《天延阁赠言集》卷之二中有陈世昌《戊申花朝酬渊公亲家留别之作时小孙丁琏应试楚黄》（第502页）。

四月一日，梅庚次子琢成出生。（《文峰梅氏宗谱》卷七）

五、六月，顾景星由芜湖，改小舟便道入宣城，访施闰章、高咏、梅清和梅庚。

《白茅堂集》卷十四《戊申（康熙七年）》（清康熙刻本）中有《由芜湖改小舟便道入宣城（访愚山阮怀渊公耦长）》《大雨梅渊公遣舆来迓醉酬渊公》《夜凉宣城山中》《宛陵诸君约游敬亭畏暑不果至采石阻风对月戏寄诸君》《望敬亭山》。

《由芜湖改小舟便道入宣城（访愚山阮怀渊公耦长）》："宣州种柳如种桑，千树万树皆成行。树中树外通小艇，五月六月荷花香。又如渭川千亩竹，枝高枝短才过屋。陶家只种三五株，荫户垂窗毵有余。醉狂忽发荆柯咏，坐卧流观山海图。"

清康熙八年（己酉，1669年） 四十七岁

六月，作《仿古山水图》册页十开。题款："仿荆关法图之。"（之一）"临刘松年意。瞿山。"（之二）"仿海岳山人。"（之三）"临马遥父巅图之。瞿山。"（之四）"意用董北苑法，拈笔作新安诸子。瞿山梅清。"（之五）"用巨然法命意，自觉意在蹊径之外。梅溪独咏。"（之六）"用石田老人法写之。己酉六月，瞿山清。"（之七）"命意在李咸熙笔。瞿山清。"（之八）"此幅仿李营丘法写之。己酉夏六月既望，瞿山梅清。"（之九）"仿黄鹤山樵，笔其大意。己酉夏六月既望，瞿山梅清。"（之十）

七月七日（七夕），与亲家陈世昌宴集金陵百尺楼。

《天延阁赠言集》卷之二中有陈世昌《己酉七夕与渊公宴集百尺楼感赋》（第502页）。

九月，福建福清人魏宪到宣城过访并有诗相赠，答以《松石图》画，并题诗于其上。

冬日，五度北上，将赴明年春试。

《天延阁赠言集》卷之二姚文燮《己酉冬日辱渊公年兄公车过访以古歌墨妙见赠赋此志谢时出维周门兄寄余札并深怀思》（第503—504页）："每讶同年客，君还滞孝廉。……"

又，过访龙眠姚文燮于京城，以古歌妙墨相赠，姚有诗作答。

《天延阁赠言集》卷之二中有姚文燮《己酉冬日辱渊公年兄公车过访以古歌墨妙见赠赋此志谢时出维周门兄寄余札并深怀思》（第503—504页）。

清康熙九年（庚戌，1670年）　四十八岁

春试，再败。

又，同汪发若、吴受之、詹在周、丁麟辰、丁圣音、张允仲、梅铕等在京城聚会夜饮。

《天延阁删后诗》卷十二《岳云集》中有《同汪发若、吴受之、詹在周、丁麟辰、圣音、张允仲、家尔止长安夜饮》（第327页）。

仲春，过泗滨，别时以一诗一画相赠，施端教集句应答。

《天延阁赠言集》卷之二中有施端教《庚戌中春渊公老年亲台以一诗一画言别，集句三章次韵》（第504页）。

泗滨，即泗水之滨，泛指今山东泗水一带。

春，登泰山，梅铕因故未能同行。

《天延阁删后诗》卷十二《岳云集·梅铕序》（第323页）："庚戌之行，余复以他事后期。"《东岳》（第324页）："……我来春夏交，瑶草方芬敷。……"《登泰山绝顶》（第324页）："……不到此峰头，安知天地小。"

又，登泰山碧霞宫。

《瞿山诗略》卷十二《岳云集（丁酉庚戌丙午）》中有《泰山碧霞宫》（第607页）。

又，登泰山绝顶。

《瞿山诗略》卷十二《岳云集（丁酉庚戌丙午）》中有《登泰山绝顶》（第607页）。

又，登泰山过回马岩。

《瞿山诗略》卷十二《岳云集（丁酉庚戌丙午）》中有《回马岩》（第607页）。

又，登泰山过御障岩。

《瞿山诗略》卷十二《岳云集（丁酉庚戌丙午）》中有《御障岩》（第607页）。

又，过雄县，作诗投姚羹湖。

《天延阁删后诗》卷十二《岳云集》中有《雄县投姚羹湖》（第324页）。

雄县，隶属于今河北省保定市。

又，过苦水，寄诗于魏麟徵、汪懋麟、乔莱、梅錭诸子，时诸人皆在京城。

《天延阁删后诗》卷十二《岳云集·苦水道上复寄魏苍石、汪蛟门、乔石林、家尔止诸子长安》（第328页）：“苦水河边路，愁人白昼昏。……群公仍唱和，可更忆王孙。”

魏麟徵（1644—1708），字苍石。江南溧阳（今属江苏）人。诗人。梅清诗友。康熙六年（1667年）进士。授中书，历任登州同知、杭州知府、邵武知府。著有《石屋诗钞》。（罗荣本、罗季编著《西湖景观诗选》，浙江工商大学出版社2013年版，第250页）

乔莱（1642—1694），字子静，号石林，别署画川逸叟，江苏宝应人。梅清友人。清初戏曲作家。康熙六年（1667年）进士。康熙十八年（1679年）举博学鸿词一等，授翰林院编修，参与修《明史》。康熙二十四年（1685年）大考为一等，授日讲起居注官，不久擢升为中允，纂修《三朝典训》，又迁侍讲、侍读。乔莱少从王士禛游，古文师汪琬，诗文均奇秀。诗文集有《应制集》《直庐集》《使粤集》《归田集》等，又作《易俟》二十卷。剧作有传奇《耆英会》今存。

又，在羊流镇遇雨，见汪蛟门壁间遇雨诗，怅然有感。

《天延阁删后诗》卷十二《岳云集·羊流遇雨见汪蛟门中翰壁间遇雨诗怅然有感》（第331页）：“处处蛟门旅店诗，只今风雨重相思。挑灯前后羊流梦，回首天涯各一时。”

羊流，即今山东省新泰市羊流镇，西邻泰山。西汉建村。

季春，甫自北归，约俞绥等在天延阁饮酒。

《天延阁赠言集》卷之二中有俞绥《天延阁夜酌（庚戌季春）》（第506页）。

五月，为儒卿作《山水》设色金笺扇面。题款："庚戌五月，写祝儒卿道兄，瞿山梅清。"（胡积堂《笔啸轩书画录》，载于《中国书画全书》第十四册，第311页）

秋日，作《凤冈梧桐图》。凤冈袁景于老友俞绥家见其所画《父书楼图》，大加赞赏，故投诗乞画。

《天延阁赠言集》卷之二中有袁景《庚戌秋日，于老友俞洞影家赏识梅瞿山画，遂发为歌，意欲转乞以为传珍》（第509页）。

凤冈，隶属于今贵州省遵义市。

又，友人王露卒。

沈寿民《卖画行为蔡玉及赋》："可怜昨岁死王露。"（《姑山遗集》卷二十八）

又，石涛流寓宣城敬亭山广教寺，以《汤谷图》与《黄山图》见赠。作《题石涛黄山图》《石公从黄山来宛，见贻佳画，答以长歌》两诗以答。

据汪世清考证，石涛于康熙八年（1669年）9月有黄山之游。（汪世清《汪世清艺苑查疑补证散考》下卷，河北教育出版社2009年版，第116页）又据曾伟绫推断，梅清《题石涛黄山图》《石公从黄山来宛，见贻佳画，答以长歌》应作于康熙九年（1670年）。［曾伟绫《梅清（1623—1697）的生平与艺术》，台湾"中央"大学2008年硕士学位论文，第31页］

《天延阁删后诗》卷十二《岳云集·题石涛黄山图》（第326页）："石公飘然至，满袖生氤氲。手中抱一卷，云是黄海云。云峰三十六，峰峰插紫玉。汗漫周未能，揽之归一掬。始信天地奇，千载迟吾师。笔落生面开，力与五丁齐。觌面浮丘呼，欲往愁崎岖。不能凌绝顶，蹒跚披此图。"另有《石公从黄山来宛，见贻佳画，答以长歌》（第327页）。

又，作诗赠喝涛。

《天延阁删后诗》卷十二《岳云集·赠喝涛》（第326页）："喝公性寡偕，远挟爱弟游。出险澹不惊，渺然成双修。朝泛湘江涯，暮涉匡庐陬。宗风参黄蘗，遂向孤云留。此地富灵迹，飞锡承高流。法会良不虚，泂矣适所求。"

《瞿山诗略》卷十二《岳云集（丁酉庚戌丙午）》中有《赠喝涛》（第610页）。

又，作诗赠石涛。

《天延阁删后诗》卷十二《岳云集·赠石涛》（第326页）："石公烟云姿，落笔起遥想。既具龙眠奇，复擅虎头赏。频岁事采芝，幽探信长往。得真在涉目，入解乃遗像。一为汤谷图，四座发寒响。因知寂观者，所得毕萧爽。"《岳云集》收录诗的时间为丁酉年（1657年）、丙午年（1666年）、庚戌年（1670年）。丁酉年石涛尚未到宣城，丙午年石涛冬日抵宣，梅清北上，只有庚戌年（1670年），梅清有可能与石涛熟识。

《瞿山诗略》卷十二《岳云集（丁酉庚戌丙午）》中有《赠石涛》（第610页）。

又，与孙静庵、蔡瑶等过宣城金露庵探访喝涛、石涛两师。

《天延阁删后诗》卷十二《岳云集·同孙静庵、蔡玉及澹公过金露庵访喝涛、石涛二师》（第329页）："逸兴偶然聚，相携问二涛。草枯郊路近，水落石桥高。啸自林中出，禅于画里逃。山楼闲半日，真觉此生劳。"

孙静庵，著有《栖霞阁野乘》《明遗民录》等。

又，孙静庵重游宣城偶有意外之失，作诗慰之。

《天延阁删后诗》卷十二《岳云集》中有《孙静庵重游宛陵，偶有意外之失，作此慰之》（第331页）。

又，营山张菊水任歙州令，梅庚入幕，有诗送梅庚兼致张菊水。

《天延阁删后诗》卷十二《岳云集》中有《送家耦长幕歙州兼致张菊水明府》（第325页）。

又，作诗寄张菊水兼讯李绥山，李、张两人为四川营山同乡。

《天延阁删后诗》卷十二《岳云集》中有《寄张公菊水歙州兼讯李绥山》（第328页）。

四川营山又称绥山，这里以地名指代人名。

又，夏日，月夜与蔡瑶、梅梦绂、梅以俊夜访宛津庵，同喝涛、石涛、澹公纳凉。

《天延阁删后诗》卷十二《岳云集·月夜同晓原、季赤、子彦过宛津庵寻喝涛、石涛澹公纳凉》（第330页）："城闭市声断，桥分夜色偏。风从高柳下，月对大河悬。寒液生龙茗，新香吐佛莲。葛衣侵露湿，忽讶是秋天。"

梅梦绂（1637—?），字子芬，一字季赤，行五，康熙科副榜，曾任山西平阳府荣河县知县，卒于任。著有《带山楼诗集》。

清康熙十年（辛亥，1671年） 四十九岁

上元前一日，同梅鋗、梅庚等在怀谢楼，小饮后醉步宛津桥，分韵赋诗。

《瞿山诗略》卷十三《梅花溪上集（辛亥）》中有《上元前一日，同漪若尔止耦长饮九兄怀谢楼，醉步宛津桥，即事分得留字》（第614页）。

二月，蔡瑶为吴九万画像，与施闰章、梅庚等十二人题跋其上，吴肃公记之。

吴九万，即吴南公，字圣飞，号南冈，吴肃公堂兄。

又，过宣城城边之来谂居，见残梅数枝，有感。

《天延阁删后诗》卷十三《梅花溪上集·过来谂居，见残梅数枝，感而赋此》（第343页）："中郎旧舍宛溪边，雪满堂空冷爨烟。屋角梅花谁是主，香魂零落十三年。"

又，春寒又遇春雨，有感。

《天延阁删后诗》卷十三《梅花溪上集》中有《春雨》（第339页）。

又，遇春晴，心情大好。

《天延阁删后诗》卷十三《梅花溪上集·春晴》（第339页）："天忽解春晴，青郊放步行。……"

又，牡丹盛开，但夜中风雨忽作，怅然怀之。

《瞿山诗略》卷十三《梅花溪上集（辛亥）》中有《牡丹盛开，夜中风雨忽作，怅然怀之》（第614页）。

又，蔡瑶邀诸子看牡丹，同梅素、梅文鼎即席赋诗（限韵）。

《天延阁删后诗》卷十三《梅花溪上集》中有《蔡玉及招同诸子栩园看牡丹限韵》《雨中牡丹初放，同季赤、定九即席限韵》（第340页）。

又，作《晓起看牡丹》诗。

《天延阁删后诗》卷十三《梅花溪上集》中有《晓起看牡丹》（第343页）。

暮春，于敬亭山，同施闰章作诗。

《天延阁删后诗》卷十三《梅花溪上集·敬亭山即事同愚山限多字》（第338页）中有"圃暗茶初摘"，"眼前春又尽"句。

又，作《柏山即事》诗。

《瞿山诗略》卷十三《梅花溪上集（辛亥）·柏山即事》（第615页）："……春事闲多少，愁人动晚筇。"

又，作《景梅亭》诗。

《瞿山诗略》卷十三《梅花溪上集（辛亥）》中有《景梅亭》（第615页）。

又，同王荩怀、张又严、施闰章、许子柔、沈泌、梅鋗、梅庚泛舟青溪，有诗和王荩怀韵。

《瞿山诗略》卷十三《梅花溪上集（辛亥）》中有《同王荩怀、张又严、施愚山、许子柔、沈方邺、家桐崖、耦长泛舟青溪即事，和荩怀韵》（第615页）。

又，作《春夜》诗。

《瞿山诗略》卷十三《梅花溪上集（辛亥）》中有《春夜》（第615页）。

又，在汉澄山居。

《天延阁删后诗》卷十三《梅花溪上集·饮又起汉澄山居》（第339页）："……野饮不可得，何期在故园。"

又，题《水西》诗。

《天延阁删后诗》卷十三《梅花溪上集·水西》（第338页）："……曲磴春阴寂，千岩晓翠浓。"

又，作诗怀履贤三暨长孺、程九、子贞、子佩诸伯仲。

《天延阁删后诗》卷十三《梅花溪上集·怀履贤三兄暨长孺程九子贞子佩诸伯仲》（第339页）："……雪消春跃马，花放夜鸣琴。"

又，作诗给古愚二兄。

《天延阁删后诗》卷十三《梅花溪上集·与古愚二兄》（第341—342页）："……小砌花开愁烂漫，百壶相待卧天延。"

又，作敬亭山送春歌。

《天延阁删后诗》卷十三《梅花溪上集》中有《敬亭山送春歌》（第337页）。

春夏，作诗吟虎窥泉。虎窥泉在敬亭山间云庵侧近，为喝涛、石涛住所。

《天延阁删后诗》卷十三《梅花溪上集·虎窥泉》（第342—343页）："一泓如鉴冷千年，零乱浓阴起绿烟。……"

初夏，应施闰章之招，同袁中渊、徐雨苍、刘岵瞻、蔡沧洲、梅鋗饮牡丹花下，兼怀西秦唐辅臣。

《天延阁删后诗》卷十三《梅花溪上集》中有《施愚山招同袁中渊、徐雨苍、刘岵瞻、蔡沧洲、家桐崖饮牡丹花下兼怀唐辅宸西秦》（第340页）。

徐雨苍，即徐化民，号雨仓，江苏江都人，博雅好学，诸生经品题者即为佳

89

士，后升为县令。康熙十年（1671年）任宣城县教谕。（《宁国府志》卷四《职官表·职官下》）

又，在宣城，同王荟怀、张又严、许子柔、施闰章、沈泌、梅鋗、梅庚等人泛舟清溪，吟诗、绘画，并访徐半山。

《瞿山诗略》卷十三《梅花溪上集（辛亥）》中有《初夏同王荟怀、张又严、许子柔、施愚山、沈方邺、家桐崖、耦长泛舟青溪兼访半山》（第617页）。

《天延阁删后诗》卷十三《梅花溪上集》中有《初夏同王荟怀、张又严、许子柔、施愚山、沈方邺、家桐崖、耦长泛舟青溪兼访半山得天字》（第340页）、《同王荟怀、张又严、许子柔、施愚山、沈方邺、家桐崖、耦长泛舟青溪，即事和荟怀韵》（第341页）、《青溪舟中即席赋赠王荟怀仍和原韵》（第341页）。

又，作《泛舟青溪图》轴。题款："雨霁麦秋天，青溪放酒船。城阴兼野阔，山翠与波连。风笛悲词客，云房定老禅。钓龙人不见，潭水但悠然。晋夏六日，同先生暨诸公泛舟青溪，既分韵赋诗，予□写片礨博大方一粲。瞿山同学弟梅清。"施闰章、沈泌、梅鋗、梅庚均有款题。

此作现藏于美国纽约大都会艺术博物馆。本轴题诗五段，分别由梅清、施闰章、沈泌、梅鋗、梅庚题写。

夏至前一日，施闰章为《瞿山诗略》作序。

《瞿山诗略》卷首《施闰章序》（第533—534页）："……辛亥长至前一日。双溪同学弟施闰章撰。"

六月，雨夜于署斋怀刘景威、徐肇伊（字程叔）。

《天延阁删后诗》卷十三《梅花溪上集·雨夜怀景威、程叔署斋》（第342页）中有"初伏十日雨不绝，江城六月生秋寒"句，可知是在六月。

又，天延阁月夜同蔡瑶、梅以俊既联句二十韵复次前韵一首。

《天延阁删后诗》卷十三《梅花溪上集·天延阁月夜同玉及子彦既联句二十韵复次前韵一首》（第342页）中有"梁明燕子眠"句，可知是在夏天。

又，作诗赠五狼徐雨苍。

《天延阁删后诗》卷十三《梅花溪上集》中有《赠五狼徐雨苍》（第342页）。

又，作诗答大司成徐立斋。

《天延阁删后诗》卷十三《梅花溪上集》中有《答大司成徐立斋》（第334页）。

《瞿山诗略》卷十三《梅花溪上集（辛亥）》中有《答大司成徐立斋》（第

613页）。

又，将所藏王露的淡墨《四季花卉》两卷，割爱其一赠送复游宣城的友人庄澹庵，并为此作《赠卷歌》。庄得知"墨妙直扫一切"的王露已逝，叹悼不已。

施闰章《庄简讨〈宛游草〉序》（《学余堂文集》卷七）："岁之初夏，晋陵庄澹庵先生来宛陵。"

《天延阁删后诗》卷十三《梅花溪上集·赠卷歌》（第336—337页）："余友王子鬻鹤，墨妙直扫一切。间以澹墨作花卉，生趣纵横，创□前所未有。毗陵庄澹庵先生一见辄异之，谓青藤道士今日再见。时鬻鹤客都门，未获谋面，冀可索泼墨于异日也。越七年，澹庵复游宛，而鬻鹤墓草已宿矣。向余叹悼不已。已而亟索余向所藏二卷把玩，再四击案泣下曰：'今复何以得此。嘻，知己之感，若不容日。此其意岂仅山阳已乎。余重为故友心感，遂分一卷赠焉。因叹此卷之不终藏于瞿山箧中者，知王子之有以传也，王子名露，字湛斯。'诗曰：'王郎落笔扫尘迹，俗眼纷纷那能识。青藤道士前后身，画就青藤鬼神泣。两卷怀抱二十年，开时常见烟光湿。春花秋花纵复横，四时之气一时集。案头偶尔过清风，生香浮动人人袭，一从疑野（鬻鹤堂名）闭空堂，世上何人觅古狂。漆园先生独访旧，相思悲绝同山阳。古人生死要知己，鬻鹤鬻鹤何能忘。予感此义重洒泪，分将一卷归珍藏。君不见，两卷双函如合璧，又如延津之剑雌雄匹。神物离合亦有时，托赠叮咛各努力。高呼鬻鹤随卷侧。'"

《天延阁删后诗》卷十三《梅花溪上集·喜庄澹庵先生重过宛陵》（第341页）："梁溪时忆客鸿翔，雁荡天台迹渺茫。忽下云帆如见画，依然江阁对焚香。尊前万态过愁尽，握里新诗漫兴长。更欲相从脱尘履，五湖烟水共褰裳。"

仲秋，在宣城，辑成《岳云集》。

八月，梅锏为《岳云集》撰序。

《瞿山诗略》卷十二《岳云集》中有《梅锏序》（第606页）。

九月，与施闰章、唐耻莪、高咏、丁宣（字圣音）、梅庚等人，陪同营山张菊水宴集敬亭山，并分韵赋诗。集成《敬亭唱和诗》一卷。

《天延阁删后诗》卷十三《梅花溪上集》中有《辛亥九月陪营山张公菊水暨同里施愚山、高阮怀、唐耻莪、丁圣音、家耦长敬亭山分韵》（第334页）。

又，作诗寄呈督学简夫子。

《天延阁删后诗》卷十三《梅花溪上集》中有《寄呈督学简夫子》（第335页）。

秋，应张菊水之招，同诸公集宣城城东玉山慧照寺。

《天延阁删后诗》卷十三《梅花溪上集》中有《张公菊水招同诸公集玉山慧照寺》（第 338 页）。

又，作《瞿硎石室》诗。

《天延阁删后诗》卷十三《梅花溪上集·瞿硎石室》（第 343 页）："我爱先生披鹿裘，一声长啸万峰秋。……"

又，在双羊山拜先都官（梅尧臣）墓。

《天延阁删后诗》卷十三《梅花溪上集》中有《双羊山拜先都官墓》（第 343 页）。

又，重登烟雨亭，作诗吟之。

《天延阁删后诗》卷十三《梅花溪上集·重登烟雨亭》（第 343 页）："……眼中烟雨三年梦，半是醒时半醉时。"

又，游皖江，作诗怀古。

《天延阁删后诗》卷十三《梅花溪上集·皖江怀古》（第 343 页）："……不知大柱峰头月，何似祈年殿里光。"

又，路过秋庄，回忆旧游。

《天延阁删后诗》卷十三《梅花溪上集》中有《路过秋庄》（第 340 页）。

又，友人唐祖命康复，喜作诗以赠。

《天延阁删后诗》卷十三《梅花溪上集·喜耕坞先生病起却寄》（第 340 页）："初传君病起，不信骤能强。喜剧书真到，人看我欲狂。莫轻辞药饵，可急倒壶觞。白发忆新洗，酡颜照草堂。"

又，梅氏族人多汇集诗词付梓刊刻，闻之，喜而有作，称"诗是吾家事"。

《天延阁删后诗》卷十三《梅花溪上集·闻又起中子、子彦、子蔚、雪樵、峻长诸子汇梓近诗，喜而有作》（第 340 页）："诗是吾家事，非关此日穷。四朝存海内，七子重林中。寂寞风流起，追随逸兴同。飞扬盛年少，莫弃白头翁。"

又，在新田旧居。

《天延阁删后诗》卷十三《梅花溪上集》中有《新田旧居》（第 338 页）。

又，与张菊水同登春谷城楼。

《天延阁删后诗》卷十三《梅花溪上集》中有《同张公菊水登春谷城楼》（第 338 页）。

又，作《僧舍》诗。

《天延阁删后诗》卷十三《梅花溪上集》中有《僧舍》（第338页）。

又，俞绶去世，作诗哭之。

《天延阁删后诗》卷十三《梅花溪上集·哭俞去文》（第338页）："搦管脱尘寰，修文两不闲。思空纡涧口，路竟断丁山。杖履无踪迹，园林有泪班。来朝黄菊社，忽少一人攀。""一囊诗独秘，自讳古人齐。少妇终难解，孤儿无处啼。堂昏移蟋蟀，露冷逼鹧鸡。侧耳空天外，秋声在涧西。"

又，游宁国山门，作诗怀之。

《天延阁删后诗》卷十三《梅花溪上集》中有《山门》（第339页）。

又，游乔公故里，作诗怀之。

《天延阁删后诗》卷十三《梅花溪上集》中有《乔公故居》（第339页）。

秋，作诗寄汪蛟门等友人。

《天延阁删后诗》卷十三《梅花溪上集》中有《寄汪蛟门乔石林雨中翰》（第335页）。

又，养疴于宣城城南塔阴庵。

《瞿山诗略》卷十三《梅花溪上集（辛亥）·梅清自序》（第612页）："辛亥仲秋……时以养疴，寓城南塔阴庵，庵址旧名梅溪别墅，与双羊山相望。"

又，作《垅坂行》诗。

《天延阁删后诗》卷十三《梅花溪上集》中有《垅坂行》（第333页）。

又，作《白头吟》诗。

《天延阁删后诗》卷十三《梅花溪上集》中有《白头吟》（第333页）。

又，作《路伤曲》诗。

《天延阁删后诗》卷十三《梅花溪上集》中有《路伤曲》（第334页）。

又，作诗赞工山。

《天延阁删后诗》卷十三《梅花溪上集》中有《工山（际天峰西麓下有龙池）》（第334页）。

又，作《舟中望浮山》诗。

《天延阁删后诗》卷十三《梅花溪上集》中有《舟中望浮山》（第334页）。

又，作《前对酒歌》诗。

《瞿山诗略》卷十三《梅花溪上集》中有《前对酒歌》（第612页）。

又，作《后对酒歌》诗。

《瞿山诗略》卷十三《梅花溪上集（辛亥）》中有《后对酒歌》（第613页）。

又，作《前有一尊酒行》诗。

《天延阁删后诗》卷十三《梅花溪上集》中有《前有一尊酒行》（第334页）。

又，送萧鹤闻归汝南。

《天延阁删后诗》卷十三《梅花溪上集·送萧鹤闻归汝南》（第340页）："……客衣飘木叶，马迹冷秋霜。……"

汝南，驻马店下辖县，位于河南省驻马店市东部，古属豫州，自春秋战国时代建制以来，距今已有2700多年的建城史。上自秦汉，下至明清，汝南一直是郡、州、军、府治所，为八方辐辏之地。

又，在蔡瑶宣城城南的栩园同友人赋诗。

《天延阁删后诗》卷十三《梅花溪上集》中有《蔡晓原城南栩园同陆在璞、吴雨若、圣飞、耕夫分赋》（第341页）。

晚秋，作诗怀唐辅宸。

《天延阁删后诗》卷十三《梅花溪上集》中有《秋晚怀唐辅宸》（第340页）。

十月，梅庚三子玚成出生。（《文峰梅氏宗谱》卷七）

冬，歙县书画家汪士鈜到宣城过访，有诗答赠。两人自此结识。

《天延阁删后诗》卷十三《梅花溪上集》中有《答赠汪扶晨》（第335页）。

《瞿山诗略》卷二十九《己庚二年诗·汪士鈜序》（第711页）："予辛亥荷先生交。"

汪士鈜（1658—1723），字扶晨，一字粟亭，今安徽歙县潜口人。善诗文。梅清友人。著有《四顾山房集》等。黄宗羲有《汪扶晨诗序》。

又，作诗寄梅不次二侄。

《天延阁删后诗》卷十三《梅花溪上集》中有《寄不次二侄肥水二首》（第335页）。

梅不次，即梅子魁（1617—1701），原名魁中，一作奎中，字不次，号雪厂，祖父寿祚。父振春（原名士先）。著有《雪庵漫稿》《制义诗草》《鉴略诗钞》《采零随录》十数种，所评选有《史话》等集。子魁年长施闰章两岁，为其叔岳。

又，作《为程季徽题吴左干南山幛子歌》诗。

《天延阁删后诗》卷十三《梅花溪上集》中有《为程季徽题吴左干南山幛子

歌》(第 337 页)。

又，沈泌归自罗浮山，作罗浮行赠之。

《天延阁删后诗》卷十三《梅花溪上集》中有《沈方邺归自罗浮山，作罗浮行赠之》(第 337 页)。

又，夜携两女、两孙小饮桂树下，戏作放歌。

《天延阁删后诗》卷十三《梅花溪上集》中有《夜携两女、两孙饮桂树下，戏作放歌》(第 337 页)。

又，作《题鱼卷》诗。

《天延阁删后诗》卷十三《梅花溪上集》中有《题鱼卷》(第 344 页)。

又，作《投宿》诗。

《瞿山诗略》卷十三《梅花溪上集(辛亥)》中有《投宿》(第 617 页)。

又，作《龙门》诗。

《瞿山诗略》卷十三《梅花溪上集(辛亥)》中有《龙门》(第 617 页)。

又，作《观涨》诗。

《瞿山诗略》卷十三《梅花溪上集(辛亥)》中有《观涨》(第 617 页)。

又，作《苦雨》诗。

《瞿山诗略》卷十三《梅花溪上集(辛亥)》中有《苦雨》(第 617 页)。

十二月，作《山水》立轴。题款："偶临范宽梅花书屋致□明老道兄。辛亥十二月，瞿山梅清。"

清康熙十一年（壬子，1672 年） 五十岁

正月十四（上元前一日），同梅錩、梅庚等于怀谢楼饮酒赋诗，后醉步宛津桥。

《天延阁删后诗》卷十三《梅花溪上集》中有《上元前一日同漪若、尔止、耦长饮九兄怀谢楼，醉步宛津桥，即事分韵得留字》(第 339 页)。

九月，宣城教谕徐雨苍为《梅花溪上集》作序。

《天延阁删后诗》卷十三《梅花溪上集·徐化民序》(第 332—333 页)："瞿山刻其诗行海内旧矣。……以至稼圃、新田，无境非诗，休夏驱尘，无时非诗。诗以地名乎，亦地以诗盛耳。"

十月，母亲去世，有《泣血》诗四首。

《天延阁删后诗》卷十四《雪庐草》中有《泣血（壬子十月）》四首（第345—346页）。

《瞿山诗略》卷首《梅清自序》（第538页）中有记载。

又，作《庐雪》长诗，怀念母亲。

《天延阁删后诗》卷十四《雪庐草》中有《庐雪》（第346页）。

腊月二十四，五十岁生日，作诗感怀。

《天延阁删后诗》卷十四《雪庐草·壬子腊月二十四日感怀》（第348页）："敢冀生今日，相看一老狂。浮沉思出处，俯仰见存亡。搔首星垂鬓，呼天雪满裳。残年栖恶室，如梦骤茫茫。"

除夕，作诗感怀。

《天延阁删后诗》卷十四《雪庐草·壬子除夕》（第348页）："亦知时易逝，空惜岁频除。堂上哀难起，尊前养已虚。雪偏深穗帐，春不转蒿庐，长大看儿女，多愁孰解予。"

约是岁，赠诗画寄于豫章陈令升。

《天延阁删后诗》卷十四《雪庐草·寄赠陈令升》（第346—347页）："豫章郁灵秀，陈子乃挺生。纵横三十载，艺苑蜚英声。……作书寄老瞿，颇悉情最真。古人重神交，岂必论嘤鸣。相思数千里，忽如握手行。我家近黄岳，岩壑吞氤氲。灵松饮仙露，千载成龙文。为君写半幅，托赠南飞云。"

豫章，古代区划名称。最初为汉高帝初年（约公元前202年）江西建制后的第一个名称，即豫章郡（赣江原称豫章江），郡治南昌，江西从此作为明确的行政区域建制，后为南昌的别称。

陈令升，黄宗羲有《陈令升先生传》。

清康熙十二年（癸丑，1673年）五十一岁

正月元日，作诗感怀。

《天延阁删后诗》卷十四《雪庐草·癸丑元日》（第348—349页）："椒花盘已罢，柏叶酒谁亲。膝绕多双泪，堂空少一人。重思初度日，半老百年身。令节非吾有，惟余短发新。"

春，在宣城署楼，同施闰章、刘岵瞻、刘澍（字楚白）、张延世（字子尉）、刘汝凤（字景威）、屠毂（升公）、徐肇伊（字程叔）、刘尧熙（字缉生）、梅文鼎

等人赏月并限韵赋诗。当时众人正在修《宁国府志》。

《天延阁删后诗》卷十四《雪庐草》中有《署楼对月，同施愚山、刘岵瞻、刘楚白、张子蔚、刘景威、屠升公、徐程叔、刘缉生、家定九限韵》（第350页）。

施闰章作有《署楼对月次韵（时同岵瞻、楚白、景威、缉生、子蔚、升公、瞿山、程叔分修郡乘）》诗。

中夏，作《层峦叠嶂》（手卷，纸本设色）。题款："癸丑中夏写为南龚词盟。瞿山清。"

九月，金陵人张惣过敬亭，访宛溪草堂，为《雪庐草》作序。

《天延阁删后诗》卷十四《雪庐草·张惣序》（第344页）："癸丑秋九月，余过敬亭，访瞿山于宛溪草堂。当其闭户读礼，不以余为外客，特启关款接，至殷且渥也。披其天延阁全集既竣，间示以《雪庐草》，余读之而叹，慨然悲而怆然痛也。""余向罕所游涉，私谓大江南北，风俗之淳朴，莫宛陵若，而梅氏渊源风雅，自都官暨季豹、禹金两公，而后瞿山，尤称宗坛。今方以忧制简出，所稍足慰藉者，望衡则有愚山先生暨沈子方邺、蔡子玉及家庭之比庐者，又有子彦、耦长辈，方外更有半山、石涛诸公。析义探微，往来共兹晨夕。"

又，母逝后，足不出户，哀伤异常，逾年所作之诗，本不欲留存，但子辈从旁集之，成一卷，为《雪庐草》。

《天延阁删后诗》卷十四《雪庐草·梅清自序》（第345页）："雪庐者，予苦次之余哀也，哀毁之余，宁复有声。乃或二三亲素相过庐中，率尔属句，辄复弃去。不欲以不祥之言，遗憾灾梨。儿子辈从旁集之，逾年得一卷，持以告予，予仍命焚之。客曰不可，哀而有声，哀亦可存，宁必蓼莪之不以哀传乎。因删次之，为《雪庐偶存草》。"

《天延阁删后诗》卷十四《雪庐草·偶步》（第349页）："经旬门独掩，偶步剧堪怜。人悴无春日，心孤见远天。醉辞燕市酒，耕忆墨溪田。出处纷何定，悠悠歧路边。"

又，养病于宣城城南塔阴庵期间，编辑《天延阁删后诗》卷十三，并以城南塔阴庵旧名梅花溪上为之命名。

《天延阁删后诗》卷十三《梅花溪上集·梅清序》（第333页）："辛亥仲秋，予既汇次天延阁集十二卷，逾两年，复得诗百余首。时以养疴，寓城南塔阴庵，庵址旧名梅溪别墅，与双羊山相望。先都官所咏：'风雪双羊路，梅花溪上村。'此即其地。漫取箧中稿删次之，因以是名集。"

清康熙十三年（甲寅，1674年） 五十二岁

春，与施闰章、梅锏陪同高苍岩游宣城，泛舟响潭看花赋诗。

《天延阁删后诗》卷十五《菊间集》中有《陪刺史高公苍岩泛舟响潭，同施愚山、赵昆麓、家桐崖和高公原韵》（第357页）。

又，喜晤汪士鈜。

《天延阁删后诗》卷十五《菊间集·喜晤汪扶晨》（第357页）："春风吹好梦，不解忽相寻。……梅花香里屋，桐叶水边阴（扶晨曾向予索〈梅花书屋〉〈桐下纳凉〉二图）。尺幅迟难报，云岚自尔深。"

又，作诗送程山尊。

《天延阁删后诗》卷十五《菊间集》中有《送程山尊》（第357页）。

程山尊，即程谦，字山尊，歙人。

又，约诸公过草堂看牡丹。

《天延阁删后诗》卷十五《菊间集·约诸公过草堂看牡丹》（第357页）："风雨遍南天，花开尽可怜。……应记甲寅年。"

又，同施闰章、韩辅宸春游。

《天延阁删后诗》卷十五《菊间集》中有《同愚山、辅宸春郊即事》（第357页）。

又，高苍岩、瞿健谷、汪扶晨、程千云和梅庚过茶峡草堂看花，喜而赋之。

《天延阁删后诗》卷十五《菊间集·高公苍岩同瞿健谷、汪扶晨、程千云、家耦长过草堂看花偶赋》（第359页）："上客看花过草亭，吟成却喜傍花听。心怜浃日晴还雨，座倚微风醉复醒。蝶影娟娟依曲槛，莺声怯怯下疏棂。共言佳句推常侍，把别重呼倒玉瓶。"

又，应沈泌之招，同施闰章、吴肃公、梅庚等人在致爽轩宴集赋诗。

《天延阁删后诗》卷十五《菊间集·沈方邺招同锡山顾来玉、仍玉，新安汪扶晨，姑孰张若思，同里施愚山、吴晴岩、贡鼎夏、王绥士、家耦长移具致爽轩限韵》（第357页）。施闰章作有《方邺移樽致爽轩同限轩字》诗。

三月二十九日，在宣城，家乡诸子过草堂看牡丹，即席赋诗。

《天延阁删后诗》卷十五《菊间集》中有《甲寅三月二十九日里中诸子过草堂

看牡丹即席限韵（是日春归）》《闻杜鹃偶感》《三月三十日》（第357页）。

三月，在草堂，应蔡瑶之招，与家乡诸子赏牡丹，并赋诗。

《天延阁删后诗》卷十五《菊间集》中有《蔡晓原招同诸子看牡丹戏用仄律》（第359页）。

春，梅不次返肥水，以诗送之。

《天延阁后集》卷一《甲寅诗略》中有《送不次二侄还肥水》（第375页）。

春暮，在草堂会晤颖上陈鸿绩，获赠诗。

《天延阁赠言集》卷之四陈鸿绩《甲寅春暮赠渊公先生二首》（第528—529页）："几回把臂问鸣椰，今日相携过草堂。自是龙门高李御，岂缘虎贲叹中郎。鉴湖一曲留明镜，华岳双峰挂石梁。独有题诗绝顶处，都官世受一瓣香。""客路相逢十六年，相看相醉复相怜。……"

陈鸿绩（？—1679），字子逊，浙江鄞县（今宁波市）人。梅清友人。顺治十四年（1657年）举人，康熙中以鸿博中选，授翰林院检讨。《郑志·人物仕绩》有传。

春残夜，宿惺公房。

《天延阁后集》卷一《甲寅诗略》中有《宿惺公房》（第379页）。

夏，练水程山尊有诗相和。

《天延阁赠言集》卷之三程谦《甲寅夏月和韵奉答渊公先生》（第525页）："十年劳痼寐，一日得追随。江雨分山阁，桃花近酒卮。疏狂惭泛爱，飘转昧前期。别向残阳里，昭亭千里思。"

练水，即练江，又名徽溪、西溪、练溪，为钱塘江上游干流新安江主要支流之一，发源于黄山东麓，由丰乐水、富资水、布射水、杨之水（练河）四条河于歙县汇合后始称练江，至浦口入新安江。

又，作《萤火》诗。

《天延阁后集》卷一《甲寅诗略》中有《萤火》（第377页）。

七夕，作诗感怀。

《天延阁后集》卷一《甲寅诗略·甲寅七夕》（第377页）："佳期自天上，云雨恰相寻。玉宇移时蔽，银河几许深。桥昏疑驾鹊，楼暗罢穿针，多少新征妇，难将此夜心。"

立秋前一日，作《喜雨》诗。

《天延阁后集》卷一《甲寅诗略·甲寅立秋前一日喜雨》（第377页）："敬亭山北云乍围，敬亭山南雨欲飞。一望再望渐暧暧，上田下田齐霏微。老农把笠坐复坐，稚子驱牛归不归。更祝秋霖洗金甲，西成无恙饱柴扉。"又一首："已□南国火流威，何意甘霖应祷飞。腥挟龙鳞分阵阵，石翻燕羽竞依依。渐教弃掷念纨扇，便觉踟蹰揽葛衣。莫问炎凉惊过眼，秋风蚤动故园薇。"

秋，自蒲干蔡村过鲁墨。

《天延阁后集》卷一《甲寅诗略》中有《自蒲干蔡村过鲁墨》（第379页）。

蒲干、蔡村，离柏枧山不远，皆梅清族人居地。

鲁墨，梅清夫人钱氏的娘家居地，亦与梅氏祖居地柏枧山不远。

又，有诗偶感。

《瞿山诗略》卷十六《秋岩草（甲寅）·偶感》（第635—636页）："小姑离几岁，媚姊老何乡……鸿飞断太行……翻悲秋夜长。"

又，病中有诗怀梅以俊。

《天延阁后集》卷一《甲寅诗略·病中怀子彦五日前子彦亦抱病归蒲谷》（第381页）："怪底忽同病，秋风不解愁。……"

又，作《寻曹梦白》诗。

《天延阁后集》卷一《甲寅诗略·寻曹梦白》（第382页）："……放眼秋山外，难忘吾道尊。"

又，送蔡瑶之湾沚（今芜湖市属）。

《天延阁后集》卷一《甲寅诗略《送蔡晓原之湾沚》（第381页）："……江上新凉好，烽烟莫骤吹。"

九月，藩之乱起，耿精忠逼近新安，邻境告警，携家寄迹新田（施闰章避乱至华阳山），至冬天始归宣城。是岁吟咏颇多。

《瞿山诗略》卷十六《秋岩草（甲寅）·梅清自序》（第632页）："岁甲寅，邻境告警。予携家寄迹青干，将数月，始归宛东。是岁吟咏颇多。删去存四十八首，为《秋岩草》。余澹心先生序之。"

《天延阁后集》卷一《甲寅诗略》中有《寄居青干山庄杂咏十首》（第378页）。

新田，位于今宣城市东南约七十里处，青龙山麓，鲁墨溪畔。

十月四日，梅枝凤六十大寿，施闰章、吴肃公、沈泌、梅庚等皆于水东聚会祝贺，时因避居山中而赶赴不及，赋诗两首。

《天延阁后集》卷一《甲寅诗略·甲寅十月，子翔、振先同时有水东之约，愚山、晴岩、方邺、晓原、耦长诸子毕集，予羁华阳山中不及赴，赋寄二首》（第378页）："群聚此时难，兵烽隔县看。魂惊愁阔绝，地僻借盘桓。才子悲歌满，仙居洞壑宽（闻诸子游三天洞）。况当双折柬，交尽主人欢。""华阳西岭外，高并水东山。雨骤沉溪路，云初冷石关。天风群雁断，阁夜一灯闲。两地虚延伫，清尊不可攀。"

又，作《霜枫》诗。

《天延阁后集》卷一《甲寅诗略》中有《霜枫》（第379页）。

冬，避乱归来，作《乍归》诗。

《天延阁后集》卷一《甲寅诗略》中有《乍归二首》（第379页）。

又，雪中约朱翼云、汪越千过草堂于宛津庵小饮，并限韵赋诗。

《天延阁后集》卷一《甲寅诗略》中有《雪中宛津庵约朱翼云、汪越千过草堂小饮即席限寒字》（第380页）。

是岁，应沈泌之约，与姜实节、葛又超（字非班）、蔡瑶、梅庚等集会小饮，送余飏赴吴门花社之约，即席分韵赋诗。

《天延阁后集》卷一《甲寅诗略》中有《沈方邺邀同姜学在、葛非班、蔡晓原、家耦长送余生生赴吴门花社之约即席分赋》《是夜邀诸子复过草堂仍用前题得萧字》《送余生生归寓吴门赴西洞庭看梅花，约和家耦长元韵二绝句》（第380页）。

姜实节（1647—1709），字学在，号鹤涧，今山东莱阳人，姜埰之子。著有《焚余草》。

余飏（1606—1685），字生生，号钝庵，青神（今四川省乐山市夹江县青州乡金星村）人。著有《增益轩诗草》。

又，送余飏归寓吴门，赴西洞庭看梅花，和梅庚元韵。

《瞿山诗略》卷十六《秋岩草（甲寅）》中有《送余生生归寓吴门赴西洞庭看梅花，约和家耦长元韵二绝句》（第637页）。

又，作诗怀张羽皇。

《天延阁后集》卷一《甲寅诗略》中有《怀张菊水》（第379页）。

又，作诗咏双谷驿古松。

《天延阁后集》卷一《甲寅诗略》中有《双溪驿古松》（第379页）。

又，赴白云山寻云屋大师。

《天延阁后集》卷一《甲寅诗略》中有《白云山寻云屋大师》（第379—380页）。

又，作《晚行》诗。

《天延阁后集》卷一《甲寅诗略》中有《晚行》（第379页）。

又，再次泛舟劳山。

《天延阁后集》卷一《甲寅诗略·劳山再泛》（第380页）："去年红叶里，绝壁放歌回。今日黄花下，扁舟载酒来。"

又，作《石马村》诗。

《天延阁后集》卷一《甲寅诗略·石马村》（第379页）："……树深村更远，水曲径难通。……经霜柿子红"。

又，作《山楼夜雨》诗。

《天延阁后集》卷一《甲寅诗略》中有《山楼夜雨》（第379页）。

又，作《偶感》诗。

《天延阁后集》卷一《甲寅诗略》中有《偶感》（第379页）。

又，作诗怀两弟。

《天延阁后集》卷一《甲寅诗略·怀两弟》（第381页）："……雁阵追飞尽，霜天望渺茫。"

又，作《水农泣》诗。

《天延阁后集》卷一《甲寅诗略》中有《水农泣》（第375—376页）。

又，作《山农泣》诗。

《天延阁后集》卷一《甲寅诗略》中有《山农泣》（第376页）。

又，有诗寄许青岩先生，赞其"不爱夭桃花，爱此苍松枝"。

《天延阁后集》卷一《甲寅诗略》中有《寄许青岩先生》（第376页）。

又，作诗寄倪正。

《天延阁后集》卷一《甲寅诗略·寄倪观湖》（第377页）称其为"观湖才子江东仙"。

又，闻吕十四归太平仙源，有诗寄之，并兼怀崔友尚。

《天延阁后集》卷一《甲寅诗略》中有《闻吕十四归自仙源走笔讯之因怀崔友尚》（第377页）。

又，作《阁夜》诗。

《天延阁后集》卷一《甲寅诗略·阁夜》（第 377 页）："雨曾连五月，旱复降三旬。百谷那生理，中宵但怆神。银河云易散，金井露难匀。星下过乌鹊，无声剧苦辛。"

又，作诗答须溪张翼兴。

《天延阁后集》卷一《甲寅诗略》中有《答须溪张翼兴》（第 377 页）。

又，作《芝山沙母歌》诗。

《天延阁后集》卷一《甲寅诗略》中有《芝山沙母歌》（第 377—378 页）。

又，余怀为其诗集甲寅诗略作序。

《天延阁后集》卷一《甲寅诗略·余怀序》（第 374 页）："梅子渊才雅思，眺对江山，妙擅文词，兼工书画，朱异不廉，一时将去；郑虔三绝，殆将过之。"

又，赠诗朱翼云。

《天延阁后集》卷一《甲寅诗略》中有《赠朱翼云》（第 380 页）。

又，寄诗王士禛先生。

《天延阁后集》卷一《甲寅诗略》中有《寄王阮亭先生三十韵》（第 380 页）。

又，作《客过》诗。

《天延阁后集》卷一《甲寅诗略》中有《客过》（第 381 页）。

又，有诗答钟咏先。

《天延阁后集》卷一《甲寅诗略》中有《答钟咏先》（第 381 页）。

又，作诗送钱逻山。

《天延阁后集》卷一《甲寅诗略》中有《送钱逻山》（第 381 页）。

又，作《黄海浮岚图》。太仓人王摅过访宣城，遂有《题梅瞿山〈黄海浮岚图〉》。之后，陪同访宁国知县，作《访宁阳马明府幼实》《西津》《再上白云楼感旧》等诗。

《天延阁后集》卷一《甲寅诗略》中有《访宁阳马明府幼实》（第 381 页）、《西津》《再上白云楼感旧》（第 382 页）。

王摅（1635—1699），字虹友，江苏太仓人。王时敏子。与兄王揆、王撰、王抃结课赋诗。又与黄与坚等被称为"娄东十子"。著有《芦中集》。

马光，字幼实，顺治八年（1651 年）举人，康熙十三年（1674 年）至十五年（1676 年）知宁国县。

又，念及石涛、喝涛居于敬亭山，有诗感怀。

《天延阁后集》卷一《甲寅诗略·怀喝公、石公敬亭山》（第379页）："敬亭双古塔，兄弟一空门。寒任穿蓬壁，饥常断菜根。莲花霜下吐，贝叶月中翻。乐土原无著，何忧近塞垣。"

又，过访许汉臣。

《天延阁后集》卷一《甲寅诗略》中有《过许汉臣》（第381—382页）。

又，寄诗于程文宗。

《天延阁后集》卷一《甲寅诗略》中有《寄金斗程蕉鹿先生》（第375页）。

程文宗，号蕉鹿。梅清友人。与李渔私交甚笃。李渔曾赠其对联："世间桃李尽出公门，何须腊尽始芳菲，满眼无非春色；天下鱼龙尽归学海，不待时来方变化，启口即是雷声。"

又，作《三天洞》诗。

《天延阁后集》卷一《甲寅诗略》中有《三天洞》（第382页）。

又，为郡司马唐赓尧作《绿野堂图》。

《天延阁后集》卷一《甲寅诗略·偶写绿野堂呈郡司马唐公》（第381页）："裴公习龙蠖，卜筑一何闲。微雨晓来歇，万绿开我颜。诗人日高咏，鸣鸟尊垒间。握笔起遥望，念彼东都山。"

唐赓尧，字载歌，清初浙江会稽（今绍兴）人。顺治九年（1652年）进士。十四年（1657年）官工部郎中，奉命与匡兰馨同为山西乡试主考官。次年二月礼部磨勘，参劾其违式：卷面及批语不列衔名，又添改卷内字样，被革职逮问。十二月案结，降三级调用。康熙九年（1670年）为宁国府同知（郡司马）。

又，题钟允谐《饮犊图》。

《天延阁后集》卷一《甲寅诗略·题钟予夔〈饮犊图〉二绝句》（第382页）："三年梦里别书泉，潦倒归来剧可怜。饮犊图成还太息，半生耕遍石头山。""羃来牛性爱清泉，一勺何求更受怜。自怪老瞿错呼马，云中荒却杜陵田。"

又，题石涛《松菊图》寄吴承勋。

《天延阁后集》卷一《甲寅诗略》中有《题石师〈松菊图〉寄吴铭卣》（第381页）："婆娑青松树，硬键如云轮。霜锋挺百尺，虬干凌秋旻。又□鼓翼飞，可以渡江滨。愿托一尊酒，遥醉菊间人。"

又，作题画诗。

《天延阁后集》卷一《甲寅诗略·题画二绝句》（第382页）："寒声千尺下崔嵬，潮卷龙吟总浪猜。独有幽人听不倦，晚风归去晓风来。""松疏石瘦共萧萧，披对须教避众嚣。酒客诗僧正无事，小窗香茗好相招。"

又，新安郡司马高苍岩擢升吴门太守（苏州知府），先寄诗祝贺，又题画相赠（高太守约其明年苏州一行）。

《天延阁删后诗》卷十五《菊间集》中有《寄新安司马高苍岩擢吴门太守》（第358页）。《天延阁删后诗》卷十五《菊间集·题画送高太守》（第360页）："昭亭飞霭接天都，片墨淋漓兴不殊。携向吴门一长眺，灵岩千里望中呼。"

清康熙十四年（乙卯，1675年）　五十三岁

春，与蔡瑶、梅庚、梅蔚起程赴吴门，赴故人之约。

《天延阁后集》卷二《乙卯诗略·梅清自序》（第384页），自言十年未到苏州。

《瞿山诗略》卷十七《吴吟（乙卯）·梅清自序》（第640页）："乙卯始得一棹相从，山水之间游览唱酬，颇多篇什，题曰吴吟。既庭先生序之，钝庵先生为之跋。"

吴门，历史上指春秋战国时的吴国一带，这里指苏州地区。

又，出发当夜，宿宣城洪林。

《天延阁后集》卷二《乙卯诗略》中有《宿洪林》（第385页）："麻姑山径黑，春火认洪林。……"

又，清晨，行郎川道上。

《天延阁后集》卷二《乙卯诗略》中有《郎川道上》（第385页）。

郎川，即郎溪。

又，行四安道上。

《天延阁后集》卷二《乙卯诗略》中有《四安道上口号二首》（第385页）。

又，李育遂访宣城，适往吴门（苏州）游，至夏归，两人始结交。

《天延阁后集》卷二《乙卯诗略·李育遂序》（第383页）："甲午冬，余方与二三子评海内闺牍，得梅子渊公作，辄掩卷叹曰此仙才也！顾安得亲炙其人，而与相上下哉。阅十年，余获乡荐，间从海内诸君子游。益习闻渊公之为人，与其声诗。今年春，南渡大江，过宛水访渊公于里居。渊公适有吴门之游。夫结念二十年以前，而忽失之于只尺，何其交游不偶如此也。历春徂夏，方拟北旋而适渊公

归，一见倾倒，如素交然。立解箧筒，出天延阁后集诗属余评定。"

寒食日，舟过南浔。

《天延阁后集》卷二《乙卯诗略·南浔》（第385页）："南浔寒食太纷华，水绕春烟一万家。个个轻舟摇少妇，枝枝橹后插桃花。"

又，乘舟过吴兴。

《天延阁后集》卷二《乙卯诗略》中有《吴兴舟中逢寒食》（第385页）。

春，舟过吴江平望镇莺脰湖。

《天延阁后集》卷二《乙卯诗略·莺脰湖》（第385页）："三里波光莺脰湖，分明勺水在盘盂。……"

莺脰湖，相传为吴越春秋时范蠡所游的五湖之一。

三月，在昆山，留寓徐健庵太史憺园，并有诗怀在都门的徐果亭、徐立斋两太史。

《天延阁后集》卷二《乙卯诗略·徐健庵太史留寓憺园，怀果亭、立斋两太史都门》（第386页）："名山华馆绕江湄，见说诸昆此下帷。阿阁巢成皆比翼，上林花发自连枝。轩垂书带齐含翠，亭倚仙硎好问奇。相访扁舟重相望，长安日下渺余思。"

徐果亭，即徐秉义。

徐立斋，即徐元文（1634—1690），字公肃，号立斋，江苏昆山人。探花徐乾学、徐秉义之弟，兄弟三人皆官贵文名，号称"昆山三徐"，斋号"集义居"。顺治十六年（1659年）状元，顺治帝称徐元文为"佳状元"，赐冠带、蟒服、乘御马等，授翰林院修撰。康熙十八年（1679年），出任修《明史》总裁，荐万斯同入史局。升国子监祭酒，充经筵讲官。后任左都御史，官至文华殿大学士兼翰林院掌院学士。康熙二十九年（1690年），《尼布楚条约》签订后的隔年，清廷为建立界碑，用汉、满、蒙、拉丁、俄五种文字将条约刻于碑上。刻碑汉文由徐元文根据《实录本》润饰写定，前有徐元文所写序言。《清朝通志》《清朝经世文篇》《中俄约章会要》所载即为徐元文汉文本。康熙二十九年（1690年）江南江西总督傅拉塔弹劾徐乾学及徐元文，被解职。闰七月二十七日惊悸呕血而死，享年五十八岁。著有《含经堂集》《得树园诗集》。

又，有诗恭祝徐太夫人。

《天延阁后集》卷二《乙卯诗略》中有《恭祝昆山徐太夫人三十韵》（第

385 页）。

又，在昆山，应徐健庵之招，陪同吴中文人张玉书太史、计东孝廉、盛符升中翰等诸人同登玉峰翠微阁。

《天延阁后集》卷二《乙卯诗略·徐健庵太史招陪张素存太史、计甫草孝廉、盛珍示中翰登玉峰翠微阁》（第 386 页）："太史园林接翠微，逶迤春郭锁崔巍。云开芳林三江远，风起轻帆百道飞。二陆名齐岩寂寂，老坡碣在草霏霏。尊前上客皆诗伯，醉我孤吟何处归。"

张玉书（1642—1711），字素存，号润甫，今江苏镇江人。顺治十八年（1661年）进士，为庶吉士。康熙三年（1664年），授翰林院编修，后为日讲起居注官。康熙十五年（1676年）进讲称旨，升侍讲学士。二十年（1681年）为内阁学士，经筵讲官。二十二年（1683年）升礼部侍郎兼翰林院掌院学士。二十六年（1687年），授刑部尚书。康熙二十七年（1688年），康熙命张玉书等视察河工。康熙三十四年（1695年）噶尔丹反，次年张玉书随康熙亲征，参与军事谋划。康熙三十六年（1697年），大学士伊桑阿、张玉书等奉命纂修《平定朔漠方略》。康熙四十九年（1710年）以病乞归，康熙慰留。次年随康熙巡幸热河，病发，不久去世，年七十。赠太子太保，康熙亲书挽章，谥"文贞"。著有《张文贞集》，参与编纂《佩文韵府》《康熙字典》等书。

计东（1624—1675），字甫草，号改亭，吴江（今江苏苏州吴江区）人。顺治十四年（1657年）举人。早以文章负盛名，交游皆海内知名之士。国变时持所著《筹南五论》谒史可法，可法奇之，弗能用也。中举后四年，以奏销案除名，遂绝意仕进。家贫，母老，不能不糊口于外。尝从汤斌讲学，又从汪琬问古文法，讲欧、曾之学，故论有原本。其文醇正和雅。诗不苟作，时露胸中抱负。著有《改亭集》等。

盛符升（1615—1700），字珍示，号诚斋，又号赣石。今江苏昆山人。康熙三年（1664年）进士，历官内阁中书、礼部主事，考授广西道御史。佐编《渔洋山人精华录》，所学日进，徐乾学评其所作"原本少陵，诗外别有事在"。著有《诚斋集》。

又，为徐健庵憺园题诗。

《天延阁后集》卷二《乙卯诗略·徐太史憺园四首》（第 386 页）："谁道玉峰远，名园咫尺收。岩阴连砌起，刹影入廉浮。穿水初移榻，停云数倚楼。南州春

107

宴满，十日纪同游。""都在山光内，亭台结构深。种松图海岳，叠石见云林。竹径纡泉气，花丛亚鸟音。绝怜峰际塔，垂影到池心。""醉里听风雨，分明在画溪。栏边侵晓瀑，桥外滑春泥。高柳垂初重，名花吐乍齐。老鸠寒喔喔，还向竹西啼。""吴会多才子，论交老友间。长吟联水榭，孤棹各江关。遥把楼头句，回看郭内山。风流怀二仲，直北阻追攀（果亭、立斋两先生同在都门）。"

又，题诗叶奕苞茧园，并为之绘《茧园图》。

《天延阁后集》卷二《乙卯诗略·叶九来茧园》（第388页）："高士居偏远，层峦步步幽。径敧苍藓滑，石断碧烟流。花气通阡陌，松风飒一楼。拟抽春茧笔，半幅写青丘。"

叶奕苞（1629—1686），字九来，号二泉。今江苏昆山人。梅清友人。诸生。康熙十八年（1679年）举博学鸿词，放归。叶国华次子。乡中颇有狂名，少师事卧龙山人葛芝及默斋叶弘，务为根柢之学。与姜宸英、施闰章、陈维崧、归庄辈游，为时所推。好研治金石，兼善书绘，亦能诗及戏曲，著有《经锄堂诗集》《续花间集》《金石录补》等。

三月十六日，为徐健庵画《憺园图》。题款："《憺园图》。健庵老先生属写于高咏楼。乙卯三月既望，瞿山梅清。"当时徐乾学因罢官回乡，建立憺园，遂邀请梅清、梅庚等一些文人雅士前来饮酒作诗。

收录于《中国古代书画图目》第八册。现藏于天津市历史博物馆。卷末梅清题："乙卯春同家耦长过鹿城奉访健庵老先生，承留寓憺园，欢燕浃日。各赋五律四首（见《徐太史憺园四首》）兼怀果亭、立斋两先生书呈大教。宛陵梅清拜稿。"

三月，同陈椒峰、何铭三、王成博、徐孚若、徐廉夫、徐菽初诸公重过叶奕苞茧园，夜饮赋诗。

《天延阁后集》卷二《乙卯诗略·同陈椒峰、何铭三、王成博、徐孚若、廉夫、菽初诸公重过叶九来茧园夜饮》（第386页）："不忘城东胜，还来午夜游。春灯窥暗壑，孤笛暝高楼。酒识千花气，寒疑四月秋。群公挟诗思，多在玉峰头。"

陈椒峰，即陈玉璂，字赓明，号椒峰，又号夫椒山人，今江苏常州武进人。清代官吏、学者。康熙六年（1667年）进士，官至内阁中书。编撰《学文堂集》，为其作序者达40人之多，别集中所罕见。序文叙写了《学文堂集》结集、赠阅、征序的过程。

又，应姜安节之招，与余杰、蔡瑶、梅庚及子梅蔚等人游苏州城西北隅之艺圃，此园旧为文徵明曾孙文震孟所筑之药圃，即席饮酒并限韵赋诗。

《天延阁后集》卷二《乙卯诗略·姜勉中招饮青瑶屿，同余生生、周籹宁、蔡晓原、家耦长暨儿蔚即席限韵（园为文文肃公构姜贞毅公寓）》（第386页）："相国继台臣，名园重主人。地留今日胜，花忆旧时春。深树开雾洞，寒波伏巨鳞。忽闻孤鹤唳，客醉欲沾巾。"

又，于吴门，题袁重其《负母看花图》。

《天延阁后集》卷二《乙卯诗略》中有《题袁重其负母看花图（时重其年六十母年九十）》（第386页）。

又，为尤侗水哉轩题诗。

《天延阁后集》卷二《乙卯诗略·题尤晦庵水哉轩》（第386—387页）："幽栖何用远，回回渌波长。浴鹭低迎客，浮槎近系床。光疑分震泽，声忽动沧浪。坐讶生云处，双蛟并欲翔。"

尤侗（1618—1704），字展成，一字同人，号悔庵、艮斋、西堂老人，今江苏苏州人。梅清友人。明末诸生。顺治拔贡，曾任永平县推官，旋罢职。康熙十八年（1679年）应博学鸿儒科试，已六十二岁，授翰林院检讨，康熙帝称之为"老名士"，分修《明史》，告老还乡后家居二十年而卒。善诗文，才情敏捷，曾以制义《怎当他临去秋波那一转》以及乐府《西堂杂俎》传入禁中，顺治帝誉之为"真才子"，在史馆时进呈《平蜀赋》，又受康熙帝赏识。诗多写生活琐事，少数作品也反映社会现实。论诗对唐、宋二代持平等观，以为各有美恶，不能偏废。著有《鹤栖堂集》《西堂全集》等。

又，应钱宫声之招，同卢景韩、阚瞿亭、韩超韩诸公宴会，并即席赋诗。

《天延阁后集》卷二《乙卯诗略·钱宫声招同卢景韩、阚瞿亭、韩超韩诸公即席偶成》（第387页）："倾盖漫相求，名山纪胜游。三吴风自古，上客兴何幽。济世诸公在，挥毫大雅留。闲身堪托处，长啸一扁舟。"

钱宫声，即钱中谐（1635—？），字宫声，号庸亭，吴县（今江苏苏州）人。梅清友人。顺治十五年（1658年）进士。康熙十八年（1679年）召试博学鸿词，取一等，授翰林院编修。以诗古文闻名。

阚瞿亭，即阚选，字若韩，一字瞿亭，江苏昆山人，随父授经来嘉定，补嘉定县学诸生，遂占籍嘉定。顺治十一年（1654年）甲午科江南乡试举人。

又，在虎丘会晤黄晋良。

《天延阁后集》卷二《乙卯诗略·虎丘晤黄处庵》（第387页）："叔度旧争誉，论交今益真。乱来从计失，客久只山亲。梦断闽江路，吟残虎阜春。扁舟共卮酒，潦倒一闲身。"

黄晋良（1615—1689），福建建安（今建瓯）人，一作闽县（今福州）人，字朗伯，一字处安。梅清友人。明季官工部主事，入清尝参军幕。《福建通志》《福建画人传》称其工于诗文，长于书法，得二王精蕴。

又，作诗赠许之渐先生。

《天延阁后集》卷二《乙卯诗略》中有《赠许青屿先生》（第387页）。

许之渐（1613—1700），字仪吉，号青屿，今江苏常州武进人。梅清友人。顺治十二年（1655年）进士，官至江西道御史。性刚直，弹劾不避权贵，后以事削籍，事雪复官，自以刚直寡谐，遂归。

又，在吴门，得识周子佩三昆仲及敉宁，其追述先忠介公忠节之事，感悼移时，赋诗一章以当追悼。

《天延阁后集》卷二《乙卯诗略》中有《乙卯春予来吴门得识周子佩、子洁、子辉昆仲三先生，暨令嗣敉宁具述先忠介公忠节并已刺血叩阍事，因出其副稿，血迹如新，感悼移时，赋诗一章，以当追挽》（第387页）。

又，在吴门，访学博陈菁。

《天延阁后集》卷二《乙卯诗略》中有《吴门访陈幼木学博二首》（第387页）。

学博，唐制，府郡置经学博士各一人，掌以五经教授学生。后泛称学官为学博。清钱泳《履园丛话·科第·梦》："苏州蒋古愚学博，秉铎颍上，督课诸子甚严。"

又，冒雨泛舟，寻支硎天池诸山。

《天延阁后集》卷二《乙卯诗略》中有《冒雨泛舟，寻支硎天池诸山》（第387页）。

又，作诗赠别徐健庵先生。

《天延阁后集》卷二《乙卯诗略·别徐健庵先生》（第387—388页）："春江既迢迢，春树亦离离。凌晨发短棹，含思渺无涯。回首念明德，古道今未衰。永言恹良晤，怅此中道睽。沽酒娄水上，系艇娄水湄。骋目望玉峰，浮云缭绕之。相去忽千里，相思日以滋。鸾凤有高音，因风时一吹。"

又，作诗赠别汪琬先生。

《天延阁后集》卷二《乙卯诗略》中有《别汪苕文先生》（第388页）。

汪琬（1624—1691），字苕文，号钝庵，又号钝翁，晚年隐居太湖尧峰山，学者称尧峰先生。江南长洲（今江苏苏州）人。梅清友人。顺治十二年（1655年）进士，官户部主事，迁员外郎，再迁刑部郎中，康熙九年（1670年）冬归隐。十八年（1679年）召试博学鸿词科，授翰林院编修，纂修《明史》，翌年冬即告归，十年后卒。与侯方域、魏禧合称清初"散文三大家"。著有《尧峰文钞》五十卷、《钝翁类稿》一百一十八卷、《拟明史列传》二十四卷、《姑苏杨柳词》一卷等。

又，作诗赠别宋既庭先生。

《天延阁后集》卷二《乙卯诗略》中有《别宋既庭先生》（第388页）。

宋既庭，即宋实颖（1621—1705），字既庭，号湘尹，江南长洲（今江苏苏州）人。梅清友人。顺治八年（1651年）举人。官兴化教谕，淹贯经史，当时推为名家。著有《读书堂集》《玉磐山房集》等。

又，在吴门，晤余怀。

《天延阁后集》卷二《乙卯诗略》中有《吴门与余澹心感旧》（第388页）。

又，在吴门喜晤歙县人汪士鈜。

《天延阁后集》卷二《乙卯诗略·吴门喜晤汪栗亭》（第388页）："归客停孤棹，春江恋故知。相逢经乱后，发兴及花时。……憨憨泉石上，十日坐论诗。"

又，登姑苏北寺塔顶。

《天延阁后集》卷二《乙卯诗略·登姑苏北寺塔顶》（第388页）："春色满姑苏，风光接太湖。云来胥水暗，山到玉峰孤。何意凌霄汉，将身寄画图。南天烽未息，此地一愁无。"

又，作《千尺雪》诗。

《天延阁后集》卷二《乙卯诗略·千尺雪》（第388—389页）："卧雨千岩晓，虚亭瀑布成。初疑虹外见，忽讶雪边行。飒□连山音，奔湍溅眼明。支公呼鹤处，徙倚正含情。"

又，游梅隐庵，访筠公不值。

《天延阁后集》卷二《乙卯诗略·梅隐庵访筠公不值》（第389页）："方外寻诗侣，城南识隐居。四桥春水涨，一径野花疏。院锁钟声暝，帘垂塔影虚。吟边还小立，飞锡定何如。"

又，同申周伯、黄仙裳、王成博、汪士鈜、蔡瑶、梅庚集蔡九霞宅，小聚赋诗。

《天延阁后集》卷二《乙卯诗略·同申周伯、黄仙裳、王成博、汪栗亭、蔡晓原、家耦长集蔡九霞宅》（第389页）："老友半初识，同登敬仲堂。百年怀转极，竟夕醉何妨。箸落江鱼美，盘倾春豆香。更叫呼一瓮，乘月踏吴航。"

蔡九霞，湖南平江人。曾增订《广舆记》二十四卷。

又，舟返吴门，作诗昆山何铭三、阚瞿亭、徐孚若、叶九来诸公。

《天延阁后集》卷二《乙卯诗略·舟返吴门复寄昆山何铭三、阚若韩、徐孚若、叶九来诸公》（第389页）："十日娄江水，相思昨夜深。雨兼春欲暮，云近海常阴。千里驰归梦，孤帆系客心。去留无定计，头白此吴吟。"

又，于吴门，应汪士鈜之招，同顾云美、蔡瑶、梅庚等人集虎丘夜饮，兼晤息心大师。

《天延阁后集》卷二《乙卯诗略》中有《汪栗亭招同顾云美、吴晋明、汪靖之、研云、蔡晓原、家耦长虎丘夜饮千人坐兼晤息心大师分得袍字》（第389页）。

顾云美，即顾苓，字云美。吴县（今江苏苏州）人。梅清友人。明末清初篆刻家。活动于清康熙年间。其论印云："白文转折处，须有意，非方非圆，非不方，非不圆。天然生趣，巧者得之。"其篆刻对吴中地区影响很大。著有《塔影园稿》。

四月十日，应汪我长之招，同诸子湖舫送春。

《天延阁后集》卷二《乙卯诗略·汪我长招同诸子湖舫送春（四月十日）》（第389页）："姑苏游舫竞兹辰，洒酒争留半日春。燕语丁宁过锦缆，花飞历乱傍乌巾。绮筵共醉他乡客，华发空搔渐老身。一夜东风收拾尽，江边愁绝未归人。"

又，题诗于顾云美之塔影园。

《天延阁后集》卷二《乙卯诗略·顾云美塔影园》（第389页）："虎丘孤塔抱云根，倒影分明在水源。旧迹难寻仙尉宅，幽栖初始辟疆园。花边散帖常移榻，石畔临池独掩门。白发不堪论往事，故人多少是王孙。"

又，作诗赠孙风山太史。

《天延阁后集》卷二《乙卯诗略》中有《赠孙风山太史》（第389页）。

又，为丁飞涛先生题影。

《天延阁后集》卷二《乙卯诗略·为丁飞涛先生题影》（第389页）："先生一生

何磊落，朝履承明暮岩壑。幅巾拄杖行且吟，小影能将一片心。男儿面孔不空老，错节盘根非草草。采芝劚术苍山春，先生岂是烟霞人。"

五月，观高简作画，有诗赠之，并作《峭壁听松图》相赠。题款："为澹老年道翁写于南园客邸。乙卯五月，弟梅清。"高简题诗："峭壁听松过，危亭一径微。片帆天际矜，双眼送君归。谦叔老弟过余庭院识赏此图，而匆匆返棹云间。遂漫题赠子，聊以当朝夕晤对云尔。"

收录于《中国古代书画图目》第一册。现藏于北京首都博物馆。

《天延阁后集》卷二《乙卯诗略·赠高澹游》（第389—390页）："昔闻山樵老笔健，今日澹游写东绢。砚润时看薄雾飞，窗明忽引惊涛变。我行爱画同顾痴，倾倒相逢两不疑。携将宛水云归处，回忆吴江枫落时。"

高简（1634—1707），字澹游，号旅云，自号一云山人，吴县（今江苏苏州）人。梅清画友。工山水，精于小品，摹法元人，布局深稳，笔墨清痕，务为简淡，无纵横习气，兼善墨梅。传世作品有《江乡初夏图》《寒林诗思图》等。

又，送汪士鈜离维扬归天都。

《天延阁后集》卷二《乙卯诗略·送汪栗亭鈜维扬归天都》（第390页）："久客正无赖，春归君又归。歌声冲雨断，帆影背人飞。几夜停江郭，兼程入翠微。延津双剑在，分手各依依。"

又，作《闻笛》诗。

《天延阁后集》卷二《乙卯诗略》中有《闻笛》（第390页）。

又，应朱天叙之招，同白仲调、梅庚乐圃看牡丹（乐圃昔为朱长文圃名），喜而赋诗。

《天延阁后集》卷二《乙卯诗略》中有《朱天叙招同白仲调、家耦长乐圃看牡丹十二韵（乐圃昔为朱长文圃名）》（第390页）。

朱天叙，生平不详。曾同大国手施襄夏等一起下棋。

白仲调，生平不详。清初，余怀、杜浚、白仲调三人同居金陵，时人以市语谐三人姓氏之音，呼为"鱼肚白"。冒辟疆在秦淮河上设宴款待杨龙友、杜茶村、白仲调等文友，众人提议董小宛亲自下厨，她取鱼肚塞在肥嫩的白鸡膛里，加作料熬成一锅雪白的浓汤上桌，芳香盈席，询问菜名，则曰："鱼肚白鸡"。

又，作《纪事》诗。

《天延阁后集》卷二《乙卯诗略》中有《纪事》（第390页）。

又，作《虎丘》诗。

《天延阁后集》卷二《乙卯诗略·虎丘》（第390页）："虎丘一片石头奇，石畔留人是剑池。总为生公能说法，不妨游屐乱如丝。"

又，作诗和蔡瑶。

《天延阁后集》卷二《乙卯诗略·绝句和晓原》（第390页）："欸乃声中橹一双，舟人夜语过吴江。平明回见孤幢影，吟就中郎山句未降。"

又，作诗别鹿城诸子。

《天延阁后集》卷二《乙卯诗略》中有《别鹿城诸子》（第390页）。

鹿城，即温州，相传东晋太守元年（323年）建郡时有白鹿衔花绕城，故有此称。

又，作诗别吴门诸子。

《天延阁后集》卷二《乙卯诗略》中有《别吴门诸子》（第390—391页）。

又，作诗留别吴门高苍岩刺史。

《天延阁后集》卷二《乙卯诗略》中有《留别吴门高刺史二十四韵》（第391页）。此次吴门之行就是赴高刺史之约。

又，作诗咏惠山泉。

《天延阁后集》卷二《乙卯诗略·惠山泉》（第391页）："倚棹惠山下，亲尝第二泉。……"

又，作《登锡山》诗。

《天延阁后集》卷二《乙卯诗略·登锡山》（第391页）："九龙连忽断，突兀此山孤。……"

锡山，在江苏省无锡市西郊，是惠山东峰脉断处凸起的小峰。相传周秦时代盛产锡矿，所以叫锡山。

又，作诗咏秦园（秦太史之园）。

《天延阁后集》卷二《乙卯诗略·秦园（时秦太史从征滇南）》（第391页）："……主人从幕府，喜负此林泉。"

秦园，在无锡。

又，作诗咏邹园。

《天延阁后集》卷二《乙卯诗略·邹园（园为邹愚谷先生手构旧有十二楼）》（第391页）："当年愚谷旧，占绝惠山幽。……荒草残阳下，难寻十二楼。"

邹迪光（1550—1626），字彦吉，号愚谷。江苏无锡人。万历二年（1574年）进士，授工部主事，官至湖广提学副使。万历十七年（1589年）罢归，在惠山下筑愚公谷，多与文士觞咏其间，极园亭歌舞之胜。工诗文，善画山水，兼善音律。晚年信奉佛教，名斋"调象庵"。著有《劝戒图说》《太上诸仙法语补集》等。

又，偶过陈集生旧居芹野草堂，有诗。

《天延阁后集》卷二《乙卯诗略·陈集生旧居名芹野草堂偶过赋此》（第391页）："岚气四围逼，湖光一鉴铺。入帘牵暮燕，落日乱群凫。"

又，有诗赠明府吴伯诚。

《天延阁后集》卷二《乙卯诗略·赠吴伯诚明府》（第391页）："愧我追寻深造次，惠泉犹许客同尝。"

又，作诗寄呈王副宪。

《天延阁后集》卷二《乙卯诗略》中有《寄呈王公副宪二十韵》（第392页）。

夏，江注来宣城，逗留二月有余，与石涛、喝涛亦有往来。

《天延阁后集》卷二《乙卯诗略》中有《同江允凝、吴惊远、汪东大、吴晴岩、蔡晓原、家耦长饮吴圣飞南冈》（第393页）。

《江注诗集》卷四《宛陵草·愚山先生招游敬亭山》："我自来宣州，两月卧虚室。相念敬亭游，畏热寡畴匹。"

《江注诗集》卷四《宛陵草·同愚翁访喝涛石涛两师双塔寺》："白云何处来，吾知离粤峤。巾瓶手中携，历历看山好。前因笔墨禅，相见即倾倒。言念古昭亭，卓锡可终老。曲涧隐深篁，青岑细幽讨。残寺复为新，其功已浩浩。门前一双塔，将为两师表。"

江注，字允凝，僧渐江之侄，歙县人。梅清友人。从渐江学画，能诗。隐居黄山，与施愚山、宛陵诸梅、僧半山交游，画逼倪黄，人物尤工整有法，近似唐寅。著有《允凝诗草》。安徽省博物馆藏有其自描黄山小条和顺治十八年（1661年）所作着色山水人物轴。

又，招集江注、倪正、沈泌、吴肃公、梅庚等人相聚于宣城集爽轩，以家藏书画见示，并题江注画黄山。

《江注诗集》卷四《宛陵草·夏日梅瞿山先生招集爽轩，同倪观湖、沈方邺、钟书泉、吴晴岩、惊远、汪东大、令兄古愚、令侄索五、子彦、耦长时出家藏书画见示》："常羡都官后哲人，今来宛上一相亲，酒如河朔当年饮，画即王维凤世身。邺架静观从客借，顾厨清秘共予珍。与君昆季深淡笑，两晋风流迹未陈。"

又，诗贺翠云庵山门落成。

《天延阁后集》卷二《乙卯诗略》中有《翠云庵山门落成》（第384页）。

又，为江注画黄山始信峰册子和莲花峰分别题诗。

《天延阁后集》卷二《乙卯诗略·题江允凝画黄山始信峰册子》（第384页）："兹峰实窅幻，鸟道阻且修。蕴真寂无闻，忽复逢汤体。伐山扫蚕藂，披雾穷冥搜。始信名不虚，一言遂千秋。踵迹目以广，胜览目以稠。妙墨出象外，尺幅开林丘。披对涤尘襟，不但称神游。江子信萧爽，宛与汤公侔。乃知旷达士，隔代如相求。戈声震巨壑，把臂怀深忧。何时蜡余屐，共躡孤峰头。"《又题莲花峰》（第384—385页）："纸上青莲泛海楂，江郎毫素烂于霞。怪来香气浮空出，三十六峰齐放花。"

夏末，作诗寄旅庵大师。

《天延阁后集》卷二《乙卯诗略》中有《因石涛师诣九峰复寄旅庵大师》《因祖庵师诣九峰寄旅庵大师》（第393页）。

十月二十一日，梅庚四子璩成出生。（《文峰梅氏宗谱》卷七）

秋，有篱菊数种，移送宁国郡司马唐寓庵。

《天延阁后集》卷二《乙卯诗略·篱菊数种移送君司马唐公寓庵偶赋》（第392页）："过眼群葩绝不侔，最宜官阁伴清秋。……谢公应有花前句，肯寄东篱一唱酬。"

据《宁国府志》卷四《职官表·职官下》记载，康熙九年（1670年）至十六年（1677年），宁国府同知为唐庚尧，且没有第二人，故判定唐寓庵即唐庚尧。

又，有诗寄赠武林（杭州）刘山臞大参。

《天延阁后集》卷二《乙卯诗略》中有《寄赠刘山臞大参武林》（第392页）。

大参，参政的别称。清周在延《〈书影〉序》："辛丑，先君子事白复职，出为江南督粮大参。"

又，作诗赠明府胥麓庵。

《天延阁后集》卷二《乙卯诗略》中有《赠明府胥公麓庵》（第392页）。

又，作诗寄旌阳明府阎锦涛先生。

《天延阁后集》卷二《乙卯诗略》中有《寄旌阳明府阎锦涛先生》（第392页）。

阎锦涛，即阎涧，字锦涛，山西太原人，进士，廉静，勤于校课，著有《旌

阳文起》。康熙十二年（1673年）至十六年（1677年）任旌德知县。（《宁国府志》卷四《职官表·职官下》）

又，作诗寄梅铞之任大宁。

《天延阁后集》卷二《乙卯诗略·寄家桐崖之任大宁》（第392页）："闻君九月引双旌，千里风长北屈城。此日地偏为吏好，遥知政简得声清。山悬壶口题诗上，水接河汾问俗行。莫为边尘易怀感，壮游今始见生平。"

大宁，县名，属山西临汾。

又，与江注等人在宣城吴肃公之南冈宴集，饮酒赋诗。

《天延阁后集》卷二《乙卯诗略·同江允凝、吴惊远、汪东大、吴晴岩、蔡晓原、家耦长饮吴圣飞南冈》（第393页）："城磐如野墅，客到自销愁。每忆双池涨，先怜一径幽。因风桐子落，返照柳丝稠。玉笛吹才罢，秋声动戍楼。"

立冬又二日，作诗和君司马唐寓庵。

《天延阁后集》卷二《乙卯诗略·唐公两用元韵因复和之》（第392页）："（时已立冬二日）敢任霜枝篱下老，暂留才子座边幽。"

是岁，赠王士祯鹿角胶墨，王氏以诗相谢。

王士祯《带经堂集》卷三十《渔洋续诗八（乙卯稿）》中有《江正鹿角胶墨梅渊公所寄》。

又，作题画诗。

《天延阁后集》卷二《乙卯诗略·题画》（第393页）："岩石全含雨色，柴门半落松阴。行来已惬幽兴，吟去犹闻好音。""溪声欲静重起，岩光已近还迷。解道会心非远，仙源只在桥西。""招携便好长往，借问何人出尘。东郭先生尊满，西庄给事吟新。"

又，汪琬为《乙卯诗略》作跋。

《天延阁后集》卷二《乙卯诗略·汪琬跋》（第384页）："渊公先生与余同籍，逾二十年。""康熙乙卯夏五长洲年弟汪琬茗文父，跋于城西之茗华书屋。"

清康熙十年（辛亥，1671年）至十四年（乙卯，1675年） 四十九至五十三岁

在南陵重晤屈升赢明府。

《天延阁删后诗》卷十三《梅花溪上集》中有《南陵重晤屈明府》（第339页）。

屈升赢，字君赐，通江人，举人，康熙七年（1668年）至二十年（1681年）任南陵知县。（《宁国府志》卷四《职官表·职官下》）

又，至西竺山访月峰和尚，不值。

《天延阁删后诗》卷十三《梅花溪上集》中有《西竺山访月峰，不值》（第338页）。

又，旅中微雪，寄诗于张允文。

《天延阁删后诗》卷十三《梅花溪上集》中有《旅中微雪寄张允文》（第338页）。

又，同梅澹如、梅梦徵、叶千等小饮于伯仲山斋。

《天延阁删后诗》卷十三《梅花溪上集》中有《同澹如、梦徵、叶千饮清老石即伯仲山斋》（第339页）。

又，高泥亭子上，参与仲宣昆季招饮，同叶千、程九等赋诗。

《天延阁删后诗》卷十三《梅花溪上集》中有《高泥亭子上仲宣昆季招饮同叶千程九赋》（第339页）。

又，作诗怀梅澹如等。

《天延阁删后诗》卷十三《梅花溪上集》中有《怀澹如、佛村、梦徵蒲里》（第339页）。

又，寄诗于新安郡公曹贞吉（鼎望）太史。

《天延阁删后诗》卷十三《梅花溪上集》中有《寄新安郡公曹太史》（第341页）。

又，寄诗赠泾川明府何二陕。

《天延阁删后诗》卷十三《梅花溪上集》中有《寄赠泾川何二陕明府》（第341页）。

何开渠，或谓何二陕。襄阳人，举人，康熙十年（1671年）至十三年（1674年）任泾县县令。（《宁国府志》卷四《职官表·职官下》）

又，张陆舟移居金陵，作诗送之。

《天延阁删后诗》卷十三《梅花溪上集·送张陆舟先生偕令子雏隐移家金陵》（第341页）："黄菊垂垂照酒杯，秋风江上两悠哉。鸿边弹铗轻离别，霜下褰裳重溯回。兰舫一浮春谷水，客星双见雨花台。六朝旧地传新句，张翰元推父子才。"

又，题画寄程正揆。

《天延阁删后诗》卷十三《梅花溪上集·题画寄程端伯先生》（第343页）："晓窗拂纸净于霜，万壑孤吟寄草堂。便拟提壶谋一醉，鸣琴声里白云香。"

程正揆（1604—1676），字端伯，号鞠陵，又号青溪道人、青溪老人、青溪旧史，湖北孝感人。梅清画友。崇祯四年（1631年）进士，榜名正葵，清初改名正揆，官工部侍郎，顺治十四年（1657年）挂冠。书法李邕，而丰韵萧然，不为所缚。山水初得董其昌指授，后则自出机轴，多用秃笔，枯劲简老，设色秾湛。尝言北宋人千丘万壑，无一笔不减；元人枯枝瘦石，无一笔不繁。尝作《溪山卧游图》五百卷。著有《青溪遗稿》。（俞剑华编《中国美术家人名辞典》，上海人民美术出版社1981年版，第1093—1094页）

又，往天都，寄送诗画给程中山。

《天延阁删后诗》卷十三《梅花溪上集·天都行题画寄程中山》（第337页）："……程子家住天都下，芙蓉影向杯中泻。岩际五芝颜色射，咫尺采之时命驾，浮丘之后君其亚。"

天都，黄山峰名，同时也是歙县和休宁县的别称。

又，过黄山翠微峰并题诗。

《天延阁删后诗》卷十三《梅花溪上集·翠微峰》（第338页）："寒烟凄晓色，寂寞几人游。一径入遥翠，安禅当古丘。松潮传锡近，石户对琴幽。仙者今何适，空怜万壑秋。"

又，浙江慈溪人姚永昌（字茂挚）来宣城，作别时题《响山图》赠之。

《天延阁删后诗》卷十三《梅花溪上集·题响山图赠别姚茂挚》（第344页）："城南赤壁古潭幽，有约扁舟兴未酬。尺幅君携常在眼，钓龙台下水悠悠。"

又，题画寄赠济南王士禛。

《天延阁删后诗》卷十三《梅花溪上集·题画寄王阮亭先生》（第343页）："千枝万枝亚松影，一折两折埋云岚。屐齿无根系何处，看山草阁在山南。"

又，题画寄赠桐城陈焯。

《天延阁删后诗》卷十三《梅花溪上集·题画寄陈涤岑先生》（第343页）："望到峰头眼忽青，行歌偶尔托沉冥。云边数尽飞鸿影，一点分明是客星。"

又，题画寄赠邑人倪正。

《天延阁删后诗》卷十三《梅花溪上集·题画寄倪观湖》（第343—344页）："吹动凉风墨潘香，窗前拂眼见秋光。一枝一石从人怪，独许倪迂见我狂。"

正月十五，作诗。

《天延阁删后诗》卷十四《雪庐草·上元夜偶得城字》（第349页）："叠鼓动春城，谁家火树明。……"

二月，作《二月》诗。

《天延阁删后诗》卷十四《雪庐草·二月》（第351页）："听罢莺啼二月中，溪云引我过墙东。……惨淡寻思万虑空。"

又，作《偶成》诗。

《天延阁删后诗》卷十四《雪庐草·偶成》（第350页）："二月已过半，三春复几旬。……"

春，作《偶步》诗。

《天延阁删后诗》卷十四《雪庐草·偶步》（第349页）："经旬门独掩，偶步剧堪怜。人悴无春日，心孤见远天。醉辞燕市酒，耕忆墨溪田。出处纷何定，悠悠歧路边。"

夏，作《喜雨》诗。

《天延阁删后诗》卷十四《雪庐草·喜雨（时予病暑）》（第351页）："一雨便宜秋，扶儿数上楼。……"

是岁，莱阳旧给谏姜垓先生死后归葬宣城敬亭，为之作挽诗。

《天延阁删后诗》卷十四《雪庐草》中有《挽莱阳旧给谏姜如农先生（公在前朝以抗疏戍予宛适值国变止吴门属二子曰死必葬我于敬亭既殁果扶柩来宛为之卜兆云）》（第347页）。

姜垓（1607—1673），字如农，一字卿墅，今山东莱阳人。梅清友人。崇祯四年（1631年）进士，授仪真知县，累迁礼科给事中。所至有声绩，旋以直言下狱，遣戍宣州卫。明亡，流寓苏州，削发为僧，自号敬亭山人，又号宣州老兵。及卒，遗命葬宣城，以示不忘前朝之命。同人私谥号曰"贞毅先生"。少以气节著，自流窜后始学为诗，风格一本少陵，故所作多激壮之句。著有《敬亭集》十卷传于世。

又，华阳太史蒋虎臣先生卒，为之作挽诗。

《天延阁删后诗》卷十四《雪庐草《挽华阳太史蒋虎臣先生（公昔为余言前身峨嵋老僧也，癸丑春果乞休入蜀止伏虎寺，一日结趺佛前诵偈而逝）》（第347页）。

又，送吴惊远还新安，作诗送之，兼怀程守、汪士鈜。

《天延阁删后诗》卷十四《雪庐草》中有《送吴惊远还新安兼致程非二、汪扶晨诸子》（第350页）。

程守，字非二，号蚀庵，安徽歙县人，弱冠入籍钱塘。梅清好友。为明诸生，岁甲申（1644年）后谢去，一意为诗，刻划多创语，不肯寄人篱下。性复淡泊，操守极严，年七十一卒。著有《省静堂集》《汰锦词》等。（康熙《歙县志》卷九《人物》）

又，作诗寄梅不次。

《天延阁删后诗》卷十四《雪庐草》中有《寄不次都门》（第349页）。

又，作诗怀叶千。

《天延阁删后诗》卷十四《雪庐草》中有《怀叶千》（第349页）。

又，作诗怀幼龙。

《天延阁删后诗》卷十四《雪庐草》中有《怀幼龙》（第349页）。

又，作诗怀梅文鼎。

《天延阁删后诗》卷十四《雪庐草》中有《怀定九》（第349页）。

又，作诗怀卓公兼致建三。

《天延阁删后诗》卷十四《雪庐草》中有《怀卓公兼致建三》（第349页）。

又，作诗怀梅中子。

《天延阁删后诗》卷十四《雪庐草》中有《怀中子》（第349页）。

又，作诗怀梅以俊。

《天延阁删后诗》卷十四《雪庐草》中有《怀子彦》（第349页）。

又，作诗怀梅仲宣。

《天延阁删后诗》卷十四《雪庐草》中有《怀仲宣》（第349页）。

又，南京顾梦游卒，为之作挽诗，两人相交二十余载。

《天延阁删后诗》卷十四《雪庐草·挽白门顾与治（予从公缔交盖二十年，笔墨之间，所得多出诸意外，过江风流，于斯差见一班，而溘焉不再，慨慕其何能已也）》（第347页）："高隐逝以微，白日澹寥廓。中夜念伊人，幽魄沦江郭。百年见孤往，心远道亦约。诗笔而妙绝，自视乃殊薄。诗因乞书就，书罢不复作。佳句满人间，存筐任寥落。故人方与施，遗编恣搜索。国门一以悬，艺苑重照灼。惟余伯道伤，枯杨黯丘壑。"

又，南州陈伯玑卒，为之作挽诗。

121

《天延阁删后诗》卷十四《雪庐草》中有《挽南州陈伯玑（南州深于诗，而持论甚平，非徒矫激名高也，往数从言论间折衷，尤兹感佩）》（第347页）。

又，与家人回乡扫墓，作柏枧山口行长诗。

《天延阁删后诗》卷十四《雪庐草》中有《柏枧山口行（同无党履贤、澹如、梦徵不次叶千定九存诚，仲宣、子彦、桐崖扫墓赋）》（第347页）。

又，送张惣游黄山并为之题画。

《天延阁删后诗》卷十四《雪庐草·送张僧持游黄山》（第351页）："黄山渺何处，客思在秋边。杖拨白云路，诗成红叶天。眼中应见海，峰际忽乘铅。倘遇浮丘子，壶丹借尔传。"《题画赠张南村游黄海》（第353页）："飞岩绝巘碧螺盘，醉墨何如海色寒。想到琴声落天半，白云秋思两漫漫。"

张惣（1619—1694），字僧持，号南村，江宁（今江苏南京）人。梅清、石涛友人。著有《南村集》《蘼芜庵集》等。

又，寄诗于陈焯，时蔡瑶将赴皖江，又吟诗相送。

《天延阁删后诗》卷十四《雪庐草》中有《寄龙眠陈默公先生时蔡晓原有皖江之行》（第350—351页）。《送蔡晓原之皖江》（第350页）："雨歇浮新涨，孤舟四月寒。怪来生远思，怅此别江干。舷叩千山过，壶倾一水宽。浮山牵旧梦，借尔画中看。"

又，题画送吕讷庵游天都。

《天延阁删后诗》卷十四《雪庐草·题画送吕讷庵游天都》（第352页）："灯前洒墨满空濛，百尺寒涛入座中。携向天都当绝顶，千峰流响一时同。"

又，题画寄林埙、成元戎。

《天延阁删后诗》卷十四《雪庐草·题画寄林埙、成元戎》（第352页）："子固挥毫出翠屏，虬枝忽到眼中青。谁将清籁疑天乐，灵柱峰头倚杖听。"

又，题画寄徐元梦。

《天延阁删后诗》卷十四《雪庐草》中有《题画寄徐善长翰林》（第352—353页）："𪖥麖洒就黛螺青，天半涛声耳乍醒。此际遥心何所托，秦云千尺岱宗亭。"

徐元梦（1659—1741），字善长，号蝶园，满洲正白旗人。梅清友人。康熙十二年（1673年）进士，授户部主事，迁侍讲，教授诸皇子。一度出任浙江巡抚，后调户部尚书。曾充《明史》监修总裁、《世宗实录》副总裁，又与鄂尔泰等主持纂辑《八旗满洲氏族通谱》。

又，写感旧诗给张子蔚，两人同辑府志，子蔚曾以送春诗见示。

《天延阁删后诗》卷十四《雪庐草》中有《与张子蔚感旧（时在东署同辑府志子蔚又以送春诗见示）》（第350页）。

又，雪中过张子蔚山居，恰其尊甫家书至并涉及自己。

《天延阁删后诗》卷十四《雪庐草》中有《雪中过子蔚山居，时子蔚尊甫家书适至并有一函及余》（第352页）。

又，梅履贤、梅澹如、梅梦徵同过天延阁，偶感而赋。

《天延阁删后诗》卷十四《雪庐草》中有《履贤、澹如、梦徵同过天延阁偶赋》（第349—350页）。

又，程季徵、许子柔同归新安，因未及相送，作诗寄之。

《天延阁删后诗》卷十四《雪庐草》中有《程季徵、许子柔同归新安，予未及送，作此寄之》（第349页）。

又，赠诗梅庚。

《天延阁删后诗》卷十四《雪庐草》中有《赠耦长》（第350页）。

又，寄诗赠黄池五弟梅素。

《天延阁删后诗》卷十四《雪庐草》中有《寄五弟素黄池》（第350页）。

又，再宿梅梦徵蒲干草堂并写诗怀梅以俊。

《天延阁删后诗》卷十四《雪庐草》中有《再宿家梦徵蒲干草堂并怀子彦》（第350页）。

又，过谷岩精舍。

《天延阁删后诗》卷十四《雪庐草》中有《过谷岩精舍兼感起元六兄》（第350页）。

又，宿梅澹如家伏村。

《天延阁删后诗》卷十四《雪庐草》中有《再宿澹如伏村》（第350页）。

又，梅不次归里，喜而赋诗。

《天延阁删后诗》卷十四《雪庐草·喜不次二侄归里》（第352页）："肥水浮家二十秋，大江南北划离愁。骅骝鸣骤惊皇路，鸑鷟飞返认故丘。谷口万峰青未散，浦西一涧碧仍流。田园风景重回首，剪烛看君话壮游。"

又，游云山金牛洞并有诗。

《天延阁删后诗》卷十四《雪庐草》中有《云山金牛洞》（第352页）。

又，致书蔡沧州。

《天延阁删后诗》卷十四《雪庐草》中有《简蔡沧州》（第351页）。

又，夜月怀徐程叔、刘景威。

《天延阁删后诗》卷十四《雪庐草》中有《夜月怀程叔兼致景威》（第351页）。

又，作诗答乔亭刘去尤父子。

《天延阁删后诗》卷十四《雪庐草》中有《答乔亭刘去尤兼致令嗣》（第351页）。

又，蔡瑶约大歇和尚返姑山（位于宣城），有诗怀之。

《天延阁删后诗》卷十四《雪庐草》中有《寄怀大歇和尚时蔡子玉及约返姑山》（第350页）。

又，题画答赠周在浚。

《天延阁删后诗》卷十四《雪庐草·题画答周雪客》（第353页）："小借云根洒墨香，毫颠剩有淡烟光。倪迂不作何人解，长啸一声呼雪堂（东坡别号雪堂）。"

周在浚（1640—1696），字雪客，亮工长子。清大梁（今河南开封）人。梅清友人。藏书家。撰有《云烟过眼录》《秋水轩集》《天发神谶碑释文》等。

又，作诗送钟予夔之大柳。

《天延阁删后诗》卷十四《雪庐草》中有《送钟予夔之大柳》（第352页）。

又，作诗寄王云从。

《天延阁删后诗》卷十四《雪庐草》中有《寄王云从皖江》（第352页）。

王云从，明代诗人，钱澄之有《泾县感旧赠王云从孝廉》诗。

又，友人梦鹿山中，以诗见示，作诗答之。

《天延阁删后诗》卷十四《雪庐草·答梦鹿山中用原韵》（第352页）："离居招隐未能同，柏枧溪南宛水东。云过心牵千嶂外，花开泪尽一春中。随时寄踪真须拙，晚节论诗莫较工。多少长安旧同学，谁于今日荐杨雄。"

又，读王昆柱先生正气录，有感。

《天延阁删后诗》卷十四《雪庐草》中有《王昆柱先生正气录感赋（有引）》（第351页）。

又，长至（冬至）后十日，过蒲溪见菊花，感而赋诗。

《天延阁删后诗》卷十四《雪庐草》中有《长至后十日过蒲溪见菊花感赋》（第351页）。

又，作诗赞莫厚旋先生。

《天延阁删后诗》卷十四《雪庐草》中有《客有从丰城来者云，莫明府厚旋先生，近有救超会，一以育婴儿，一以泽枯骨。予闻而悚然起敬，因各附一诗》（第346页）。

三月三十日，有感赋诗。

《瞿山诗略》卷十五《菊间集（甲寅乙卯）》中有《三月三十日》（第629—630页）。

又，闻杜鹃偶感。

《瞿山诗略》卷十五《菊间集（甲寅乙卯）》中有《闻杜鹃偶感》（第629页）。

又，邀诸公饮牡丹花下，并即席限韵赋诗。

《天延阁删后诗》卷十五《菊间集》中有《邀诸公饮牡丹花即席限韵》（第359页）。

又，作《春郊》诗。

《天延阁删后诗》卷十五《菊间集》中有《春郊（仄律）》（第358页）。

又，作《坐雨》诗。

《天延阁删后诗》卷十五《菊间集·坐雨》（第358页）："四月黄梅雨，呼尊坐草亭。……"

又，沈龙门自楚黄来，携以女婿家书。

《天延阁删后诗》卷十五《菊间集》中有《沈龙门来自楚黄，携陈婿家书见寄，时令弟沈子章病客芜江》（第356页）。

是岁，诗送汪越千归池上，再送汪越千之黄山。

《天延阁删后诗》卷十五《菊间集》中有《送汪越千归池上》《复送汪越千之黄山》（第357—358页）。

又，初霁，作诗送洪天度归梅林。

《天延阁删后诗》卷十五《菊间集》中有《初霁送洪天度归梅林》（第358页）。

又，送郭莘友归其隐居地梅溪。

《天延阁删后诗》卷十五《菊间集·送郭莘友归梅溪（郭善画）》（第358页）："梅溪君旧隐，归去漫言贫。众态看人过，孤怀倚剑频。醉余征骑雪，吟起故园春。洒墨追能事，河阳迹未湮。"

又，作诗赠颜一庵。

《天延阁删后诗》卷十五《菊间集》中有《赠颜一庵》（第358页）。

又，作《题画》诗。

《天延阁删后诗》卷十五《菊间集·题画》（第358页）："云岚如片墨，幽兴忽相贻。树见翠微谷，人疑太液陂。泉飞翻箔练，风入应弦丝。此际曾磅礴，唯传黄大痴。"《题画》（第359页）："松瘦说遥父，石奇闻子瞻。醉来都不记，浓淡信毫尖。"

又，作对酒诗。

《天延阁删后诗》卷十五《菊间集》中有《对酒戏用五仄体》（第358页）。

又，喜甬东陈子逊见访。

《天延阁删后诗》卷十五《菊间集》中有《喜甬东陈子逊见访感旧》（第358页）。

甬东，现为浙江省舟山市，海中洲，即春秋越甬东地。

又，作诗答陈子逊。

《天延阁删后诗》卷十五《菊间集》中有《又答子逊》（第358页）。

又，作诗呈学宪虞天玉。

《天延阁删后诗》卷十五《菊间集》中有《呈学宪虞公天玉》（第359页）。

学宪，清代地方官员对学政的尊称。

虞天玉，即虞二球，字天玉，浙江定海人，顺治十五年（1658年）进士，康熙八年（1669年）以兵部主事任山东乡试副考官，十二年（1673年）升江南按察使司金事、提调学政。

又，作诗寄慰新安曹冠五（贞吉）太史。

《天延阁删后诗》卷十五《菊间集·寄慰曹太史新安》（第359页）："年年梦里翠微长，黄海昭亭只一乡。……"

又，作诗贺常公别驾入觐回郡。

《天延阁删后诗》卷十五《菊间集》中有《喜常公别驾入觐回郡》（第359页）。

又，作《蕉》诗。

《天延阁删后诗》卷十五《菊间集》中有《蕉》（第359页）。

又，作《溪上》诗。

《天延阁删后诗》卷十五《菊间集》中有《溪上》（第359页）。

又，赠诗于潘伟南。

《天延阁删后诗》卷十五《菊间集·酒人歌送潘伟南》（第355页）："淮阴公子号酒人，世人不解尝自称。孤吟醉向新丰市，南来无伴寻瞿硎。江风怒号江柳折，冬烘转眼天欲雪。呼起黄公冻酒炉，握手一歌肠一绝。此去溪山路更深，黄瓜岭上断人行。唯有白云生马首，孤云孤客遥相亲。酒人酒人莫漫醒，醒时容易伤飘零。输君得钱但沽酒，醉眼看山处处青。"

又，赠诗于施誉。

《天延阁删后诗》卷十五《菊间集·赠双溪施次仲前辈》（第356页）："白发放溪滨，双桥一老人。骨存真肮脏，气养独嶙峋。画阁高频倚，云岩险愈亲。吟诗旷无敌，太白是前身。"

施誉（1602—1679），字次仲，宣城人。宏献子，明末诸生。梅清友人。工五七言诗，著有《芳远亭稿》《北游草》等。施誉为施闰章叔父，学识渊博，世称砥园先生，施闰章自幼即在叔父教养之下发愤读书。

又，为詹政宣蓉桂图题诗。

《天延阁删后诗》卷十五《菊间集·为詹政宣题蓉桂图幛子歌》（第355页）："秋风微动帘枕晓，吹落秋香散缭绕。花枝交亚垂清波，两两文禽泛何好。指点却是蓉桂图，画者经营兴独殊。玉壶凿落蒲相向，主人年小倩且儒。簪缨自是君家物，代有声名起经术。不但香荼梦笔飞，还看步引天香出。佳期咫尺数芳辰，银汉河边此问津。悬知觌面开双笑，画里鸳鸯镜里人。"

又，题《东渚草堂图》，寄八兄梅枝凤。

《天延阁删后诗》卷十五《菊间集·题〈东渚草堂图〉寄八兄子翔》（第355页）："主人种竹沧波上，千竿万竿送萧爽。竹下种花花满关，年年岁岁花枝闲。我爱水东山似画，常思买屋来山下。君爱瞿痴画里山，翻从片墨索追攀。题诗寄我图东渚，醉墨经营起烟雨。何日高歌向草堂，采芝酿酒长为侣。"

又，题蔡瑶画。

《天延阁删后诗》卷十五《菊间集·题晓原画》（第359页）："影拂苍岩远，涛翻碧涧深。行吟牵一杖，洪谷是知音。"

又，题梅道人画。

《天延阁删后诗》卷十五《菊间集·题梅道人画》（第360页）："仲圭木石总成书，何异攒梅老干余。若向水楼深处望，淡烟浓雨接匡庐。"

又，题画送陈逊庵。

《天延阁删后诗》卷十五《菊间集·题画送陈逊庵》（第360页）："越水吴山共远心，美人何处抱瑶琴。天延阁上临风望，百尺楼头片月深。"

又，作诗咏太白墓。

《天延阁删后诗》卷十五《菊间集·太白墓》（第356页）："江左青山曲，千年太白坟。……才人争百辈，今古许谁群。"

又，作诗赠刘汉长。

《天延阁删后诗》卷十五《菊间集·赠刘汉长》（第356页）："先生久牢落，不受长官怜……老去时飞动，将文卖酒钱。"

又，作诗留别张洵美。

《天延阁删后诗》卷十五《菊间集·留别张洵美》（第356页）："论交自何日，二十一年前。……千层凫岭曲，一点梓峰圆。……"

又，作《谢公宅》诗。

《天延阁删后诗》卷十五《菊间集·谢公宅》（第356页）："谢公江上宅，万壑一峰尊。……地近青莲墓，称诗许弟昆。"

又，作《坐菊花下诗二首》。

《天延阁删后诗》卷十五《菊间集》中有《坐菊花下诗二首》（第354页）。

又，作《冥鸿行》诗。

《天延阁删后诗》卷十五《菊间集》中有《冥鸿行》（第354页）。

又，作《寿山石歌》诗。

《天延阁删后诗》卷十五《菊间集》中有《寿山石歌》（第354页）。

又，作诗送濮无著游天都。

《天延阁删后诗》卷十五《菊间集》中有《送濮无著游天都》（第355页）。

又，在宣城宛津桥望雪。

《天延阁删后诗》卷十五《菊间集》中有《宛津桥望雪》（第355—356页）。

又，春雪，作诗和施大参。

《天延阁删后诗》卷十五《菊间集》中有《春雪和施大参》（第356页）。

又，作《香心庙》诗。

《天延阁删后诗》卷十五《菊间集》中有《香心庙》（第356页）。

又，在旌德县旌阳镇作《雪霁》诗。

《天延阁删后诗》卷十五《菊间集》中有《雪霁（旌阳作）》（第356页）。

又，作诗赠傅服水。

《天延阁删后诗》卷十五《菊间集》中有《赠傅公服水》（第356—357页）。

除夕前三日，作诗送梅以俊归蒲溪。

《天延阁删后诗》卷十五《菊间集·除夕前三日送子彦归蒲溪》（第355页）："春远雪如烟，人归兴独偏。千山迷杖底，孤雁过吟边。怅别无多日，牵愁是两年。称觞双白发，忆尔画堂前。"

清康熙十五年（丙辰，1676年） 五十四岁

元旦，于京城遇大雪。时已北上应试。

《天延阁后集》卷三《丙辰诗略》中有《长安元旦大雪》《雪邸》《长安别徐文青》（第395页）。

二月，于京城某寺僧舍，同程鹄、邵弥、高遇等人合作《山水图》册页十二开。题款："瞿山清。"（之一）"丙辰二月，瞿山梅清写于长安僧舍。"（之二）（之后略）

收录于《中国古代书画图目》第十一册。现藏于浙江省博物馆。

程鹄，字昭黄。清康熙六年（1667年）召入南薰殿作画。摹宋人诸家，靡不肖似。山水绝伦，人物花鸟皆精妙。（《安徽人物大辞典》，第28页）

邵弥，清顺治年间江南长洲（今江苏苏州）人。字僧弥，号瓜畴。能书善画，书得钟繇法，圆秀多姿，为时所宝。清吴伟业《梅村集》曰："僧弥清赢欣秀，好学多才艺，于诗宗陶、韦，于画仿宋、元，于草书出入大小米，而楷法逼虞、褚，称绝工。"清张庚《画征录》亦谓其得钟太傅法，圆劲多姿。清徐珂《清稗类钞》曰："僧弥书法精妙，得之冯定远父子。"（李国钧主编《中华书法篆刻大辞典》，湖南教育出版社1990年版，第341页）

高遇，字雨吉，浙江杭州人。居金陵（今南京）。画承家学，山水师其叔岑（"金陵八家"之一），尝为周亮工作《落霞晚眺图》一册，甚为亮工赞赏，谓其光景超然天半。王翚观而叹之曰："此道后来之彦，能空群辈者，当推雨吉。"（胡文虎等《中国古代画家辞典》，浙江人民出版社2002年版，第642页）

又，在京城初识合肥许孙荃先生，并赠其《天延阁集》和《宛陵图景》。

《天延阁后集》卷三《丙辰诗略·赠许生洲先生》（第395页）。

《天延阁赠言集》卷之四中有许孙荃《蒙赠〈天延阁集〉及〈宛陵图景〉赋此

致谢（并引）》（第 526 页）。

王士祯《带经堂集》卷三十一《渔洋续诗九（丙辰稿）》中有《为许生洲比部题梅渊公画》。

许孙荃，字友荪，又字生洲，号四山。许裔蘅长子，梅清友人。康熙九年（1670 年）进士，历刑部主事、户部员外郎。以老乞归。著有《华岳堂集》等。（《安徽人物大辞典》，第 800 页）

又，作诗赠李赞元先生。

《天延阁后集》卷三《丙辰诗略·赠李望石先生》（第 396 页）："东齐冠盖满神京，望里龙门接凤城。司马典戎亲禁旅，封章入奏请长缨。招携樽泛秋多暇，扈从吟成兴自清。遥指恩辉动文剑，中朝次第署勋名。"

李赞元（1623—1678），初名立，字望石，号公弼。梅清友人。山东海阳人。顺治十二年（1655 年）进士，改庶吉士。历任山东道御史、巡城御史、户科给事中、兵部督捕理事官、右通政、大理寺正卿、左副都御史、兵部右侍郎等职。康熙十七年（1678 年）卒于官。著有《信心斋疏稿》《两淮奏议》等。

又，作诗赠余佺庐先生。

《天延阁后集》卷三《丙辰诗略》中有《赠余佺庐先生》（第 396 页）。

余佺庐，即余国柱，字两石，号佺庐，湖北大冶人，清朝大臣。顺治九年（1652 年）进士。三藩之乱时上书论筹饷之策。康熙二十六年（1687 年），授文华殿大学士兼户部尚书、光禄大夫，入阁为相，累迁武英殿大学士、吏部尚书。受到御史郭琇弹劾，罢官思过。

春，落榜南归，作《南归》诗。

《天延阁后集》卷三《丙辰诗略·南归》（第 396 页）："莽莽空南北，劳劳愧此生。浮名终系足，归路转由人。醉遍垆头酒，沾残马尾尘。春明杨柳乱，折处已迷津。"

又，途经真定。

《天延阁后集》卷三《丙辰诗略》中有《真定道中》（第 396 页）。

真定，即河北正定。

又，途中遇大雨。

《天延阁后集》卷三《丙辰诗略》中有《途雨》（第 396 页）。

又，过南徐。

《天延阁后集》卷三《丙辰诗略》中有《南徐》（第396页）。

南徐，古代州名，已废。故址在镇江。

暮春三月，与何亮功相逢于道中。

《天延阁赠言集》卷之四中有何亮功《丙辰暮春南归与渊公、年翁及吴子耳公赋得中道逢嘉友一首》（第526页）。

何亮功，字次德，号辨斋，何省斋之兄，安徽桐城人。梅清友人。顺治十四年（1657年）举人，授福建古田知县。为政宽简得宜，暇即进书院谈经讲学，一变僻俗陋风。康熙二十六年（1687年）任乡试同考官。卒于任。著有《长安道集》。（李婵娟《清初古文三家年谱》，世界图书出版广东有限公司2012年版，第118页）

五月初五（端阳日），题诗石涛放鹤图。

《天延阁后集》卷三《丙辰诗略·题石公放鹤图歌》（第398页）："南郊猛虎不敢射，云中白鹿不得骑。偃仰一室阻霄汉……熟视旋惊放鹤图，恍如置我秋空立，倚杖为君三太息。寄语高飞需努力，招来莫更樊笼集。诸君掉首疾声呼，几人天外寻林逋。"

石涛亦有题画诗："梅渊公题予《放鹤图》歌，知正同堂阙一不可。端阳日，清湘道人偶书。"（北京故宫博物院藏石涛《山水图册》十五开之十五；《石涛书画全集》上卷，天津人民美术出版社1995年版，第15页）

秋，作诗送张桐君归山阴兼寄其父张陆舟先生。

《天延阁后集》卷三《丙辰诗略·送张桐君归山阴兼寄其尊甫陆舟先生二首》（第396页）："天都趋宛水，千里向山阴。遥接高堂梦，难禁老友心。秋鸿霜翮迅，园菊晚香深。到日称觞好，欢从白发吟。"（其一）

又，作《对酒》诗。

《天延阁后集》卷三《丙辰诗略·对酒》（第396页）："酒色新于柳……但醉复如何？"

又，作《秋色》诗。

《天延阁后集》卷三《丙辰诗略·秋色》（第396—397页）："可奈秋风劲，高枫下急湍。……"

又，作《秋望》诗。

《天延阁后集》卷三《丙辰诗略·秋望》（第397页）："……野风吹鸟语，落日冷渔竿。……"

又，作诗送汪次倪归新安。

《天延阁后集》卷三《丙辰诗略·送汪次倪归新安》（第397页）："……携将敬亭月，归向石门秋。……"

又，作诗送吴同甫游歙州。

《天延阁后集》卷三《丙辰诗略·送吴同甫游歙州》（第397页）。

又，作诗送溧水祖公卓锡，兼寄陈圭庵。

《天延阁后集》卷三《丙辰诗略·送祖公卓锡溧水便寄陈圭庵》（第397页）："秋风日以高，秋思日以长。……"

又，与施闰章、施大参陪同歙州令邓琪棻游敬亭山。

《天延阁后集》卷三《丙辰诗略·同施大参、愚山陪邓明府伟男敬亭山即事》（第398页）："……莫道敬亭酬唱远，琴高岚影接依稀。"

邓琪棻，字伟男，广西全州人，举人。康熙十三年（1674年）至十九年（1680年）知泾县。首请行条编法。修水西书院，集诸生肄业其中，儒风丕振。士民祀之于归户祠。（《宁国府志》卷四《职官表·职官下》）

又，作诗赠歙州令邓琪棻。

《天延阁后集》卷三《丙辰诗略·赠邓明府伟男》（第397—398页）："歙州古岩县，山水称灵区。……秋色明珊瑚，纤组褰我裳。……"

又，于高桥道上见施闰章先生留句，作和诗一首。

《天延阁后集》卷三《丙辰诗略·高桥道上见愚山先生留句即次元韵》（第400页）："叶扫西风径绝尘，溪山无恙过闲身。多情先夜停车客，回望来朝着屐人。"

高桥，宣城宣州区杨柳镇下辖的行政村，在宣城至泾县中间。

又，应邓琪棻之招，于歙州水西烟雨亭宴集，酒后仍留坐赏月。后宿宝胜院楚水禅房，同吴同甫、吴天石、施闰章限韵赋诗。

《天延阁后集》卷三《丙辰诗略·邓伟男明府招饮水西烟雨亭，仍留坐月因宿宝胜院楚水禅房同吴同甫、吴天石、施愚山限游山二韵》（第400页）："亭小万峰收，凭栏忆昔游。重来黄叶路，不散白云秋。夜火依沙出，人烟隔水浮。名山借仙令，双屐乍能留。"

又，应赵永星之招，同吴同甫、施闰章诸公在歙州幕山小饮，即席赋诗。

《天延阁后集》卷三《丙辰诗略·赵永星招同同甫、愚山诸公幕山即席》（第

400—401 页）："何代将军战垒闲，一峰如幕寄云间……极浦烟炊岚影乱，斜阳帆挂水痕湾。衔杯往事休惆怅，难得相看是醉颜。"

又，于猷州，追悼赵司直，作《长松踞石图》。题款："最爱苍然老松树，岁寒偏放拂云梢。芳菲肯逐青春侣，只许梅花作素交。"

赵知希《泾川诗话》卷上记载：梅清"偶来水西，见先维生公于敧阁，追述旧谊，为作《长松踞石图》。"

今藏于泾县赵家。

赵司直，字维生，泾县人。梅清友人。

又，与施闰章由猷州往游旌德、歙县。

又，作《过新岭》诗。

《天延阁后集》卷三《丙辰诗略》中有《过新岭》（第 401 页）。

又，应程非二、吴敷公之招，与施大参等在太平问政山宴集，饮酒赋诗。

《天延阁后集》卷三《丙辰诗略》中有《程非二、吴敷公招同施大参问政山宴集》（第 401 页）。

又，登旌德梓山。

《天延阁后集》卷三《丙辰诗略》中有《登梓山同常梅仙广文》（第 401 页）。

梓山，《宁国府志》卷十《舆地志·山》载："在县南二里，山源自徽境，连属至此，耸立千余仞。"

又，作诗寄吴孟举。

《天延阁后集》卷三《丙辰诗略·寄吴孟举》（第 397 页）："清庙音未希，作者起相望。名区各有人，风气日以上。我行怀叔均，挥弦引高唱。缈心脱羁绁，孤韵独摇□。有时发奇彩，干宵非一状。词场动颜色，后进归哲匠。大雅方在斯，庶几挽流荡。生平鲜所慕，结念在遥尚。一读种菜篇，千年此惆怅（孟举有种菜篇，同人和之）。"

吴孟举，即吴之振（1640—1717），字孟举，号橙斋，别号黄叶村农，浙江石门人。梅清友人。贡生，官内阁中书。举词科，即归隐，筑黄叶山庄，为宾朋宴游之所。师事钱谦益，而与吕留良交厚。出入于宛陵、东坡、山谷诸家。继吕留良之首创，吴之振与自牧叔侄二人，历时九年，至康熙辛亥才最后完成了《宋诗钞》的编纂工作。宋荦《漫堂说诗》载："吴孟举《宋诗钞》出，几于家有其书矣。"吴之振于清初大力提倡宋诗，为影响最大之一选家。著有《黄叶山庄诗集》

十二卷，还选有《八家诗钞》。

又，作诗寄赠南阳邓汉仪。

《天延阁后集》卷三《丙辰诗略》中有《寄赠南阳邓孝威》（第397页）。

邓汉仪（1617—1689），字孝威，号旧山，别号旧山农、钵臾，江南泰州（今属江苏）人。梅清同事。康熙十八年（1679年），以布衣荐举博学鸿儒，因年老落选，授内阁中书，归里。寓董子祠，执业就问者塞市。少颖悟早负诗名，人录其应试诗编入《吴陵国风》中。入清后，从前明举人查继佐学于杭州敬修堂，复随降清故官龚鼎孳、吴伟业游，时相唱酬。尝于龚座中作《题息夫人庙》诗，有"千古艰难惟一死，伤心岂独息夫人"之句。尝品次清初名人之诗，编《天下名家诗观》凡四集，海内诗家咸宗之。著有《淮阴集》《官梅集》《过岭集》等。

又，作诗送郝元公等归颖川。

《天延阁后集》卷三《丙辰诗略》中有《送郝元公广文内制归颖二首》（第398页）。

颖川，郡名，秦置，以颖水得名，治所在今河南禹州。

又，许青岩卒，作挽诗吊之，兼慰其子许子柔、许大春。

《天延阁后集》卷三《丙辰诗略·吊许青岩兼慰子柔大春》（第398页）："黄岳秋声急，惊闻失子将。凭谁还正始，流涕向山阳。奇字门人秘，流风表石长。诸孤齐誉蚤，不但读遗章。"

又，作《野望》诗。

《天延阁后集》卷三《丙辰诗略·野望》（第398页）："野望意何极，斜阳疏树林。沉吟失微径，踯躅生秋阴。老窦钓磐冷，仙瞿洞壑深。"

又，石台明府姚六康署中白莲花开，作诗遥和。

《天延阁后集》卷三《丙辰诗略》中有《遥和石台姚六康明府署中白莲花》（第398页）。

姚子庄，字六康，一字千子，号瞻子。明末清初归善县（今广东惠州惠城区）人。道光《广东通志》和乾隆《归善县志》有传。崇祯六年（1633年）举人。康熙中任石埭县知县，有政声。著述甚富，有《姚六康集》《祖香厨荔书》《西湖草》《简斋诗》《行路吟》《鹤阴诗选》《陵阳唱和》《金刚经注解》和《因果录》等。王士祯、程可则与其相交甚善。所作《罗浮梦梅》诗迷离幽美，梁善长《广东诗粹》称其为"刻划精细"之作。诗云："欺春寒骨锁莓苔，幻去灵岩别有胎。帘外疏钟迷远寺，灯前流水近荒台。香崖月落魂如醉，雪窖人归影欲猜。昨日相思曾驻马，情深依旧判花来。"

又，王世禄卒，以诗挽之。

《天延阁后集》卷三《丙辰诗略》中有《寄挽王西樵先生》（第398页）。

又，作长诗赠邓孝威。

《天延阁后集》卷三《丙辰诗略》中有《家徒四壁歌赠邓孝威》（第398页）。

又，作诗送计暗昭由宣城重游石台。

《天延阁后集》卷三《丙辰诗略》中有《送计暗昭由宛陵重游石埭》（第399页）。

又，作诗送许子柔北游，愿他"早识弃繻生"。

《天延阁后集》卷三《丙辰诗略》中有《送许子柔北游》（第399页）。

又，作诗寄黄州顾景星（字赤方）。

《天延阁后集》卷三《丙辰诗略》中有《寄黄州顾赤方》（第399页）。

又，钟朗先生来宣城，不日将赴金陵，有诗送之并兼定后游。

《天延阁后集》卷三《丙辰诗略·钟玉行先生来宛不数日有金陵之行作此送之兼订后游》（第399页）："别绪无迁次，西风骤此心。独招春谷棹，遥指石城阴。岁晚江梅冷，天寒旅雁深。携琴重有约，山水待知音。"

钟朗，字玉行，顺治甲午解元，己亥进士，由翰林改工部营缮司主事，升员外郎，出视江南、江西、湖广等处，视陕甘学政，升布政司参议，旋致仕归。家居之日，唯以敦敬睦族恤寡矜孤为务。年七十三卒，今祀乡贤祠。石涛有自书《钟玉行先生枉顾诗》。

又，作诗送郡司马唐寓庵，因他将移守云中。

《天延阁后集》卷三《丙辰诗略·送郡司马唐寓庵移守云中即和其留别元韵二首》（第400页）："太守风流自桂阳，云中迁擢此难量。十年佐郡淹苏琯，千里专城□祝良。……莫言承宠来何暮，坐拥朱轮鬓未苍。"（其一）

云中，古郡名，战国赵武灵王置。在今山西省大同市。

又，作诗题汪周潭先生小像。

《天延阁后集》卷三《丙辰诗略·题汪周潭先生像（有引）》（第400页）："（周潭先生生于歙，宦游于四方，而归老于吾宛。今城东十里有祖墓存焉。余行瞻拜，想见共为人慨焉有不及亲炙之感。今年夏其闻孙次倪自歙来，出手摹先生小像索题，因再拜而为之赞。）大儒尚潜休，俊杰崇奇勋。岂不期克兼，在昔稀全人。卓哉周潭公，乃继姚江与。讲学窥渊源，匡时沾甘霖。勇退志何决，养真岁方深。眷言美吾土，卜筑从先民。至今宛溪曲，流风有余清。世异迹渐移，景行怀徒□，雅范忽在斯，披图俨相亲。太史欣执鞭，文子慕九京。岂惟志神交，兼期溯芳型。幽□倘不渝，金石宣中诚。"

汪周潭，即汪尚宁，字廷德，嘉靖八年（1529 年）进士。累官都察院右副都御史。以不阿权贵左迁。四十七岁归乡。著有《广资录》《事物图说》《四书晚钞》、《周潭集》等。又纂《徽州府志》。（《安徽人物大辞典》，第 12 页）

秋尽，与梅以俊等人游敬亭山，遇施彦恪等人，分韵赋诗。

《天延阁后集》卷三《丙辰诗略》中有《秋尽同家子犹、子彦偶入敬亭，时施少恭同雪怀诸子先已携樽阁上，分得螯字》（第 399—400 页）。

施彦恪，字孝虔，一字少恭，号逊岩，施闰章次子。

是岁，作《龙井》诗。

《天延阁后集》卷三《丙辰诗略》中有《龙井》（第 401 页）。

又，作《临溪》诗。

《天延阁后集》卷三《丙辰诗略》中有《临溪（旧为放生池）》（第 401 页）。

又，作《鱼岭》诗。

《天延阁后集》卷三《丙辰诗略》中有《鱼岭（是日微雪）》（第 401 页）。

又，作诗题姜勉中思嗜轩。

《天延阁后集》卷三《丙辰诗略》中有《题姜勉中思嗜轩》（第 401 页）。

又，作《雪邸》诗。

《瞿山诗略》卷十八《雪装草（丙辰）》中有《雪邸》（第 647 页）。

又，题徐文青园亭十二景。

《天延阁后集》卷三《丙辰诗略》中有《题徐文青园亭十二景（古淡亭、问娥窟、慕兰曲、元拜石、停云廊、宛在亭、涵清池、青玉峰、起霞洞、开化阁、倚岚台和翠微庐）》（第 401—402 页）。

又，作诗留别徐文青。

《瞿山诗略》卷十八《雪装草（丙辰）》中有《别徐文青》（第 647 页）。

又，作《长林行》诗。

《天延阁后集》卷三《丙辰诗略》中有《长林行（石埭）》（第 402 页）。

又，作《白莲花歌》诗。

《天延阁后集》卷三《丙辰诗略》中有《白莲花歌（石埭姚明府官署）》（第402页）。

又，作诗赠彭鹿门先生。

《天延阁后集》卷三《丙辰诗略》中有《赠彭鹿门先生（旧吴兴太守）》（第402页）。

又，作诗赠吴绣岩先生，先生时有泾川之游。

《天延阁后集》卷三《丙辰诗略》中有《赠吴绣岩时有泾川之游》（第402—403页）。

又，梅岐凤约游石门，因故未及赴。

《天延阁后集》卷三《丙辰诗略》中有《家东渚约游石门，余未及赴，用沈耕岩先生元韵寄之》（第403页）。

又，作诗赠吴宋瑞，先生时有石台之行。

《天延阁后集》卷三《丙辰诗略》中有《赠吴宋瑞时有石台之行（吴善镌篆）》（第403页）。

又，作《九日》诗。

《天延阁后集》卷三《丙辰诗略》中有《九日》（第403页）。

又，作诗赠西华金翰如。

《天延阁后集》卷三《丙辰诗略》中有《赠西华金翰如》（第403页）。

西华，县名，河南省周口市属。

又，作诗送得闻和尚还龙溪。

《天延阁后集》卷三《丙辰诗略》中有《送得闻和尚还龙溪》（第403页）。

又，有诗题昝肇修画像，像为石涛所画。

《天延阁后集》卷三《丙辰诗略·题昝肇修小影》（第403页）："石公妙手果天然，野兴萧骚信笔传。若使松间得闲坐，休于此外更求仙。"

腊月，收到吴会邓汉仪寄的五言古一章。

《天延阁赠言集》卷之三中有邓汉仪《丙辰腊月雪后坐文选楼，呵冻漫成五言古一章，奉寄渊公先生》（第524页）。

吴会，秦汉会稽郡治在吴县，郡县连称为吴会。东汉分为吴、会稽两郡，后亦称两郡故地为吴会。

年底，旅庵本月圆寂。

清康熙十六年（丁巳，1677年） 五十五岁

一月二日，立春，施闰章招同邑诸子聚会作诗。

《东渚诗集》卷九中有梅枝凤《丁巳元旦后一日立春，次和愚山招同诸子作》。

春，与梅庚、梅以俊、阮尔询、袁启旭出游新安，在歙州，遇年伯邓旭太史。

《天延阁后集》卷四《丁巳诗略·歙州遇邓元昭年伯二首》（第405页）："花拥琴溪路，春飞幕岭后。……只愁容易别，驿柳系丝丝。"（其二）《答邓元昭太史》（第405页）："别骖城西路，怀牵江上舟。争传新野句，未尽敬亭游。鼎自何年见，书将万卷求。金陵山在望，绮阁忆高秋。"

邓旭（1609—1683），字元昭，江南寿州（今安徽寿县）人。顺治四年（1647年）进士，选庶吉士，授翰林检讨，出为洮岷道副使。罢官后归居江宁。杨钟羲《雪桥诗话余集》谓其诗"酷嗜长吉古体，多奇语，近体以王、孟，间入于温、李"。著有《林屋诗集》。

阮尔询，字于岳，宣城人。康熙四十五年（1706年）进士，由遮常改御史，有直声，累官工部左侍郎，卒赐祭葬，著有《南纪堂诗集》《向庚楼集》《辽左纪行》。

袁启旭，字士旦，宣城人，诗风雄健，亦工书法、尺牍。著有《中江纪年稿》。

又，雨中重渡新岭。

《天延阁后集》卷四《丁巳诗略》中有《雨中重渡新岭》（第407页）。

又，应程守之招，同吴肃公、江注、程山尊等人宴集太平问政山，饮酒赋诗。

《天延阁后集》卷四《丁巳诗略·程山尊招同敷公、非二、允凝、以枢、正路、家子彦宴集问政山，分得齐字》（第407页）："隔岁城头杖屡携，重来竹里径还迷。可禁落木飘双郭，不尽寒烟散六溪。把酒地怜灵鹫在，寻山约喜故人齐。风前惆怅仙源路，凌晓穿云箸岭西。"

又，同程守、吴敷公、江允凝、程山尊、程义、梅以俊寻城西太平十寺，晚饮酒于程以枢景淳堂，并分韵赋诗，屡有往黄山之语。

《天延阁后集》卷四《丁巳诗略·同程非二、吴敷公、江允凝、程山尊、正路、家子彦，寻太平十寺晚饮程以枢景淳堂分赋》（第407页）："寻山出郭过溪

湾，郭外翻看郭内山。楼阁半浮图画里，人烟返射夕阳间。最怜云刹闻笳遍，何处江关作赋闲。旧地追随须暂醉，新开幕府正愁颜。"

程义，字正路，号耻夫，又号晶阳子，别号雪斋，歙县槐塘人，工诗善画。（《歙县志》卷十《人物》）

又，登白云楼，作诗留别新安诸子。

《天延阁后集》卷四《丁巳诗略·登白云楼又用齐字留别新安诸子》（第407页）："昨日登临练水西，今朝南阁更招携。樽当惜别频相引，屐为探幽到亦齐。岁晚寒声孤雁去，吟成羁思夕阳低。天都有约难长负，昂首春云定不迷。"

又，新安话别刘楷。

《天延阁后集》卷四《丁巳诗略》中有《新安话别刘子端》（第407页）。

刘楷，字子端，南陵城东人，明朝江西按察使刘有源之曾孙。康熙十八年（1679年）中进士，授中书科中书舍人兼侍讲。

又，有诗赠太平仙源谢广文。

《天延阁后集》卷四《丁巳诗略》中有《赠仙源谢广文》（第408页）。

谢广文，字起秀，上元（今江苏南京）人，康熙九年（1670年）至十六年（1677年）任太平县训导。（《宁国府志》卷四《职官表·职官下》）

又，题画赠张尉。

《天延阁后集》卷四《丁巳诗略·题画赠张尉》（第408页）："麻溪流水接丹台，仙尉风流酒一杯。便欲相从挟琴去，黄山云海雪中开。"

张尉，字化彪，宣化人，康熙十六年（1677年）至二十三年（1684年）任太平县典史。（《宁国府志》卷四《职官表·职官下》）

又，作诗题程义悟雪斋。

《天延阁后集》卷四《丁巳诗略·程正路悟雪斋》（第409—410页）："我来天都下，倾盖惬俯仰。晚登悟雪斋，超然豁心赏。"

悟雪斋，康熙年间名墨坊之一。程义，别号雪斋，故其墨肆名"悟雪斋"，有《墨史》一卷，原邓之诚先生五石斋旧藏，人间孤本也。其墨肆至乾隆间始为汪彩章接替，再转即迄今存之胡开文。（《歙县志》卷十《人物》）

七月之前，到太平仙源，时黄山大雨初歇。被阻，不得登山。即自仙源行舟至青弋江。

《瞿山诗略》卷二十《黄山白岳草（戊午）·梅清自序》（第662页）有如下记

载：“余曾三至仙源怀黄海也，一阻于雨，一阻于寒。岁戊午六月，始得冒暑以探其源，为生平快事。”

七夕，客旌德旌阳，会晤昆山人徐与乔。有诗云：“去年七夕客旌阳……今年着屐仙源路。”

《天延阁后集》卷四《丁巳诗略》中有《旌阳晤徐扬贡有赠》（第406页）。

徐与乔，字扬贡，一字退山。江苏昆山人。梅清友人。顺治十四年（1657年）中举，十八年（1661年）成进士。以奏销案免官，不自辩。少从朱集璜游，肆力经史，每读一书，必参互考订，通以训诂，丝分缕析而后止。弃官后，杜门著述终其身，卒年七十二。

同日，旌阳，雨中于太平县教谕韦圣揆客署，赋诗。

《天延阁后集》卷四《丁巳诗略》中有《雨中七夕集韦广文客署即事》（第406页）。

韦圣揆，字任瞻，号广文，芜湖人，康熙十五年（1676年）至二十二年（1683年）任太平县教谕。（《宁国府志》卷四《职官表·职官下》）

七月既望，徐与乔为《天延阁后集》作序。

《天延阁后集》卷三《丙辰诗略·徐与乔序》（第394—395页）：“康熙丁巳七月既望，昆山年家同学弟徐与乔书于旌阳旅次。”

又，夜宿箬岭茅舍。

《天延阁后集》卷四《丁巳诗略》中有《晚宿箬岭茅舍》（第407页）：“影落千峰暝，声从一涧幽。荒村行不到，微火客争投。山冷云侵袂，吟孤月近楼。天都曾只尺，何处梦浮丘。”

又，沿青弋江至南陵，同何一化、梅以俊游文澜亭。

《天延阁后集》卷四《丁巳诗略》中有《文澜亭同何瑟斋家子彦》（第408页）。

何一化，字生伯，号瑟斋，南陵人。顺治拔贡。著有《瑟斋诗集》。

又，作诗留别刘楷。

《天延阁后集》卷四《丁巳诗略》中有《留别刘子端》（第408页）。

又，在南陵得家书，知儿病重，赶回宣城。

《天延阁后集》卷四《丁巳诗略·接家书》（第408页）：“风吹江雁数声呼，书到平安问有无。儿子病添双泪进，家乡梦近一灯孤。飘零岁晚惊时序，辗转床头看鹿庐。便语轻装连夜束，雪沉檐际立踟蹰。”

又，有诗送施闰章先生游东瓯。

《天延阁后集》卷四《丁巳诗略·送施愚山先生游东瓯》（第405—406页）："芳辰邻九月，爽气盈高秋。……褰衣更远望，踯躅心悠悠。"

东瓯，温州及浙江省南部沿海地区的别称。

秋，作诗为沧洲先生歌。

《天延阁后集》卷四《丁巳诗略·沧洲先生歌》（第405页）："沧洲先生称八十，强似余年四十时。……响山潭上红叶飞，南埼湖边紫蟹肥。炉杀白头双袖舞，倒插黄花唱竹枝。"

又，作诗题西竺浮生阁。

《天延阁后集》卷四《丁巳诗略》中有《西竺浮生阁偶成》（第405页）。

又，过三折岭。

《天延阁后集》卷四《丁巳诗略》中有《三折岭》（第405页）。

又，作诗寄赠王茇怀。

《天延阁后集》卷四《丁巳诗略·寄王茇怀》（第406页）："逸少曾惊旧日名，百年高卧兴何清。驻颜不藉丹砂术，拂袖偏深白社情。云接昉溪秋命屐，鹤归缑岭醉闻笙。天都咫尺牵余梦，载酒寻仙一杖轻。"

又，作《睡起》诗。

《天延阁后集》卷四《丁巳诗略》中有《睡起》（第406页）。

又，作诗赠嵩居和尚。

《天延阁后集》卷四《丁巳诗略》中有《赠嵩居和尚》（第406页）。

又，同侄子梅以俊晚宿泾县琴溪。

《天延阁后集》卷四《丁巳诗略》中有《晚宿琴溪同子彦即事》（第406页）。

又，作《蝶冢诗》。

《天延阁后集》卷四《丁巳诗略·蝶冢诗》（第406—407页）："汉宫歌舞久成灰，宝钿珠衫长碧苔。多少芳魂零落尽，月明团扇起徘徊。"

又，重登斗山亭，有诗怀施闰章游东瓯。

《天延阁后集》卷四《丁巳诗略》中有《重登斗山亭怀愚山东瓯》（第407页）。

又，作诗留别首南和尚。

《天延阁后集》卷四《丁巳诗略》中有《留别首南和尚》（第407页）。

十一月二十一日，作《万松图》贺施闰章六十大寿，自题五古一首。高咏、

141

吴肃公、梅枝凤、梅直、梅素、唐益、梅楫、蔡瑶、沈泌、沈廷璐等人皆有题诗。此图后由泾县朱宗富收藏。

《宣城胜览图》（《中国绘画总合图录》第二册）跋文云："尝见瞿山《万松图》，作于康熙十六年丁巳为愚山六十寿。题跋皆一时名宿，瞿山自题五古一首。诗律虽老，书法苍秀。与此册笔墨不爽豪厘。后图归朱氏摹作缩本，征诗成帙，付梓行世。其宝贵如此，此册洵希世之珍也。同治元年壬戌二月，西园主人识。"

梅楫，字汝舟。著有《四勿斋稿》。（宣城市档案局方志办编《宣城梅氏》下，华夏出版社2009年版，第2062页）

沈廷璐，进士，宣城人。曾担任《南陵县志》编纂。

在冬至之前，再到太平仙源，时黄山刚刚雪过天晴，再次被阻。作《仙源留别袁士旦时寓居韦左瞻学博署中》一诗记之。

《天延阁后集》卷四《丁巳诗略》中有《仙源留别袁士旦时寓韦左瞻学博署中》（第408页）。

长至日，作诗和侄子梅以俊。

《天延阁后集》卷四《丁巳诗略》中有《长至和子彦》（第408页）。

是岁，有《采木》诗。

《天延阁后集》卷四《丁巳诗略》中有《采木》（第408页）。

又，作诗答云间张曾符。

《天延阁后集》卷四《丁巳诗略》中有《答云间张曾符》（第408页）。

又，题诗吟猷州乌溪叶汉章园林。

《天延阁后集》卷四《丁巳诗略》中有《乌溪叶汉章园林》（第409页）。

乌溪，位于安徽省宣城市泾县榔桥镇北部，是世界闻名的红星宣纸产地。

又，作《空山无人图》，赠于顾景星。

《白茅堂集》卷十八《丁巳》中有顾景星《宣城梅渊公寄〈空山无人图〉》。

清康熙十七年（戊午，1678年） 五十六岁

题画赠敬亭僧。

《天延阁后集》卷四《丁巳戊午诗略·题画赠敬亭僧》（第409页）："敬亭高衲隐高踪，岩下流泉岩上松。唯有孤云解禅意，因风时引一枝筇。"

上元夜（十五），与施闰章、沈泌、梅直、梅庚等夜集赏月赋诗。

《天延阁后集》卷四《丁巳戊午诗略》中有《戊午上元夜，同愚山、暗昭、木山、方邺、耦长步月限添字（以下戊午）》（第409页）。

一月，应县令邓琪棻之招，梅庚去歙州水西读书，作诗送之。

《天延阁后集》卷四《戊午诗略》中有《送家耦长赴邓明府之招读书水西》（第410页）。

又，作水西书院歌。水西书院为歙州胜地，久荒。县令邓琪棻重修之，广招多士读书其中。

《天延阁后集》卷四《戊午诗略》中有《水西书院歌（水西书院为歙州最胜地，岁久就荒，邓明府起而辑之，广招多士读书其中，捐俸资给亲临较课，盖不啻文翁之于西蜀、翰公之于潮阳也，爰作短歌，以记一时之盛）》（第410页）。梅庚《知我录》曰："戊午献岁。"

五月，钱光绣为《丁巳诗略》作序。

《天延阁后集》卷三《丙辰诗略·钱光绣序》（第393—394页）："康熙戊午夏五上浣古鄅同学小弟钱光绣圣月氏拜，手题于保丰台畔。"

夏，诏开博学鸿词科，施闰章应征入都，作诗送其北上。

《天延阁后集》卷四《戊午诗略》中有《送施愚山先生应召北上》（第411—412页）。

上半年，送郡司马鲍公瑞登擢兖州太守。

《天延阁后集》卷四《丁巳戊午诗略》中有《送鲍公瑞登郡司马擢兖州太守》（第409页）。

鲍瑞登，时任宁国郡同知，并擢兖州太守。《宁国府志》载，鲍积仓，康熙十六年（1677年）至二十年（1683年），任宁国府同知。只有一位鲍姓同知。（《宁国府志》卷四《职官表·职官下》）

又，寄诗于庄澹庵。

《天延阁后集》卷四《丁巳戊午诗略》中有《寄庄澹庵先生》（第409页）。

又，作诗寄赠老亲家陈铁潭先生。

《天延阁后集》卷四《丁巳戊午诗略》中有《寄陈铁潭先生》（第409页）。

又，作邓父歌，赞宣城县知县邓性政绩。

《天延阁后集》卷四《戊午诗略》中有《宣城邓父歌》（第410—411页）。

邓性，字仲彝，一字天谓，号陈蓄，江西南昌人，顺治辛丑进士，历临淄、宣城、大浦知县，礼部郎中。（《南昌县志》卷十六，清同治九年刻本）康熙十五年（1676年）至二十一年（1682年）知宣城。廉介敢为，捐俸买山，永禁烧炭，以培郡脉。（《宁国府志》卷四《职官表·职官下》）

又，作诗送郡同知谢扩如之楚，濮无著、钟予夔从之。

《天延阁后集》卷四《戊午诗略》中有《送濮无著、钟予夔从郡司马谢公扩如之楚》（第410页）。

谢扩如，时任宁国府同知。《宁国府志》载，谢公洪，康熙二十年（1681年）至二十二年（1683年）任宁国府同知，且是此期间唯一。（《宁国府志》卷四《职官表·职官下》）

又，作诗金庭山歌，赠樵阳道人。

《天延阁后集》卷四《戊午诗略》中有《金庭山歌（金庭山在居巢相传为游公成道之所，樵阳道人结庐其上，因作歌贻之）》（第410页）。

金庭山，在巢湖，相传为游公成道之所，樵阳道人结庐其上。

又，有绥安（即今广德市）之行，并作诗寄赠刺史高九临。

《天延阁后集》卷四《戊午诗略》中有《绥安行寄赠高刺史九临（公治桐川，声满邻壤，闻风向往，爰致诵思）》（第411页）。

高九临，即高拱乾，字九临，陕西榆林卫人，荫生，由刑部员外康熙八年（1669年）知广德，以兴起教化为务。（《广德州志》卷二十九《职官志·守令四》）

又，作诗送吴晴岩之广陵。

《天延阁后集》卷四《戊午诗略》中有《送吴晴岩之广陵应邓元昭先生之约》（第412页）。

又，作诗送喝涛公游石台，兼致姚明府。

《天延阁后集》卷四《戊午诗略·送喝公游石埭兼致姚明府》（第412页）："长林红叶落，一枝去何轻。芳讯远相系，孤吟爱此行。屐投山县冷，梵向故人清。仙令禅心洽，援琴好共鸣。"

又，作《江村双节诗》。

《天延阁后集》卷四《戊午诗略》中有《江村双节诗》（第412页）。

又，读郡太守钱岂尘遗传，有诗感赋。

《天延阁后集》卷四《戊午诗略》中有《读郡太守钱公岂尘遗传感赋一章》

（第413页）。

又，作诗送钱光绣归甬东。

《天延阁后集》卷四《戊午诗略》中有《送钱圣月归甬东》（第413页）。

又，题诗太平仙源项孝子庐墓。

《天延阁后集》卷四《戊午诗略》中有《仙源项孝子庐墓诗》（第413页）。

又，题诗、画寄许孙荃。

《天延阁后集》卷四《戊午诗略·寄许生洲先生》（第412页）："我怀金闺客，实惟金斗英。早岁擅文采，抗步影簪缨。吐纳倾四座，子将诧重生。凤昔游京华，邂逅输中诚。肝肠慷以慨，唱和纵复横。中路怅有违，怀抱成屏营。京尘阻何遥，江云去何轻。封书托飞鸿，远望难为情。"《题画寄生洲先生》（第413页）："小借云根洒墨香，宛溪孤艇出沧浪。寄将才子燕台客，长忆题诗在玉堂。"

又，题诗、画寄王士祯。

《天延阁后集》卷四《戊午诗略·寄王阮亭先生》（第412页）："丹凤起东岱，文彩何陆离。本具瑞世姿，寻丈安足羁。嘉运启灵景，宛与炳志期。翻飞凌天阊，风云郁崔魏。一鸣叶箫韶，御座重生辉，苍生凤引领，美哉思令仪。顾视枌榆间，霄壤何其暌。安能奋双翮，天汉长追随。"《题画寄阮亭先生》（第413页）："寒窗墨洒万山幽，千尺惊涛响欲流。为祝敬亭云一片，因风吹到凤池头。"

又，题钱光绣小影。

《天延阁后集》卷四《戊午诗略·题钱蛰庵小影二绝》（第413页）："谁向桐根寄此身，重惊二十五年人。莫言年少头俱白，难得相看面目真。""曾寄归来阁上诗，蜃光电影系相思。但留一滴曹溪水，钵里沧溟是定时。"

又，题画寄赠猷州（泾川）令邓琪棻。

《天延阁后集》卷四《戊午诗略·题画寄邓猷州》（第413页）："不到猷州又一年，宛溪溪水水西连。千山万山望窅霭，十日九日思缠绵。听取莺簧流满郭，坐来松翠滴鸣弦。莫言琴葛丹台近，桂岭神君本是仙。"

又，寄诗于苏州包山寺住持山晓本哲和尚。

《天延阁后集》卷四《戊午诗略·寄山晓和尚》（第413页）："隆安闻卓锡，天子旧谭经。老去耽高隐。吟成见独醒。一灯终夜白，双眼几峰青。怜我津迷久，因风问越舲。"

山晓本哲，为临济宗道态弘觉的法嗣，旅庵本月师弟，石涛师叔，梅清禅友，苏州包山寺住持。

又，寄诗于张敦复。称赞他"挥毫深染御炉烟"，"龙文长向玉堂悬"。

《天延阁后集》卷四《戊午诗略·寄答张敦复先生》（第414页）："凤池真羡起高骞，三殿声明帝座前。赐食亲分仙掌露，挥毫深染御炉烟。从容想见匡时略，奏对流传赋猎篇。恩遇一时谁得似，龙文长向玉堂悬。"

又，作诗怀刘源。

《天延阁后集》卷四《戊午诗略·寄怀芜关刘伴阮先生》（第414页）："才子西曹川有名，只今南国赋初平。军储万里持节急，都水千江领诏行。采石月明留对酒，鸠兹吹合起论兵。盈盈波上青峰近，愁绝秋天雁几声。"

刘源，清宫瓷纹样画家，字伴阮，河南祥符（今开封市）人，隶汉军旗籍。康熙中，官刑部主事，供奉内廷，监督芜湖、九江两关。于彩绘人物山水花鸟，尤各极其盛。及成，其精美过于明代诸窑。

又，作诗和龙眠姚集侯先生。

《天延阁后集》卷四《戊午诗略》中有《和龙眠姚集侯先生丹枫原韵》（第414页）。

又，作诗赠何二尹。

《天延阁后集》卷四《戊午诗略》中有《赠何二尹》（第414页）。

又，作诗送别刘子英归江右。

《天延阁后集》卷四《戊午诗略》中有《送别刘子英归江右》（第414页）。

江右，指长江下游以西的地区，与江左相对而言。清方文《庐山诗·白鹿洞》："文公益兴学，风声树江右。"

又，作诗赠陶录仪。

《天延阁后集》卷四《戊午诗略》中有《竹笔歌赠陶录仪》（第414页）。

又，作诗送金翰如归西华。

《天延阁后集》卷四《戊午诗略》中有《送金翰如归西华》（第414页）。

六月，首登黄山，并作《黄山纪游诗》。

《瞿山诗略》卷二十《黄山白岳草（戊午）·梅清自序》（第662页）："余曾三至仙源怀黄海也。一阻于雨，一阻于寒。岁戊午六月始得冒暑以探其源。"

《天延阁后集》卷五《戊午诗略》中有《黄山纪游诗（一百韵）》（第417页）。《戊午诗略》中还载有梅清此次游山所作的三十余首诗歌，其中分别涉及松谷庵、狮子林、西海门、始信峰、绕龙松、散花坞、炼丹台、光明顶、莲花峰、文殊台、慈光禅院、天都峰、桃花源、白龙潭、鸣弦泉、五龙潭、芙蓉源、翠微源、望仙峰、一品峰、飞云洞、观音洞、汤池等诸景，这些景点常常出现在梅清的黄山画作中，这些诗歌也经常被其题入相应的黄山图中。

又，夜宿松谷庵。从仙源至松谷入口处停留一晚。第二日游松谷，途中得见芙蓉、望仙、翠微等峰。晚上宿于松谷庵，在松谷庵，会潭隐和尚。潭隐为其指点五龙潭之所在，并告之，前所见只是黄山外围诸峰。

《天延阁后集》卷五《戊午诗略》中有《宿松谷庵》（第418—419页）。

又，过狮子林寻吼堂。第三日半夜即起，星夜赶路，至散花坞一带，又登始信峰、西海门诸景。当夜落宿狮子林，受到吼堂和尚的招待。

《天延阁后集》卷五《戊午诗略》中有《狮子林寻吼堂》（第419页）。

又，过西海门。

《天延阁后集》卷五《戊午诗略》中有《西海门》（第419页）。

又，游始信峰，并望后海散花坞一带。

《天延阁后集》卷五《戊午诗略》中有《始信峰望后海散花坞一带》（第419页）。

又，游炼丹台。

《天延阁后集》卷五《戊午诗略》中有《炼丹台》（第419页）。

又，过指月庵，和施闰章壁间韵。

《天延阁后集》卷五《戊午诗略》中有《指月庵和施愚山壁间韵》（第419页）。

又，游光明顶。

《天延阁后集》卷五《戊午诗略》中有《光明顶》（第419页）。

又，游莲花峰。

《天延阁后集》卷五《戊午诗略》中有《莲花峰》（第419页）。

又，游文殊台。

《天延阁后集》卷五《戊午诗略》中有《文殊台》（第419页）。

又，在慈光禅院同八水大师夜话。第四日先登炼丹台，后上光明顶，西过鳌鱼洞，攀百步云梯，再上莲花峰。随后下山小憩文殊院，接着东下小心坡，过老人峰，抵天都峰，经朱砂峰，遇八水大师，八水大师引宿慈光阁。是夜，宾主饮酒抚琴。

《天延阁后集》卷五《戊午诗略》中有《慈光禅院同八水大师夜话》（第419页）。

又，月夜，坐天都峰下怀王岫云明府。

《天延阁后集》卷五《戊午诗略》中有《月夜坐天都峰怀王岫云明府》（第419页）。

又，坐桃花源小阁看白龙潭。

《天延阁后集》卷五《戊午诗略》中有《坐桃花源小阁看白龙潭》（第419页）。

又，坐在鸣弦泉，作诗怀明府邓天谓。

《天延阁后集》卷五《戊午诗略》中有《坐鸣弦泉怀邓天谓明府》（第419页）。

又，在祥符古刹小憩。

《天延阁后集》卷五《戊午诗略》中有《小憩祥符古刹》（第420页）。

又，游丞相源（即掷钵峰）。

《天延阁后集》卷五《戊午诗略》中有《丞相源（即掷钵峰）》（第420页）。

又，月中，看云海。

《天延阁后集》卷五《戊午诗略》中有《月中看海歌》（第420页）。

又，作《黄山》诗两首。

《天延阁后集》卷五《戊午诗略》中有《黄山二首》（第420页）。

又，游五龙潭。

《天延阁后集》卷五《戊午诗略》中有《五龙潭》（第420页）。

又，经过石笋矼。

《天延阁后集》卷五《戊午诗略》中有《石笋矼》（第420页）。

又，经过接引松。

《天延阁后集》卷五《戊午诗略》中有《接引松》（第420页）。

又，经过绕龙松。

《天延阁后集》卷五《戊午诗略》中有《绕龙松》（第420页）。

又，游炼丹台。

《天延阁后集》卷五《戊午诗略》中有《炼丹台》（第421页）。

又，游芙蓉源。

《天延阁后集》卷五《戊午诗略》中有《芙蓉源》（第421页）。

又，游翠微源。

《天延阁后集》卷五《戊午诗略》中有《翠微源》（第421页）。

又，游菡萏峰。

《天延阁后集》卷五《戊午诗略》中有《菡萏峰》（第421页）。

又，游望仙峰。

《天延阁后集》卷五《戊午诗略》中有《望仙峰》（第421页）。

又，游一品峰。

《天延阁后集》卷五《戊午诗略》中有《一品峰》（第421页）。

又，游飞云洞。

《天延阁后集》卷五《戊午诗略》中有《飞云洞》（第421页）。

又，游观音洞。

《天延阁后集》卷五《戊午诗略》中有《观音洞》（第421页）。

又，游汤池。第五日凌晨至汤泉一浴，后归桃花源。白昼养足精力后，又于山中游览了一番，在慈光阁应约又住了两日，出汤口，前往丞相源寻掷钵峰，最后返回仙源。

《天延阁后集》卷五《戊午诗略》中有《汤池》（第421页）。

据《天延阁后集》卷四《戊午诗略·题画为韦左瞻学博》（第421页）一诗可推测梅清先返回至仙源，随后前往旌阳。

又，为太平县教谕韦圣揆学博题画。

《天延阁后集》卷五《戊午诗略·题画为韦左瞻学博》（第421页）："去年七夕客旌阳，高呼雷雨齐飞觞。今年着屐仙源路，又逢七夕留官署。望中三十六峰青，对面黄山入杳冥。我欲写山还泼墨，能事何妨受促迫。写就烟岚照眼明，仿佛莲花峰上行。但使主人能载酒，堂上看山更有情。"

又，题诗云中居，时谭其旋寓此。

《天延阁后集》卷五《戊午诗略》中有《云中居（时谭其旋寓此）》（第421页）。

又，游板石潭。

《天延阁后集》卷五《戊午诗略》中有《板石潭》（第422页）。

又，再游白岳（即齐云山），游齐云岩。

《天延阁后集》卷五《戊午诗略》中有《齐云岩（以下白岳诗）》（第422页）。

又，有诗和壁间韵。

《天延阁后集》卷五《戊午诗略》中有《又和壁间韵一首》（第 422 页）。

《瞿山诗略》卷二十《黄山白岳草（戊午）》中有《白岳》（第 666 页）。

又，作《榔梅庵晓起即事》诗。

《天延阁后集》卷五《戊午诗略》中有《榔梅庵晓起即事》（第 422 页）。

又，游独耸峰。

《天延阁后集》卷五《戊午诗略》中有《独耸峰》（第 422 页）。

又，游紫霄崖。

《天延阁后集》卷五《戊午诗略》中有《紫霄崖》（第 422 页）。

又，黄山归来，绘《黄山图》赠邓性，绘有朱砂汤泉、散花庵、光明顶、天都峰等景，并题有长短之歌。

《天延阁后集》卷五《戊午诗略·邓性序》（第 415 页）中有记载。据邓性的描述，此作绘有朱砂汤泉、散花庵、光明顶、天都峰等景，并有长短歌题其上。但目前在梅清传世作品中，未见其踪迹。

七月上旬，作《江湾高松图》。题款："家住夕阳江上村，一湾流水护柴门。种来松树高千尺，借与春禽养子孙。戊午七月上浣画于东都，瞿山梅清。"

是岁，于海阳重晤沈宝臣兼怀石台姚明府。

《天延阁后集》卷五《戊午诗略》中有《海阳重晤沈宝臣兼怀石埭姚明府》（第 422 页）。

海阳，现为市，隶属山东烟台，位于山东半岛东南部。

又，梅文鼎、梅庚至金陵参加乡试。

清康熙十八年（己未，1679 年） 五十七岁

春，七度北上应试。

又，于京城，晤汪琬。

《天延阁后集》卷六《己未庚申诗略·长安晤汪钝庵先生》（第 427 页）："震泽风清海内闻，十年高卧山尘氛。东山自系苍生望，北阙还思谕蜀文。三殿云霞春共满，九天藜火夜平分。熙朝正重传经事，合有奇篇答圣君。"

又，在京城，为山东德州人田纶霞写《长安移居图》并作短歌。

《天延阁后集》卷六《己未庚申诗略·水部田纶霞先生属写〈长安移居图〉并作短歌》（第 427 页）："何来捆载书盈车，西曹才子新移家。……小立且咏篱边花。

便可攫身入图画，许我弄笔兼涂鸦。毫端秋色亦无数，墨光浓淡随参差。但使能藏千日酒，幅中谁道无羲娲。"

田纶霞，即田雯（1635—1704），字纶霞，一字紫纶，又字子纶，号漪亭，又号山鳖，晚号蒙斋，山东德州人。梅清友人。康熙三年（1664年）进士，由内阁中书历官江宁、贵州巡抚。丁忧起补刑部右侍郎，调户部左侍郎。田雯少孤，天资高迈，其所作诗文皆"组织繁富，段落刻苦，不肯规规作常语"。著有《古欢堂集》三十六卷。

又，在京城，作诗和王士禛、施闰章两先生，并见梅庚。

《天延阁后集》卷六《己未庚申诗略·和阮亭、愚山两先生同家耦长长安见怀四绝句》（第429页）："次第裁书寄不成，意中常见雁行横。争传才子过元白，唱和新诗满帝城。"（其二）

又，春试失利，南归。念及梅庚在京城，有诗怀之。

《天延阁后集》卷六《己未庚申诗略·怀家耦长都门》（第429页）："眼中春草色，隔岁忆南归。……"

四月，因施闰章家寄云楼老梅树于夏日绽开四花，应施闰章、高咏、孙卓、茆荐馨同入翰林之兆，作瑞梅图歌。

施闰章《学余堂文集》卷二十三中有《己未夏，家园老梅作四花，余适同孙予立、茆楚畹、高阮怀并官翰林，里中梅渊公诸故人作〈瑞梅图歌〉，索和漫题其后》。

毛奇龄《虞美人》序（《西河集》卷一百三十五）："己未四月，宣城施少参寄云楼下梅树忽发二花……"

高咏《寄云楼瑞梅图歌》序（《遗山诗》卷二）："寄云楼为施愚山先生读书处，楼俯江而面城，有一梅甚古……"

秋，招梅文鼎等诸子饮天延阁，送施闰章游天台。［章建文、谈家胜《梅清与清初宣城雅集》（一），《宣城历史文化研究》2014年第3期］

除夕前三日，为知县邓性绘成《宣城胜览图》二十四开。题款："龙溪，水阳之川名也。烟市连江，旅商凑泊，而云水亲人涣歌响答，悠然具物外之赏。图以徐熙之法，宛置身于浮舟泛宅间矣。"（之一）"山口，柏枧山之口也。去城南八十里，余游柏枧曾作山口行……柏枧山口人。"（之二）"开元水阁，为罗近溪太守讲学之所，即唐时杜紫薇留咏处也。杜诗云：'深秋帘幕千家雨，落日楼台一笛风。'

151

今姑据所见而图之，不能尽如川观矣。硎山清。"（之三）"黄池，一名玉溪。与姑熟邻壤，实大镇也。市烟江月，映带朝昏。余尝游泛其间，往往留连除眺，不能即去。用郭河阳晚江烟柳图图之。"（之四）"敬亭西之第一峰，即以一峰得名。中有庵，其经楼禅榻与茗圃花林相映带……以戴钱塘法写之，使敬亭得借以为襟带者。"（之五）"响山，一名响潭。仙人窦子明钓白龙处也……舟泛者唯此称最……故于题咏尤多。"（之六）"柏枧山，千岩回合，中贯双流。山口有飞桥。郡守罗近溪先生题曰引虹，尤称胜境。图以文与可蜀道笔法……柏枧山口主人。"（之七）"黄谷坑，华阳最深处，其高嵌为熨斗坪。昔人尝避乱于此，余少时游此，曾留短句：'未识武陵路，真疑别有天。山都在楼下，云竟到床前。晓雨千岩叹，春云一榻悬。此中聊可托，不藉买山钱。'题黄谷坑草阁。老瞿清。"（之八）"高峰，踞华之南……下有塔泉……宛陵之茶，未有出其右者。清。"（之九）"南郭双羊路，梅花覆古亭。亭空准处倚，溪外一峰青。题景梅亭。景梅亭在双羊山下，先都官墓侧，建以人，不以花也。瞿硎梅清识。"（之十）"鲁墨溪，与新田山相为映带，中为华阳出入孔道，而山水幽旷，迥出尘外。以李咸熙法表之。……瞿山人清。"（之十一）"……俗名双塔。以松年法写之……敬亭画逸，清。"（之十二）"宛津与句水著名久矣，津有桥有庵，烟柳之胜，颇似长干。昔屠玮真泛此爱之，醉被绊袍击鼓，作《渔阳三挝》，即此可想冕其胜。"（之十三）"长薄带芳洲，支江绕郡流。潭烟宛陵夕，山雨敬亭秋。溜急知湖口，林喧指渡头。依依沙渚上，人吏待行舟。右李先芳《峡石舟中》诗。写以荆关法，盖峡石之景，在晚为望归舟也。瞿山。"（之十四）"天柱阁，在鳌峰东。郡学左推官张嘉言建。……胡铨部诗："桃李溪溪春色满，每从去后忆张堪。"今图之以广异闻，亦犹胡公之所系思云。瞿山清识。"（之十五）"里人刘仲光《春归台》诗：'秋尽行春逸兴同，春归台上醉秋风。怪来满座桃李色，霜叶千杯入酒红。'台在西城内，郡人春游之所也，清述。"（之十六）"鳌峰有三峰，独此最为幽胜，即三真人丹成处也。唐刺史林仁肇更创城制，肖鳌形。襟山带水，深得形势，故因此以标其具。下有白龙潭、会仙桥。画仿北苑。"（之十七）"曲水堂，郡守赵师垂之所建也。引池注水，与客流觞，堂因以名。……瞿山记。"（之十八）"西壕，城西之壕，旧为割处上别野轩。于壕内种白莲花，数十年来游人纳凉，为之改观，以夏圭笔意补之，瞿山。"（之十九）"湾沚，风俗与瓜埠、芜阴略相似，而山水之静远实胜之。用海岳山人笔而益以云林之高简。或可携琴动操。己未十月，瞿山人清。"（之二十）"玉山，俗误称土山。突起拳屈，古木从蔚。中有惠照寺，先人圣俞叔侄皆读书于此。……瞿山梅清。"（之二十一）"叶道卿《南湖》诗：'泛舟南崎行，先从北湖去。水外净浮天，云中霭无树。'湖有南崎、北崎，终实一湖也，……用杨万里笔意写之，瞿山清。"（之二十二）"麻姑仙迹不一，此山尤著灵异。……用范宽法写之，不过得其十之一耳。"（之二十三）"宛之东七里为东溪，沙色溪云上下……使人知彩虹之落，不第在雨水明镜间耳。天闲道人。"（之二十四）"画册小引。盖闻……我天翁老年父台，以南州之儒宗，应中朝之文望，初尹临淄。冉任来典宣邑。……三年以来，政和讼息，刑措风清。宣之万姓，方几虑不次之迁擢，夺我慈父母。不意我公忽已养亲思切，辞任谋归。虽邑之四民再三挽留，扳辕卧辙之情，预形之涕泣，而我公孝思之迫未尝稍缓。□以图册属余曰：'余之不能忘情者，宣之山水，时时一念。君其为我图之，以当少文之卧游。'余惟公之德泽无所不被，岂独民荷其仁……山灵有知，不有响答于抚琴动操之间者哉！康熙岁次己未除夕前三日，治弟梅清拜手。"（之二十五）"梅瞿山，字渊公。安徽宣城人。善画工诗，书法亦苍古典。与施闰章、王渔洋同时。渔洋《居易录》称其画山水入妙品，画松入神品。尝见瞿山《万松图》，作于康熙十六年丁巳为愚山六十寿。题跋皆一时名宿，瞿山自题五古一首。诗律虽老，书法苍秀。与此册笔墨不爽豪厘。后图归朱氏摹作缩本，征诗成册付梓行世。其宝贵如此，此册询希世之珍也。同治元年壬戌二月西园主人识。"（之二十六）

收录于《中国绘画总合图录》第二册。在这一时期的绘画作品中，实存的原作或印本仅有三件，即《宣城胜览图》（已流传海外，现存于利德拜尔格美术馆）、《詹酬卷》（现藏于天津市历史博物馆）、《壁帆影图轴》（现藏于北京市文物局）。

清康熙十九年（庚申，1680年） 五十八岁

二月，在宣城，作诗送梅文鼎重游金陵，兼致金垆伯。

《天延阁后集》卷六《己未庚申诗略》中有《送家定九重游金陵兼致金垆伯》（第429页）。

又，送石涛归金陵，兼怀喝涛。这年四月，石涛从安徽移居南京。

《天延阁后集》卷六《己未庚申诗略·送石公暂还白下兼致喝师》（第429页）："何地堪投足，东西南北人。风萍原不系，海鹤故难驯。墨泼云千嶂，飘悬雨一春。金陵栖定处，双锡是天亲。"

石涛在金陵书杜甫《观曹将军画马图引》时已署"庚申初夏秦淮之怀谢楼"。

又，晚登金陵雨花台。

《天延阁后集》卷六《己未庚申诗略·晚登雨花台》（第429页）："荒台惊拂眼，寒色渺无边。……飒飒红楼醉，曾经二十年。"

又，重过秦淮，有竹枝词九首。

《天延阁后集》卷六《己未庚申诗略·重过秦淮竹枝词九首》（第431—432页）："记得金尊照夜深，风吹芗泽引瑶琴。空留十七年前梦，难向横波楼上寻。"（其一）"石头城上春花稠，石头城下春江流。一声画角行人断，谁与招邀唤莫愁。"（其二）

又，于秦淮晤郡司马朱乔三。

《天延阁后集》卷六《己未庚申诗略·秦淮晤朱乔三郡司马》（第430页）："十年京国共论文，此日相逢意独殷。"

朱乔三，疑即朱雯，浙江省石门县（今桐乡市）人，康熙进士，康熙三十年（1691年）任山东省提学使。

又，为宁伊庵作秦淮花烛诗。

《天延阁后集》卷六《己未庚申诗略·秦淮花烛诗为宁伊庵作》（第432页）："依旧飞扬兴不群，巫山忽自起飞云。最怜才子扶红袖，彩笔新题白练裙。"

又，访柳堉（字公韩），有诗记之。

《天延阁后集》卷六《己未庚申诗略·访柳公韩》（第431页）："长干柳高士，卜筑近南村。溪折疑无径，岚分尽到门。萧骚携一卷，肮脏倒千樽。洒墨留余兴，溪山共讨论。"

《天延阁后集》卷七《辛酉壬戌诗略·题愚谷先生画》（第436页）："白云岩上流，寒泉岩下落。怪哉双眼中，尽使烟峦活。"

夏，作《黄山松石图》。

《中江纪年诗集》卷二《庚申》中有《阮亭先生堂中题梅瞿山所画〈黄山松石图〉歌》。

秋，梅庚将归宣城，友人朱彝尊、王士祯、汪懋麟等均有诗送之，并兼致梅清。

汪懋麟《百尺梧桐阁遗稿》卷二《庚申·送梅耦长南归兼简渊公》："入洛固足豪，还山亦山高。二者傥不遂，此身将焉逃。比年盛文赋，伪学如猬毛。怀刺谒卿相，所向冀一遭。纷纷槐与柳，孰辨艾与蒿。吾嗟宣城梅，譬之西池桃。焉肯同井李，一半供蛴蟷。秋林迫归思，落叶不得牢。敬亭好山水，结庐期索绹。窃恐玉在璞，光辉难遽韬。君家大小阮，同时扬风骚。一笑竹林下，清风闻九皋。为我问讯之，远梦使我劳。昨见所画松，百尺垂猿猱。对此想奇气，大壑惊莽涛。安得移直干，为我清尘嚣。"

八月，石涛回宣城，处理移居金陵长干寺事务。行前数日洞开其寝室，尽出生平所蓄书画古玩，任友人取。孤身往金陵，住秦淮，得长干一枝，名"一枝阁"。

九月，王士祯作画松歌相寄。

王士祯《带经堂集》卷三十五《渔洋续诗十三（庚申稿）》中有《瞿山画松歌寄梅渊公》。

冬至日，仍滞留南京，作《至日》诗。

《天延阁后集》卷六《己未庚申诗略·至日》（第431页）："忽忽已长至，谁堪客里身。惊心逢节序，屈指数归人。家近衣难寄，宵寒酒独亲。千村齐冻馁，不但在城闉。"

冬，在南京，与画家程邃（字穆倩）、柳堉聚会于方若挺园林，作《留墨亭歌》。题下注："同程穆倩、柳公韩诸公饮方绣山先生山亭，既图小幅，复作短歌。亭在石头城虎踞山南。"

《天延阁后集》卷六《己未庚申诗略·留墨亭歌（同程穆倩、柳公韩诸公饮方绣山先生山亭，既图小幅，复作短歌。亭在石头城虎踞山南）》（第427页）："虎踞之巅高百尺，上有孤亭曰留墨。尽日追游浮大白，纵横卷轴多奇迹。主人爱画兼爱人，不分今古能相亲。发残道者名最闻（石溪和尚别号发残），吹毫落纸真不群。天都老翁起长啸（谓穆倩），老手纷披辟灵奥。南村柳公齐大叫，流传笺版惊同好（诸公皆有留墨亭诗）。邀我山瞿登此亭，醉中歌罢还沉吟。偶然笔落岚光青，能事称之愧不能。明朝踏雪东归去，有约重来图虎踞。"

方若诞，字摺公、绣山，桐城人。梅清好友。晚居南京。

又，游江城阁，遇主人索句，欣然命笔。

《天延阁后集》卷六《己未庚申诗略》中有《江城阁主人索句》（第430页）。

又，游牛首山，晓行登之。

《天延阁后集》卷六《己未庚申诗略》中有《晓行上牛首山》《天阙山绝顶

（即牛首）》（第 430 页）。

又，游长干塔，有诗咏之。

《天延阁后集》卷六《己未庚申诗略》中有《长干塔》（第 430 页）。

长干塔系宋代建筑，位于南京中华门外。

又，访石涛于一枝阁，并题诗。

《天延阁后集》卷六《己未庚申诗略·题石公一枝处（和张南村韵）》（第 430 页）："小楼齐木杪，如鸟独蹲技。万事都无着，孤云或与期。吟成帘更卷，病起杖还支。一啸堪三昧，逃禅借尔为。"

又，作诗题喝公养静处（西天禅院）。

《天延阁后集》卷六《己未庚申诗略·题喝公养静处（西天禅院）》（第 430 页）："西来君莫问，托迹住尘寰。最是贫常定，能于昼掩关。仰天堪野兴，得句亦深山。翻悔余生老，真抛尽日闲。"

又，在南京晤周在浚（字雪客）先生，周向梅清索画。

《天延阁赠言集》卷之三中有周在浚《庚申冬喜晤梅渊公先生率尔奉赠》（第 522—523 页）。

又，与程邃、黄有臣、黄虞稷、曹新里（字础航）宴集南京天尺楼，并分韵赋诗。

《天延阁后集》卷六《己未庚申诗略·宴集天尺楼，同程穆倩、黄有臣、黄俞邰、曹础航，分赋得收字》（第 431 页）。

黄虞稷（1629—1691），字俞邰，号楮园，又号不缁道人。今福建晋江安海人，明末清初著名藏书家，黄居中之子。崇祯中随其父移居南京。黄虞稷诗文颇称雅健，王士祯、毛奇龄等人时常称赞他的诗作。除《千顷堂书目》外，所著有《我贵轩集》《建初集》《朝爽阁集》《蝉巢集》《史传纪年》和《楷园杂志》诸书，但大都失传。

又，曾至虎踞关，寻访金陵画家龚贤，不遇。

《天延阁后集》卷六《己未庚申诗略·寻龚半千》（第 431 页）："难觅高人迹，初知虎踞关。入城怜野径，绕屋得苍山。独扫尘中句，常开画里颜。真须买园舍，分我半生闲。"

又，为松翁作《竹石萱花图》（《兰石图》）扇页。题款："庚申冬日写为松翁老年台一粲。瞿山弟梅清。"

收录于中国美术全集编辑委员会编《中国美术全集绘画编》第十一册（上海人民美术出版社 1989 年版）。现藏于浙江省博物馆。

又，与曹溶同寓南京长干寺并为之画松。

《天延阁赠言集》卷之三中有曹溶《画松歌为瞿山先生赠（时同寓长干寺）》（第 514—515 页）。

清康熙十八年（己未，1679 年）至十九年（庚申，1680 年） 五十七至五十八岁

春，作杂感诗十三首。

《天延阁后集》卷六《己未庚申诗略》中有《杂感诗》（第 424—425 页）。

五月，石涛重游宣城，避暑怀谢楼。

夏日，于怀谢楼作《渴笔山水》轴。

秋，游广德，作《秋晚登横山》诗。

《天延阁后集》卷六《己未庚申诗略》中有《秋晚登横山（山在广德傍有明太祖天语亭并五忠祠岳王井）》（第 425 页）。

横山位于安徽省宣城市广德市境内，地处苏、浙、皖三省交界处，远望如山横卧，故得名。被朱元璋封为"天下英灵第一山"。

又，作诗赠广德将军徐尔城。

《天延阁后集》卷六《己未庚申诗略·赠徐尔城》（第 430 页）："桐汭将军果不群……应待徐璆早策勋。"

徐尔城，即徐璆，时任广德将军。《广德州志》载，徐城，京卫人，康熙九年任广德州守备，直到康熙二十年（1681 年）。

又，与孙卓同游南陵。应何一化、何抡翘、王五清、万允成和汪自深诸公之招，与屈锦山明府、孙如斋太史在何氏园林集会，即席限韵赋诗。

《天延阁后集》卷六《己未庚申诗略》中有《春谷何氏园林宴集二首（何瑟斋、何抡翘、王五清、万允成、汪自深诸公招同屈锦山明府、孙如斋太史即席限韵）》（第 425 页）。

屈锦山，时任知县。《宁国府志》载，屈升赢，字君赐，通江人，举人，康熙七年（1668 年）至二十年（1681 年）知南陵，任内重修籍山书院。

孙如斋，即孙卓（1647—1683），字予立，号如斋，宣城人，孙襄次子，五岁

丧父，与兄都生由叔父孙省抚，为清初宣城派诗人之一。康熙十八年（1679 年）进士。著有《彟社斋稿》。

又，在南陵依水园。

《天延阁后集》卷六《己未庚申诗略》中有《春谷刘氏依水园二首》（第425 页）。

又，从南陵至猷州，喜晤县令邓琪棻。

《天延阁后集》卷六《己未庚申诗略》中有《猷州烟雨亭同邓明府感旧》（第426 页）。

又，作《水西山和楚公》诗。

《天延阁后集》卷六《己未庚申诗略》中有《水西山和楚公》（第426 页）。

又，答别嘉兴沈馨闻。

《天延阁后集》卷六《己未庚申诗略·答别沈馨闻》（第426 页）："客里何年别，相思系落梅。怀将吴市句，叹绝沈郎才。行李书千轴，悲歌酒数杯。桃花潭水上，分手重潆洄。"

沈蕙镶，即沈馨闻，字馨闻，号浙手，浙江秀水（今嘉兴）人，诸生，诗人。梅清好友。有《谥法考》传世。

又，题画送沈馨闻上新安。

《天延阁后集》卷六《己未庚申诗略·题画送馨闻上新安》（第426 页）："去住相看兴渐孤，万峰缥缈是天都。遥怜曳杖行吟客，处处将身入画图。"

又，与远公夜话。

《天延阁后集》卷六《己未庚申诗略》中有《与远公夜话》（第426 页）。

又，作《幕山寻王安又》诗。

《天延阁后集》卷六《己未庚申诗略》中有《幕山寻王安又》（第426 页）。

又，为刘若尚写悼亡诗。

《天延阁后集》卷六《己未庚申诗略》中有《为刘若尚悼亡二绝句》（第426 页）。

又，为施昭子《望荷心语图》题诗。

《天延阁后集》卷六《己未庚申诗略·施昭子索题望荷心语图》（第426 页）："坐向桐根转绿阴，玉阑干下碧波深。倩谁细说哝哝语，唯有花枝解我心。"

又，送施幼程北上省亲兼致施闰章。

《天延阁后集》卷六《己未庚申诗略》中有《送施幼程北上省觐兼致愚翁》（第427页）。

施幼程，施闰章亲人，生平不详。

又，读王士祯新近文集，有诗感之。

《天延阁后集》卷六《己未庚申诗略·读阮亭先生近集》（第427页）："赋成三百卷，众体一囊兼。帝谓真司马，人称是子瞻。官云晴染翰，官烛夜垂帘。草就来深殿，承恩数赐缣。"

又，作诗寄汪琬先生。

《天延阁后集》卷六《己未庚申诗略》中有《寄钝庵先生》（第428页）。

又，作诗答汪蛟门先生。

《天延阁后集》卷六《己未庚申诗略》中有《答蛟门先生》（第428页）。

又，作诗答乔石林先生。

《天延阁后集》卷六《己未庚申诗略》中有《答石林先生》（第428页）。

又，作诗怀遗山先生。

《天延阁后集》卷六《己未庚申诗略》中有《怀遗山先生》（第428页）。

又，作诗怀邓性。

《天延阁后集》卷六《己未庚申诗略》中有《怀孝威先生》（第428页）。

又，作诗怀许生洲先生。

《天延阁后集》卷六《己未庚申诗略》中有《怀生洲先生》（第428页）。

又，作诗怀顾景星先生。

《天延阁后集》卷六《己未庚申诗略》中有《怀赤方先生》（第428页）。

又，作诗送王东亭东归。

《天延阁后集》卷六《己未庚申诗略·送王东亭东归》（第428页）："……相思始识君……鸟啼春雨歇，惆怅冷江濆。"

又，诗答翰林茆荐馨。

《天延阁后集》卷六《己未庚申诗略》中有《答茆楚畹翰林》（第429页）。

茆荐馨（1629—1681），字楚畹，号一峰，浙江长兴籍宣城人。梅清友人。康熙十八年（1679年）己未科归允肃榜进士第三人。著有《应制诗赋》《燕游草》《梅溪文集》等，后人编有《画溪草堂遗稿》。

又，作诗送孙如齐、阮尔询同行北上，兼致同里诸公。

《天延阁后集》卷六《己未庚申诗略·送孙如齐阮于岳同行北上兼致同里诸公》（第429—430页）："别路三千里，联车指帝乡。……"

又，王士禛应诏入翰林，和施闰章韵，贺之。

《天延阁后集》卷六《己未庚申诗略·阮亭先生应诏入翰林和愚山先生韵》（第426页）："才子承恩典秘书，风流学士重新除。清宵奏对临前席，扈从诗篇满属车。英妙只今推海右，声明早已过黄初。即看应制多殊宠，阁道留春兴有余。"

又，施闰章与诸公奉召入翰林修《明史》，有诗怀之。

《天延阁后集》卷六《己未庚申诗略·怀愚山先生（时与诸公奉召入翰林纂修明史）》（第427—428页）："几辈怜才子，登朝自上思。赋诗当风阙，编史见龙门。语出群疑破，文传大雅存。由来重金鉴，不但石渠尊。"

又，作诗寄徐立斋先生。

《天延阁后集》卷六《己未庚申诗略》中有《寄立斋先生》（第427页）。

又，作诗咏徐府古松。

《天延阁后集》卷六《己未庚申诗略》中有《徐府庵古松》（第429页）。

又，作《卧雪口号》诗。

《天延阁后集》卷六《己未庚申诗略》中有《卧雪口号》（第431页）。

又，作《青溪妓》诗。

《天延阁后集》卷六《己未庚申诗略·青溪妓》（第432页）："王孙不与合欢杯，自结精庐傍老梅。秋夜可怜眠更起，月明孤影独徘徊。"

又，作《祖堂》诗。

《天延阁后集》卷六《己未庚申诗略》中有《祖堂》（第430页）。

又，有诗答周在延兼致周在浚。

《天延阁后集》卷六《己未庚申诗略·答周龙客兼致雪客》（第430—431页）："握手一何晚，神交已十年。眼中人绝少，江上思逾牵。对饮空金盏，孤吟满雪笺。绛侯风不远，伯仲总能贤。"

周在延，字龙客，亮工第三子，河南祥符（今开封市）人。梅清友人。

又，同石涛、梅以俊赏雪。

《天延阁后集》卷六《己未庚申诗略》中有《坐雪同石公、子彦》（第431页）。

又，作《古道行》诗，送山阴张陆舟先生。

《天延阁后集》卷六《己未庚申诗略》中有《古道行（山阴张陆舟先生，与吾乡施次仲先生素以古道相最，为平生交，陆舟寓宛十余年，既归山阴，时年近八十，忽鼓棹来宛，语施公曰："吾老矣，当谋一别。"别哭再四，始解维去，逾年闻施公讣音，大恸，复扶病千里来宛，抚墓门而哭者数日。嗟乎！挂剑之风邈矣。不意再见于今日。于其行也，作歌送之）》（第428页）。

清康熙二十年（辛酉，1681年）至二十一年（壬戌，1682年） 五十九至六十岁

一月十五日，将石涛所赠《荷花图》转赠翼老。题款："粤西石涛和尚偶贻此幅，余甚爱之。辛酉上元寄书于翼老年翁，并将此幅奉赠，应当有同好也。同年弟梅清识。"

收录于《陶凤楼藏书画目》。

仲秋，为君南作《三清图》轴。题款："辛酉仲秋，写祝君南老年道翁九十大寿。瞿山梅清。"

收录于《中国古代书画图目》第十一册。现藏于浙江省博物馆。

春，八度北上考试，不第。南归途中告别友人李珂鸣。

《天延阁后集》卷七《辛酉壬戌诗略·南归道中别李珂鸣》（第436页）："与子欲分手，尘中路纵横。得归还自好，失意愈知名。浊酒更何地，残春共几程。江南相望处，愁听杜鹃声。"

又，途中遇风沙。

《天延阁后集》卷七《辛酉壬戌诗略·漫河风沙》（第436页）："西风声太恶，北地势尤狂。晦亦存吾道，尘能蔽彼苍。长途惊大漠，匹马叫天荒。回首燕台路，经过尽渺茫。"

又，重过刘氏春谷园。

《天延阁后集》卷七《辛酉壬戌诗略·重过刘氏春谷园》（第436页）："曲径全依木，重来不问名。高人营别圃。野色聚春城。对坐莺无语，微吟竹有声。三年寻旧句，倚槛转含情。"

二月，作《二月雪》诗。

《天延阁后集》卷七《辛酉壬戌诗略·二月雪》（第436页）："只觉天难问，奔雷大雪飞。……春分已昨日，蚤悔典寒衣。"

春，夜饮于牡丹花下。

《天延阁后集》卷七《辛酉壬戌诗略·夜饮牡丹花下》（第 436 页）："灯下栏边酒数杯，高歌对面花枝开。莫教老眼纷纷过，一夜须看一百回。"

又，盆莲值雨，其叶护之，有感而发，遂作盆莲诗。

《天延阁后集》卷七《辛酉壬戌诗略》中有《盆莲值雨，其叶护之，若有知者，感而赋此》（第 437 页）。

秋仲，与歙县程邃、常熟王翚（字石谷）、金陵柳堉相聚秦淮小饮赋诗。感叹王翚将归海虞（即虞山），无机会与之合写《长江万里图》。

《天延阁后集》卷七《辛酉壬戌诗略·同程穆倩、王石谷、柳公韩秦淮小饮时，石谷将归海虞》（第 436—437 页）："点缀秋光兴不孤，登高时节雁来初。恨无整匹鹅溪绢，合写长江万里图。"（其三）

又，作《高秋》诗。

《天延阁后集》卷七《辛酉壬戌诗略》中有《高秋》（第 436 页）。

又，诗题敬亭云齐阁。

《天延阁后集》卷七《辛酉壬戌诗略·云齐阁（敬亭）》（第 438 页）："独坐忆青莲，秋空万里天。野风沉海气，残日冷人烟。"

又，宗梅岑寄来芙蓉诗集，走笔奉答。

《天延阁后集》卷七《辛酉壬戌诗略·宗梅岑寄芙蓉诗集，走笔奉答》（第 436 页）："芙蓉惊满眼，千里出奚囊。……沉吟香在几，中夜起呼觞。江上秋风好，相求水一方。"

又，寄诗于韩魏。

《天延阁后集》卷七《辛酉壬戌诗略·寄韩醉白》（第 436 页）："忘却何年别，书来忆昔时。寻山谢公兴，赠我敬亭诗。旷达原无敌，行藏不可期。扁舟拟东下，秋思在江湄。"

韩魏（1643—?），字醉白，号东轩，扬州文士，梅清友人。著有《东轩集》《醉白室集》《焉文堂集》等。

是岁，作《昔游诗》十二篇，记游金陵、西湖、东鲁、大梁、三晋、中都等地。"余少时颇好登涉，足迹几半区夏，而今老矣，芳春既往，白发将来，尚云有志未逮乎，因慨焉作《昔游诗》十二篇。"

《天延阁后集》卷七《辛酉壬戌诗略》中有《昔游诗》（第 433—436 页）。

又，作画寄施闰章。

《天延阁后集》卷七《辛酉壬戌诗略·作画寄愚山先生》（第439页）："如画江城画不如，拈毫吮墨更踌躇。眼前不尽怀人思，落在秋高雁到初。"

又，途经当涂遇雪，有诗记之。

《天延阁后集》卷七《辛酉壬戌诗略》中有《姑孰雪中怀古吟（十二首和张南村、杨部山唱和韵）》（第437页）。

又，作诗赠姚给谏。

《天延阁后集》卷七《辛酉壬戌诗略》中有《赠姚给谏十六韵》（第438页）。

给谏，唐宋时给事中及谏议大夫的合称。

又，作诗题曲水园。

《天延阁后集》卷七《辛酉壬戌诗略·曲水园》（第438页）："追游亦偶尔，意外识名园。"

又，诗题仲宣隐居处。

《天延阁后集》卷七《辛酉壬戌诗略》中有《题仲宣隐居处》（第438页）。

又，作《郊游》诗。

《天延阁后集》卷七《辛酉壬戌诗略·郊游》（第439页）："一鸠鸣罢九鸠鸣，莫道无情亦有情。更把柳鞭花外指，意中诗就马蹄轻。"（其二）

又，作《放船》诗。

《天延阁后集》卷七《辛酉壬戌诗略·放船》（第439页）："敬亭峰影乱云堆，千朵芙蓉镜里开。呼取床头一斗酒，扁舟吹去复吹来。"

又，为柳埕（号愚谷）先生画题诗。

《天延阁后集》卷七《辛酉壬戌诗略·题愚谷先生画》（第436页）："白云岩上流，寒泉岩下落。怪哉双眼中，尽使烟峦活。"

又，为王翚（字石谷）《雪图》题诗，并和笪在辛先生。

《天延阁后集》卷七《辛酉壬戌诗略·题王石谷雪画，和笪在辛先生柏梁体四韵》（第437页）："墨光自尽寒云低，千山万山山路迷。我欲相从问剡溪，故人家在西山西。"

笪在辛，即笪重光（1623—1692），字在辛，号君宜，又号蟾光、逸叟、江上外史，自称郁冈扫叶道人，晚年居茅山学道改名传光、蟾光，亦署逸光，号奉真、始青道人。清朝著名书画家。江苏句容（一作丹徒）人。顺治九年（1652年）进士，官御史，巡按江西。以劾明珠去官，罢官归乡，隐居茅山之麓，学导引，读丹书，潜心于道教。卒年七十。笪重光工书善画，精古文辞。著有《书筏》《画筌》传世。

又，尊王撰（字异公）属，为王翚画（赠王撰）《万山烟霭卷子图》题诗。

《天延阁后集》卷七《辛酉壬戌诗略·王异公属题王石谷画万山烟霭卷子》（第437页）："满眼烟峦手自携，看山人与写山期。君家能事原无敌，错怪前身是画师。"

清康熙二十二年（癸亥，1683年） 六十一岁

三月，作《敬亭霁色图》轴，赠江南提学赵仑。题款："敬亭积雨与春深，泼眼烟光转石林。为写孤峰开霁色，云中飞阁好登临。癸亥三月既望写呈阆翁老夫子大教。瞿硎后学梅清。"

收录于《中国古代书画图目》第四册。此作现藏于上海博物馆。

赵仑（1636—1696），字阆仙，号叔公，山东莱阳人。顺治十五年（1658年）进士，历官太常寺少卿。著有《因树屋集》。

又，作诗赠赵仑。

《天延阁后集》卷八《癸亥诗略》中有《赠赵阆仙学宪》（第441页）。

又，作《敬亭霁色图》。题款："敬亭，一名昭亭，谢诗'兹山亘百里，合沓与云齐'。其上有云齐阁，用米法图之。"钤印：敬亭画逸、渊公、吾适吾意。

三月二十九日，子钟龄卒。

《文峰梅氏宗谱》卷十孙卓《梅簏三文学传》："君讳钟龄，字鸣汝，簏三其别号也……辛酉冬从瞿山先生北水……今年春归自琅玡，病益甚……世缘三月念九日……舆至家而卒，时年三十有一。"

四月，六子熹出生。

《文峰梅氏宗谱》卷六："熹，字予安，太学生，未及弱龄早逝。康熙二十二年癸亥四月生，康熙己卯殁。"

春，作《春寒》诗。

《天延阁后集》卷八《癸亥诗略》中有《春寒》（第440页）。

又，作《松石图》《木落看山图》。

均藏于上海博物馆。

《松石图》

又，作《浊醪》诗。

《天延阁后集》卷八《癸亥诗略》中有《浊醪》（第440页）。

又，作诗怀新田旧居。

《天延阁后集》卷八《癸亥诗略》中有《怀新田旧居二首》（第440页）。

又，作《题半山和尚荒院》诗。

《天延阁后集》卷八《癸亥诗略》中有《题半山和尚荒院》（第440—441页）。

又，作诗咏鼓城桥。

《天延阁后集》卷八《癸亥诗略》中有《鼓城桥》（第441页）。

又，读先太祖吉山公遗集，感而赋诗。

《天延阁后集》卷八《癸亥诗略·读吉山公遗集》（第441页）："……我把残编中夜读，一尊呼起白香山。"

又，作诗送孙如斋太史奉使交趾国。

《天延阁后集》卷八《癸亥诗略》中有《送孙如斋太史奉使交趾国》（第

441 页）。

又，作诗题宛津精舍。

《天延阁后集》卷八《癸亥诗略》中有《宛津精舍示了公》（第 441 页）。

又，为大中丞余佺庐作典裘歌。

《天延阁后集》卷八《癸亥诗略》中有《典裘歌为大中丞余公佺庐赋（有引。壬戌冬仲抚军余大中丞部按两淮，适遇闽粤，奏凯回师，雨雪载道，舟子冻馁之声凄惨难闻，中丞乃解所衣之裘，质之于库，遍给粮糗，一时欢声四沸。爰作典裘歌，以纪其事）》（第 441—442 页）。

又，作《秦淮》诗。

《天延阁后集》卷八《癸亥诗略·秦淮》（第 442 页）："春潮才退夏潮来，泛尽秦淮酒一杯。芳草六朝人去尽，江流还绕凤凰台。"

又，作《贻歌者》诗。

《天延阁后集》卷八《癸亥诗略·贻歌者》（第 442 页）："琵琶一曲晚风凉，唱遍明妃与丽娘。几曲帘栊遮不断，声声吹断断人肠。"

又，在歙州水西大安寺，重晤毓灵和尚。

《天延阁后集》卷八《癸亥诗略·大安寺重晤毓灵和尚》（第 442 页）："……灯下留棋局，溪边理钓丝。水西花事近，一杖更同期。"

又，春游歙州响山洞。

《天延阁后集》卷八《癸亥诗略·歙州响山洞》（第 442 页）："……独有老僧眠白昼，野花开尽不知春。"

又，作《柳山即事》诗。

《天延阁后集》卷八《癸亥诗略》中有《柳山即事》（第 442 页）。

又，游宁阳燕居楼，同曹梦白、鲍尊午、洪天度、汪雨公诸子饮酒赋诗。

《天延阁后集》卷八《癸亥诗略》中有《燕居楼（楼在宁阳城中）》《同曹梦白、鲍尊午、洪天度、汪雨公诸子饮燕居楼》（第 442 页）。

闰六月十三日，施闰章卒于京城。

夏，太守王公、邑令袁公奉檄延修郡县续志，同屠升公、刘景威、徐程叔、张子畏、唐联虞、詹在周、梅文鼎、梅庚分韵赋诗。

《天延阁后集》卷八《癸亥诗略·太守王公、邑令袁公奉檄延修郡县续志，同屠升公、刘景威、徐程叔、张子畏、唐联虞、詹在周、家定九、耦长分赋》（第

442 页）："十二年前与纂修，惊心新旧纪朋俦。升平再续方舆胜……（康熙癸卯年曾纂定郡志，趋事者十人。愚山岵瞻楚白缉生相继谢去，存者强半，故起二句，未免今昔之感。）"

太守王公，康熙十八年（1679 年）至三十三年（1694 年）王国柱知宁国府。奉天人，在任日久，迄无废事，有诗云："出守宣州十六秋，清风两袖去孤舟。"（《宁国府志》卷四《职官表·职官下》；卷五《职官表·名宦》）

邑令袁公，袁朝选号逢源，上高人，例监。康熙二十一年（1682 年）至二十七年（1688 年）知宣州。（《宁国府志》卷四《职官表·职官下》）

秋，赴金陵，并作《出门》诗。

《天延阁后集》卷八《癸亥诗略·出门》（第 442 页）："对月歌初放，经秋梦骤寒。老妻耽病久，嘱付报平安。"

又，舟泊采石，有诗和徐程叔。

《天延阁后集》卷八《癸亥诗略》中有《泊采石和徐程叔》（第 442 页）、《又用前韵》（第 443 页）。

又，在金陵上书总督于公（即两江总督于成龙）。

《天延阁后集》卷八《癸亥诗略》中有《上总督于公二十韵》（第 443 页）。

秋，至金陵，应聘编纂《江南通志》，同修者五十三人，费时三月。纂修者有陈焯、邓汉仪、宋曹、黄云、宗元鼎、戴移孝、王概等。"岁在癸亥，于总制、徐抚军两公应诏修辑《江南通志》，檄下郡邑，征及于余寓。锁院几一载，院中以虹桥分内外，凡有篇什，皆以虹桥统之。"

《天延阁后集》卷八《癸亥诗略·癸亥秋应聘纂修〈江南通志〉院中纪事限秋字同局者五十三人（附纂修姓氏陈涤涔焯、邓旧山汉仪、宋射陵曹、白孟新梦鼎、顾我在芳菁、黄仙裳云、归薪传圣脉、黄静御始、蔡息关方炳、宗鹤问观、史东崖秉直、程奇玉式绮、施□曾鲁洛迁、许传舟维掉、张冲乙昊、史耳翁逸、孙光文翰宏贲、刘晓沧铭、王珂雪琳征、金雪鸿梦光、董苍水俞、金辉鼎暗之、邵幼常允彝、严武伯熊、徐肇伊程叔、洪谓韶宫谐、戈暗生标、王嘉俊翘、薛孝穆熙、姚锡元录、陈秉文希昌、叶芥洲其荃、唐秩臣廷伯、陈绥四台略、方子壮学仕、金畹芳兰、吴敷公圣修、胡孝珍先琏、钱武子德震、林安国子卿、端燧承肇震、许禹若用世、宗定九元鼎、胡瞿又琏、徐希南远、孙子宽麟定、江稚圭桐、何雍南絜、戴无忝移孝、吴山宾非、王安节概、宋穆恭恭贻、冒青若丹书及瞿山清，共五十三人）》（第 443 页）："南国声华冠九州，才人今古擅风流，棘闱联席应新诏，藜火分曹续旧游。帘下夕阳还载笔，壶倾中夜更登楼。共惊节序催丛桂，满院香飞八月秋。"

《瞿山诗略》卷二十三《虹桥集（癸亥甲子）·梅清自序》（第 681 页）中有相关记载。

邓汉仪（1617—1689），字孝威，号旧山，别号旧山梅农、钵叟。明末吴县诸生。邓旭之弟。汉仪少颖悟，博洽通敏，贯穿经史百家之籍，尤工于诗。早年从海宁举人查继佐（字伊璜）习举业，明末加入复社。清廷授以中书，准备推荐入史馆，力辞而归。晚年得消渴疾，隐居泰州，与冒襄、黄云、孔尚任等人时常相唱和。著有《淮阴集》《官梅集》《过岭集》《青帘词》等。

宋曹（1620—1701），字彬臣，号射陵、耕海潜夫等。江苏盐城人。诗人、书法家。梅清友人。年轻时以诗书闻名乡里，官至中书舍人，明亡之后归隐山村。木刻双钩《草书千字文》为书法精品，晚年撰《书法约言》为书论名著。

黄云（1621—1702），字仙裳，一字旧樵，江苏泰州人。梅清友人。著有《樵青集》《桐引楼集》。

宗元鼎（1620—1698），字定九，号香斋，又号梅岑，别号东原居士、梅西居士、小香居士。江南兴化（今属江苏）人。康熙十八年（1679 年）贡生，考授州同知，未就。家苦贫，榜其处曰新柳堂，课一二老仆，耕废田以食，酷嗜梅花，堂有古梅，七言绝句最受称赏以神韵论。著有《芙蓉集》。

王概（1646—约 1710），字东郭，后改字安节，秀水（今浙江嘉兴）人，久居江苏金陵（今南京）。梅清画友。兄弟皆笃行嗜古，旁及诗、画，擅名于时。一生专心艺事，不入仕途，以卖画为生。山水学龚贤，墨色疏淡浓墨相间，皴点粗放，苍劲深厚。尤善画大幅山水及松石，以雄快取势，一笔出之，似有千钧之力，然健硬有逾，而冲和不逮。对于人物、花卉、翎毛，动笔常有味外之味。与当时名流汤燕生、孔尚任、周亮工等交往。三十五岁时为《芥子园画传》编绘山水集。（胡文虎等主编《中国古代画家辞典》，浙江人民出版社 2002 年版，第 426 页）

八月，客南京，为泰昌书法家宋曹补属题《蔬坪荷锄图》。《蔬枰荷锄图》由戴苍、梅清、王武三人共同完成。前有王时敏书引首，后依次为王武、梅清、归庄、李模、纪映钟、冒襄、侯仿、李清、魏禧、邓汉仪、余思复、宗观、李沂、李澄、闵麟嗣、范国禄、陶徽、陈台孙、梅清、震道人、丘象随等人的题咏。范国禄所题为《沁园春》词。梅清先后题咏两次，第一次题咏："松根俨孤立，偃仰履须停。笑我添枝叶，还留两眼青。荷锄图中有松根无松叶，射陵先生属为补之，附题二十字。瞿山弟梅清。"第二次题咏："蔬秤长啸客，应是古之狂。轩冕情何有，溪山道不忘。老尝花果健，秋煮菜根香。我亦甘潦倒，将归卧墨庄。《题蔬枰荷锄图》就正射陵先生，时癸亥八月同客秦淮南闱中。瞿硎同学弟梅清拜手。"

《天延阁后集》卷八《癸亥诗略》中有《宋射陵先生属题〈蔬枰荷锄图〉》（第444页）："蔬杆长啸客，应是古之狂。轩冕情何有，溪山道不忘。老尝花果健，秋煮菜根香。我亦甘潦倒，将归卧墨庄。"

归庄（1613—1673），一名祚明，字尔礼，又字玄恭，号恒轩，江苏昆山人。明代散文家归有光曾孙，书画篆刻家归昌世四子，明末诸生，抗清失败后曾一度亡命为僧。善草书、画竹，诗多奇气。著有《恒轩集》等。

李模，字子木，号灌溪，南直隶苏州府吴县（今属江苏）人。

纪映钟（1609—1681），字伯紫，又作伯子、蘗子，号戆叟，自称钟山逸老，江南上元（今江苏南京）人。崇祯朝诸生，崇祯时，曾主金陵复社事。明亡后，弃诸生，躬耕养母。后入天台山为僧，复舍去。晚客于龚鼎孳处十年。龚死后南归，移家仪真，卒于斯。著有《戆叟诗钞》四卷。

冒襄（1611—1693），字辟疆，号巢民，一号朴庵，又号朴巢，南直隶扬州府泰州如皋县（今江苏如皋）人。一生著述颇丰，传世的有《先世前征录》《朴巢诗文集》《岕茶汇抄》《水绘园诗文集》《影梅庵忆语》《寒碧孤吟》《六十年师友诗文同人集》等。其中《影梅庵忆语》四千言，回忆了他和董小宛缠绵悱恻的爱情生活，是我国忆语体文字的鼻祖。

魏禧（1624—1681），字冰叔，一字凝叔，号裕斋，亦号勺庭先生。江西宁都人。与侯朝宗、汪琬合称"明末清初散文三大家"。与兄魏祥、弟魏礼并美，世称"宁都三魏"。三魏兄弟与彭士望、林时益、李腾蛟、邱维屏、彭任、曾灿等合称"易堂九子"。著有《魏叔子文集》二十二卷、《诗集》八卷、《日录》三卷、《左传经世》十卷、《兵谋》一卷、《兵法》一卷、《兵迹》十二卷。散文作品有《邱维屏传》《大铁椎传》等。

余思复（1614—1693），本名有成，明亡改名，字不远，号中邨老人。明诸生。南明亡后，久居山谷，远游吴中，又入黄山，晚始归里。有《中邨逸稿》。

宗观，字鹤问，号名表，原籍江苏兴化，居扬州。明崇祯十五年（1642年）

副榜。入清，康熙间授贵池、常熟等处学官。其诗萧疏幽隽，王渔洋甚爱重之，其词见于《瑶华集》。

李沂，字艾山。清江苏兴化人，李沛从弟。幼孤，事母孝。与沛皆以能诗名。晚好神仙，尝至千里外芒砀山中求道。有《鸾啸堂诗集》。

闵麟嗣（1628—1704），字宾连，号橄庵，徽州岩寺镇（今安徽歙县）人。著名明末清初学者、旅行家。编撰《黄山志定本》八卷，集历代黄山志书之大成，以体例精当，搜罗宏富完备著称于世。著有《庐山集》《古国都今郡县合考》《黄山松石谱》《周末列国省会郡县考》《闵宾连悟雪诗草》。

范国禄（1624—1696），范凤翼第三子。曾浪迹四方，游踪半天下。工诗，有《十山楼稿》六十卷。

陈台孙，字阶六，山阳人，有《蜃舫集》等。早年有志反清复明，黄周星与陈台孙有相似的避世经历和嗜酒爱好，为陈台孙抒写《楚州酒人歌》。顺治十五年（1658年），应清廷的征召，受任为礼科右给事中。康熙十三年（1674年）冬，正在分守陇右道参议任上，被迫顺从叛军（三藩之乱），驻守巩昌。康熙十四年（1675年）闰五月，甘肃总兵孙思克，提督张勇等围剿巩昌，"伪道陈台孙，总兵陈可等以巩昌十七州县降"。（《满汉名臣传》卷二十六《孙思克别传》）事后，陈台孙被罢职回乡。

丘象随，江苏山阳人，字季贞，号西轩，丘象升弟。拔贡生。康熙十八年（1679年）举鸿博，授检讨。官至洗马。著有《西山纪年集》。

中秋前二日，与邓汉仪、黄云、蔡方炳、宗观、张昊（字冲乙）、金梦先（字雪鸿）、吴圣修（字敷公）、徐程叔等人宴饮后，步出南京贡院，散步秦淮河畔，兴而赋诗。

《天延阁后集》卷八《癸亥诗略》中有《中秋前二日宴，后同邓旧山、黄仙裳、蔡息关、宗鹤问、张冲乙、金雪鸿、吴敷公、徐程叔诸子出院步秦淮河上仍用秋字》（第443页）。

蔡方炳，字九霞，号息关，江苏昆山人，清代学者。诸生。康熙十八年（1679年）举博学鸿词，以病辞。工诗文，兼善篆、草书。著有《增订广舆记》《铨政论》《历代茶榷志》《愤助编》《耻存斋集》等。

八月十六日，在秦淮，招集诸友人于舫中分韵赋诗。

《天延阁赠言集》卷之三邓汉仪《癸亥中秋后一日，瞿山先生招集秦淮舫中分韵》（第 526 页）。

八月十七日，与纂修《江南通志》诸子泛舟秦淮河，兴而赋诗。

《天延阁后集》卷八《癸亥诗略》中有《中秋后二日，同陈涤岑、邓旧山、白孟新、黄仙裳、宗鹤问、蔡息关、黄静御、何雍南、张冲乙、吴敷公、孙子宽、端燧承、戴无忝、金雪鸿、徐程叔、陈绥四、徐希南诸公秦淮舟泛分得九青》（第443—444 页）。

九月十六日，作《木落看山图》轴。题款："天清木落好看山，抱卷长吟白胜还。每忆闲情赵子固，写将图画一开颜。癸亥九月既望，瞿山梅清。"

收录于《中国古代书画图目》第四册。此作现藏于上海博物馆。

九月，作《松石图》轴，赠两江总督于成龙。题款："意中铁干势氤氲，汉色秦声出五云。一自岱宗亲见得，始知封爵□难群。癸亥九月，宛陵梅清。"又有《画松呈于总督》诗，编入《天延阁后集》卷十《乙丑诗略》。

编入《天延阁后集》卷十《乙丑诗略》，系明显错误，此时于总督已卒，再呈图显然不妥。将诗系此，在于诗与此图题款内容一致。

收录于《中国古代书画图目》第四册。此作现藏于上海博物馆。

又，为谓老作扇面。题款："癸亥九月，为谓老并粲。弟清。"

又，修《江南通志》两月有余，在纂修局中，得家报妻逝。

《天延阁后集》卷八《癸亥诗略·纂修局中得家报，闻妇变，遄归，留别同局诸公二绝句》（第444 页）："追陪两月别须臾，泪洒家书返旧庐。明远楼头应共指，雁行零落一声孤。""暂时分手秣陵关，驿路翻如梦里还。满眼西风吹不断，一鞭秋色过青山。"

又，归家十日后重返南京，继续修志。

《天延阁后集》卷八《癸亥诗略·复出》（第444 页）："归家才十日，又复问舟行。书卷仍萧飒，风霜更纵横。梦中人忽远，江上月难明。有约怜游子，秦淮路几程。"

又，于南京修志费时三月余，五十三人中大半告归，与宋曹、黄始、蔡方炳、薛熙（字孝穆）、林安国（字子卿）、何絜（字雍南）、史秉直、戴移孝等九人复选留用，作诗感叹。

《天延阁后集》卷八《癸亥诗略·纂修诸公大半告归，于大中丞复检九人以卒其业，仍用秋字》（第445 页）："惊新徂夏复徂秋，趋事群公尽白头。同局已经三月散，两江重许九人留。天寒梦久飞红叶，家远愁难寄黑裘。但使国书成不朽，平生或恐负征求（九人为宋曹、蔡方炳、梅清、林子卿、何絜、黄始、史秉直、薛熙、戴移孝）。"

薛熙，曾编《明文在》，是书仿《昭明文选》体例，于诸体之中各以类从，所录亦颇存鉴别。盖熙为汪琬门人，于古文有所受之也。然数多则简择难精，世近则是非未定。榛楛未翦，固亦势使之然耳。

黄始，字静御，江南吴县（今江苏苏州）人。举鸿博，不遇归。

何絜，即何雍南，字雍南，江南丹徒（今属江苏）人。诸生，屡试不第，梅清同事。康熙九年（1670年），曾辑刻《文概》十二集。康熙十三年（1674年），与程世英、汤格、汤宾等共修成《镇江府志》。康熙二十二年（1683年），又与梅清等于南京共纂《江南通志》。撰有《晴江阁集》三十卷。

又，《江南通志》完成，与宋曹、黄云、蔡方炳、薛孝穆、林安国、何雍南、戴移孝等出南京贡院，小饮于三山酒楼，以示庆贺。

《天延阁后集》卷八《癸亥诗略》中有《通志告竣，出院同宋射陵、黄仙裳、蔡息关、薛孝穆、林安国、何雍南、戴无忝诸子饮三山酒楼》（第445页）。

秋，忆及去世之子钟龄，悲痛不已。

《天延阁后集》卷八《癸亥诗略·忆钟儿》（第445页）："江南秋已暮，怪尔在何方。风雨惊魂断，悲呼与梦长。灯孤双坠泪，夜半久回肠。生死终难问，天心太渺茫。"

又，应曹溶之招，与众友人至懒园举行秋宴。懒园为蔡龙文之园。同席分韵者为扬州知府金镇（字宪金）、江宁府同知朱雯、宁国府同知郑载飏、程邃、杜仓略、方孝标、陈焯、何亮功、何采、倪灿、胡其毅、叶燮、顾天玉、吴介子、黄静御、周向山、周雪客、王安节、戴移孝、蔡玑先等人。达官显贵、艺界名流济济一堂。

《天延阁后集》卷八《癸亥诗略·懒园秋宴诗分得齐歌二字》（第444页）："敬仲堂前杖履齐，东南宾主各分题。园林到眼成金谷，登眺将身入画溪。杯影忽浮云影动，歌声未断鸟声啼。西风着意吹残暑，游子江天思欲迷。""名园竟日饱经过，高烛齐烧更放歌。飞去羽觞移绮席，擎来拇阵转星河。清宵拼醉还如此，白发相看可奈何。深愧野人随上客，风流冠盖一时多。"

曹溶（1614—1685），字洁躬，号秋岳、倦圃，别号金陀老圃。秀水（浙江嘉兴）人。梅清友人。崇祯十年（1637年）进士，曾任御史、太常寺少卿、户部侍郎等职，康熙三年（1664年），以裁缺归。自后优游林下，屡征不起，晚年以莳花种竹、写诗著书为事。溶富于藏书，勤于诵读，好交游，爱才若渴，置酒倡和无虚日，四方之士倚为雅宗者四十年。工诗词，与龚鼎孳齐名，时人称之为"诗坛双角"。长于五古，有汉魏风概。亦能词，对浙西词派有较大影响。著有《静惕堂诗集》四十四卷、词一卷，另著《续献征录》《五十辅臣传》《粤游草》《倦圃植时记》《刘豫事迹》等。（傅璇琮、许逸民等主编《中国诗学大辞典》，浙江教育出版社1999年版）

郑载飏，字元暗，号瑚山，浙江处州人，康熙二十二年（1683年）至三十四年（1695年）任宁国府同知。（《宁国府志》卷四《职官表·职官下》）

杜仓略（1617—1693），讳岕，字苍略，号望山。湖广黄冈人。明季为诸生。与兄浚避乱居金陵，即世所称茶村先生也。先生生于明万历丁巳四月初九，卒于康熙癸酉七月十九日，年七十有七，后茶村先生凡七年。而得年同。所著《望山集》藏于家。（方苞《杜苍略先生墓志铭》）

何亮功、何采，系何如宠之孙。何亮功（1617—1690），字次德，号辨斋，清顺治十四年（1657年）举人，授福建古田知县。为政宽简得宜，暇即进书院谈经讲学，一变僻俗陋风。康熙二十六年（1687年）任乡试同考官。卒于任。著有《长安道集》。何采（1626—1701），字敬舆，号醒斋，又号南涧。清顺治六年（1649年）进士，官至翰林侍读，奉政大夫。葬安徽当涂县横山村八仙台。文章翰墨，为一时词臣之冠。著有《让村集》《南涧集》《南涧词选》。

倪灿（1627—1688），字暗公，号雁园，江苏南京人。清初学者、史志目录学家。康熙十六年（1677年）举人。康熙十七年（1678年），康熙皇帝举行博学鸿词科，倪灿中榜，为一等二名，授翰林院检讨。倪灿以史才著称。参加纂修《明史》，所撰《明史·艺文志序》，穷流溯源，人称杰作，并先后著有《补辽金元艺文志》《宋史艺文志补》。倪灿亦擅书法及诗，著有《雁园集》。

胡其毅，字致果，改名澄。字静夫，正言子。曹栋亭书目旧京风雅六卷，胡其毅手录。

叶燮（1627—1703），字星期，号已畦。浙江嘉兴人，清初诗论家。曾以浙江嘉善学籍补诸生。晚年定居江苏吴江之横山，世称横山先生。叶绍袁、沈宜修幼子。康熙九年（1670年）进士。康熙十四年（1675年）任江苏宝应知县。在任参与镇压三藩之乱和治理境内被黄河冲决的运河。不久落职。由此绝意仕途，纵游海内名胜，诵经撰述、设馆授徒。著有诗论专著《原诗》，被认为是继《文心雕龙》之后，我国文艺理论史上最具逻辑性和系统性的一部理论专著。此外又有诗文集《已畦集》。

周向山，即周京，字雨郇，号向山，江苏南京人，生于明天启六年（1626年），卒年当在清康熙四十二年（1703年）之后。工诗文，操选政，懂医术，广游幕，喜交友，在明末清初的金陵文人圈中颇为活跃。现存著作包括选辑两部附有自稿的诗文选本《近代诗钞》和《向山近钞尺牍小品》。编校刊刻了《医林绳墨大全》和《活幼心法大全》两部明代医学著作。

周雪客（约1675年前后在世），清藏书家。字雪客，号梨庄，一号苍谷，又号耐龛。河南祥符（今开封）人，周亮工之子。周亮工建有"赖古堂""因树屋"，聚古今书画。他多加搜采，收藏益富。又建有"秋水轩""藏密庵"等藏书楼，藏书印有"女娲氏博浪石外山""豫仪周雪客藏""密庵鉴藏之印""家在元沙之上""周雪客藏书""大梁周在浚雪客私印"等。尝注《南唐书》十八卷，为王士祯所称。工诗，尝作金陵百咏及竹枝词，盛行于时。又著有《云烟过眼录》二十卷及《梨庄遗谷集》《秋水集》等，并传于世。

王安节，与弟宓，同受教于尊公左车先生。左车好奇，以"丐"名之，字曰东郭；以"尸"名其弟，字曰弟为。久之，乃改今名，字安节。幼癯弱，壮乃须眉如戟。负颖异质，诗古文词及制举业，皆能孤行己意。避人居西郭外莫愁湖畔，罕与人接。然四方文酒跌宕之士至金陵者，无不多方就见之。诗文之余，旁及绘事。水石、人物、花草、羽毛之属，动笔辄有味外之味。图章直追秦汉人，方尔止奇安节，以女妻之。

又，至曹溶寓所观书画，携所藏之李公麟画一卷与《大观帖》索跋。

《天延阁后集》卷八《癸亥诗略·曹秋岳先生寓楼》（第444页）："飘动银髯浑是仙，建安才子忆当年。歙州唱和僧房近，桃渡追随水阁连。小李白描精赏鉴，大观墨榻辨流传（余携龙眠画卷、大观帖，索先生跋）。千秋著述供挥洒，五岳三山倚杖边。"

李公麟（1049—1106），字伯时，自号龙眠居士，舒州（今安徽舒城）人。熙宁三年进士，为中书门下省删定官，后官至朝奉郎。好古博学，书法名画，一览便悟前人用笔之意。绘事集顾恺之、陆探微、张僧遥、吴道子及先世名手所善，以为己有，自成一家。作画多不设色，独用澄心堂纸为之。摹古画用绢著色。其鞍马逾韩干，佛像过吴道子，山水似李思训，人物似韩晃。元符三年致仕，便隐居龙眠山。晚得痹疾，呻吟之余尤仰手画被，作落笔形势。家人戒之，笑曰："余习未除，不觉至此。"

又，作画赠蔡方炳先生归来，并祝其母太夫人八十大寿。

《天延阁后集》卷八《癸亥诗略·祝蔡息关母太夫人八十兼附拙染送息关归》（第445页）："梅花江上报南枝，正值青禽献寿期。久拟冰霜歌母德，遥将松柏写仙姿。三吴人醉麟盘日，五彩天留象服时。欲进霞觞从敬仲，云山迢递隔瑶池。"

又，为许彻（字旸谷）《濯足图》题诗。

《天延阁后集》卷八《癸亥诗略·题许旸谷小影濯足图》（第444页）："濯足复濯足，胡为乎清波。日夕去不极，咄哉沧浪歌。"

是岁，于公卒，作《哭总制于公二首》，以吊之。

《天延阁后集》卷八《癸亥诗略》中有《哭总制于公二首》（第445页）。

又，作《初雨》诗。

《天延阁后集》卷八《癸亥诗略·初雨》（第445页）："冬晴四十日，雨意动斜晖。……"

又，应宁国府同知郑载飏之招，在南京秦淮水阁参加宴会，并赋诗。

又，梅超中卒。

清康熙二十三年（甲子，1684年） 六十二岁

十三日夜，作《疑雪》诗。

《瞿山诗略》卷二十四《漫歌（甲子）》中有《疑雪（十三夜）》（第686页）。

十四日夜，作《果雪》诗。

《瞿山诗略》卷二十四《漫歌（甲子）》中有《果雪（十四夜）》（第686页）。

十五日夜，雪霁，在宣城城内同梅庚月下怀梅以俊。

《瞿山诗略》卷二十四《漫歌（甲子）》中有《十五夜雪霁，月下怀子彦城内，同耦长用明字》（第687页）。

又，雪霁，同陶非石、梅以俊小饮赋诗。

《瞿山诗略》卷二十四《漫歌（甲子）》中有《雪霁，小饮同又陶非石、子彦限五歌》（第687页）。

又，作《柏枧山》诗。

《瞿山诗略》卷二十四《漫歌（甲子）》中有《柏枧山》（第687页）。

秋，作《子夜歌》诗。

《瞿山诗略》卷二十四《漫歌（甲子）》中有《子夜歌二首》（第686页）。

又，在宣城，繁昌魏朋三邮书索字画，赋此奉答。

《天延阁后集》卷九《甲子诗略·繁昌魏朋三邮书索字画，赋此奉答》（第446页）："晓雁一声呼，怀人思转孤。江乡悬接壤，云树渺平芜。能事曾何补，多情愧久逋。拟将双掉鼓，洒墨向三湖。"

又，以老自况，作《漫兴》《发渐白》《齿初落》等诗。

《天延阁后集》卷九《甲子诗略·漫兴》（第446页）"老眼朦胧手一编，清宵白昼兴萧然。但知贫懒甘存拙，未必投闲便学仙。酒熟每思终日醉，诗成莫向故人传。关心布谷声初发，晓起催耕种秋田。"《发渐白》（第447页）："数茎白发点头皮，道是愁苗及秀时。但使经霜还结实，何妨牵满镜中丝。"《齿初落》（第447—448页）："一齿摇摇众齿危，可堪老去渐分离。半生滋味都尝尽，相狎惟余浊酒卮。"《漫兴》（第448页）："秋风飒飒掩松关，荒径无人梦亦闲。最是晓来微雨霁，天延阁上倚寒山。""微疴积懒谢逢迎。画债诗逋尚纵横，自笑藤床与竹几，乱书堆里出歌声。"

又，作诗怀友人（陈焯、毛奇龄、汤燕生、余怀、钱光绣、王士禛、徐元文、汪士鈜、薛熙等）。

《天延阁后集》卷九《甲子诗略》中有《怀远九首》（第449—450页）。

毛奇龄（1623—1716），字齐于，一字大可，号初晴，一号秋晴，又以郡望为西河，学者称西河先生，浙江萧山人。梅清好友。清初著名的经学家和诗人。康熙初，他受施闰章的邀请，到江西白露州书院讲学。康熙十七年（1678年），毛奇龄被推荐应试博学鸿词科，中二等，授翰林院检讨，充明史馆纂修官。康熙二十四年（1685年）充会试同考官，不入，告假回乡，不复出，闭门著书，晚年居杭州昭庆寺，与朱彝尊为邻，共商学术。康熙五十五年（1716年）卒。终年九十四岁。毛奇龄在经学和文学方面都有较高的成就，著有《西河合集》，收入诗集五十四卷，他的词以小令为佳，近人邵瑞彭评其词"风格在晚唐之上"。（门岿主编《二十六史精要辞典》，人民日报出版社1993年版）

薛熙，字孝穆，号半园主人，江苏常熟人，布衣。活动于顺治、康熙年间。

梅清好友。弱冠即弃举子业，专力古文，受业于陈瑚、汪琬之门，汤斌曾延之幕中，与修《江南通志》。家居郡城绿水园，为元高士陈惟寅故址，四方名士过吴者必造访。著有《依归集》《秦楚之际游记》。

又，施闰章卒于康熙二十二年（1683年），作诗哭之。

《天延阁后集》卷九《甲子诗略·哭愚山先生二首》（第451页）："鬐发交亲五十年，骤惊长逝路三千。正疑觌面连宵梦，都是伤心永别缘。当代邹枚曾几辈，异时班范已争传。天生施子应难死，此日冯谁一问天。""金华词赋擅风流，白发空怜簪未抽。山左湖西俱一哭，抡才作史总千秋。稀疏天上晨星落，顷刻人间彩笔收。自是玉楼今再构，生刍莫向九泉投。"

又，弟侄后辈梅季赤、梅不次、梅自白、梅文鼎、梅庚诸弟侄皆前后入都，因寄诗于在京城就职的侄孙梅鋗，叹仕途不遂。

《天延阁后集》卷九《甲子诗略·寄答家桐崖侍御，时季赤、不次、自白、定九、耦长诸弟侄皆前后入都，余独后，因先致二首》（第448页）："……群从年方壮，长安赋好裁。公车余独困，不是缓追陪。"

梅不次，即子魁（1617—1701），原名魁中，一作奎中，字不次，号雪厂，祖父寿祚，父振春（原名士先），梅清从兄。著有《雪厂漫稿》《制义诗草》《鉴略诗钞》《采零随录》十数种。

又，作诗呈高阳李相国。

《天延阁后集》卷九《甲子诗略》中有《上高阳李相国二十韵》（第447页）。

高阳县，河北省保定市下辖县，传为颛顼故都，八才旧里。

又，诗题闻一禅房，闻一居宣城黄池河北。

《天延阁后集》卷九《甲子诗略》中有《题闻一禅房（闻一为梅氏族人，居黄池河北）》（第447页）。

闻一，为梅氏族人，生平不详。

又，作《瓶梅》诗。

《天延阁后集》卷九《甲子诗略》中有《瓶梅》（第447页）。

又，诗送甘道士还豫章。

《天延阁后集》卷九《甲子诗略》中有《送甘道士还豫章》（第447页）。

又，作《夜月》诗。

《天延阁后集》卷九《甲子诗略》中有《夜月》（第447页）。

又，五弟梅素亡，有诗哭之。（《文峰梅氏宗谱》卷五）

《天延阁后集》卷九《甲子诗略·哭五弟二首》（第447页）："吾弟胡为死，茫然唤奈何。苦心空肮脏，壮志未消磨。儿女牵愁远，生徒受业多。那堪骤回首，遗恨楚山歌。""空有遗言在，经营泪欲迷。孤雏栖未定，老雁阵难齐。顿觉琴书冷，长留草木凄。庭空人不见，愁听夜鸟啼。"

又，于八兄梅枝凤满听楼，作诗怀施闰章。

《天延阁后集》卷九《甲子诗略·东渚八兄满听楼二首》（第446—447页）："康乐营石门，总持筑青溪。扰扰多所樱，未惬幽人栖。吾兄具遥尚，蚤岁辞尘蹊。颐年托云峦，出处道亦齐。飞楼何岧峣，结构搴虹霓。溪流湍回互，林木分高低。清听一何多，俯仰意颇迷。客来坐逍遥，斗酒欢同携。濠梁寄玄解，沧浪入新题。醉来问霄汉，即此凌丹梯。""风流施学士，大雅世无两。虽作金闺游，妙挟烟霞赏。东渚清且幽，宿昔适来往，楼观惬遥闻，欣然命长想。品题激风泉，唱和恣萧爽。主人朝起听，长吟抵高掌。遂令迁莺声，下接浴凫响。词客日追随，予敢旷寻访。春潮自南来，努力鼓双桨。十日卧兹楼，千秋共偃仰。"

又，作诗答翰林潘应宾。

《天延阁后集》卷九《甲子诗略》中有《答潘翰林雪石》（第448页）。

潘应宾（1653—1710），字雪石，銮客，号东岭。山东济宁人。康熙十八年（1679年）进士，授编修，历任赞善，右庶子，左谕德，侍讲学士。康熙二十四年（1685年）会试同考官。

又，寄诗于金宪常涵千。

《天延阁后集》卷九《甲子诗略》中有《寄常涵千金宪》（第448页）。

金宪，金都御史的美称。《醒世恒言·陈多寿生死夫妻》："陈多寿官至金宪，朱氏多福恩爱无比，生下一双儿女，尽老百年。"顾学颉校注："古时称御史为宪台。明代，都察院设有左右金都御史，所以称为'金宪'。"

常涵千，即常君恩，号涵千，定海人，贡生。康熙十一年（1672年）至十八年（1679年）任宁国府通判。（《宁国府志》卷四《职官表·职官下》）康熙二十二年（1683年）石涛在题赠常涵千的画中说道："唐画，神品也；宋、元之画，逸品也。神品者多，逸品者少。后世学者千般，各投所识。古人从神品悟得逸品，今人从逸品中转出时品，意求过人而无过人处。"

又，题诗梅枝凤小像。

《天延阁后集》卷九《甲子诗略·题东渚八兄小影》（第448页）："道貌老何腴，飞扬莽自呼。无心问轩冕，着眼插茱萸。满阁新诗句，零星旧酒徒。弟兄头尽白，得醉好相扶。"

又，诗送同宗梅左白北上。

《天延阁后集》卷九《甲子诗略》中有《送同宗左白北上》（第448页）。

梅左白，即梅之珩（1649—1734），字左白，号月川。江西南城人。康熙二十年（1681年）辛酉科江西解元，康熙二十四年（1685年）乙丑科进士，选庶吉士，历官中允、侍讲学士。康熙四十五年（1706年）出任顺天学政，四十九年（1710年）出任《渊鉴汇涵》之校录官，康熙五十三年（1714年）出任江南乡试正考官。

又，作《雪夜》诗。

《天延阁后集》卷九《甲子诗略》中有《雪夜》（第450页）。

又，作《画眠》诗。

《天延阁后集》卷九《甲子诗略》中有《画眠》（第450—451页）。

又，作行书杂感诗。

收录于《中国古代书画图目》第十二册。现藏于安徽省博物馆。

清康熙二十四年（乙丑，1685年）六十三岁

春，九度北上赴试。有《出门》诗。

《天延阁后集》卷十《乙丑诗略·出门》（第451页）："不解出门意，前途尽莽然。总非乡国土，半是雪霜天。献策曾何用，蒙尘亦可怜。终须贾余勇，归种墨溪田。"

暮春，春试失败。归家，作《归来》诗。

《天延阁后集》卷十《乙丑诗略·归来》（第451页）："屈指怪劳人，归来已暮春。竟无筋力在，但觉竹床亲。携榼烦邻里，倾壶免市津。朝昏应不问，疏懒任吾真。"

又，作春寒诗两首。

《瞿山诗略》卷二十五《语花偶集（乙丑）·春寒二首》（第694页）："老来空有惜春心……旧社敬亭多酒伴，杜鹃声里怕招寻。"

又，雨霁，牡丹初放，赏之并赋诗。

《天延阁后集》卷十《乙丑诗略》中有《雨霁牡丹初放》（第451页）。

又，赏月下牡丹，再用前韵。

《天延阁后集》卷十《乙丑诗略》中有《月下牡丹仍用前韵》（第451页）。

十七日夜，复醉牡丹花下，三叠前韵。

《天延阁后集》卷十《乙丑诗略》中有《十七夜复醉花下三叠前韵》（第451页）。

十八日，再醉牡丹花下，赋诗，四叠前韵。

《天延阁后集》卷十《乙丑诗略》中有《十八日醉后四叠前韵》（第452页）。

又，作诗《观涨》（春水涨起来了）。

《天延阁后集》卷十《乙丑诗略》中有《观涨》（第453页）。

立夏后一日，与同里袁启旭、门生尤书、梅以俊在天延阁小饮作诗。

《天延阁后集》卷十《乙丑诗略》中有《立夏后一日，邀同袁中江、尤二酉、家子彦小饮天延阁限真字》（第452页）。

袁启旭，字士旦。安徽宣城人，诗风雄健，亦工书法、尺牍。有《中江纪年稿》。

尤书，字二酉，号雪浦，安徽宣城人。从梅瞿山游，兼工山水、花鸟、人物、笔致秀隽萧散。

端午薄暮，偶过宛津庵，同王雨仁、王素霖、陈仲辉、梅绍开（字美公）、梅以俊等友人小饮。

《天延阁后集》卷十《乙丑诗略》中有《端午薄暮偶过宛津庵同王雨仁、素霖、陈仲辉、家美公、子彦小饮》（第453页）。

端午夜，与诸子泛舟宛溪，同游者有沈泌、袁启旭、萧卧子、王雨仁、施闰毓、王素霖、施彦恪、王须俟、陈同若、沈力仁、张子蔚、尤书、梅绍开、梅以俊、梅季周、梅季蔚、梅彪等人，即席赋七言短古一章。

《天延阁后集》卷十《乙丑诗略·宛溪夜泛》（第453页）："宛溪涨退波初绿，方舟打桨破寒玉。山城日落野烟生，便觉移舟入深谷。一重桥过一重桥，泊向鳌峰正沈寥。酒酣歌罢不归去，风吹纤月沉山坳。返棹中流出林莽，惊回酩酊神萧爽。怪底城头鸟乱飞，一声孤笛空潭响。"

萧卧子，明末清初人，新安画派大家萧云从之侄，安徽芜湖人。

施闰毓，字汜郎，一字每余，号憝坪，号北檐，宣城人，施誉三子，施闰章从弟。《北檐诗略》作者。诸生，工书。

施彦恪，字孝虔，号逊岩。施闰章子。康熙五十二年（1713年）恩贡生。时艺、书法俱工，诗尤善承家学。著有《粤游草》《见闻录》《家风述略续编》。

梅季周、梅季蔚、梅彪，三人皆为梅清之子。

端午次日，重泛青溪，即席赋诗二首。

《天延阁后集》卷十《乙丑诗略》中有《次日重泛青溪即席用韵二首》（第453页）。

仲夏，天都孙秉钧（字巨衡）过宣城，有画松歌相赠，谓其画松"嶙峋苍古，笔有尽意无穷。尺幅中昂昂具千仞之势，洵神手也。海内诗人作歌相赠"。

《天延阁赠言集》卷之三孙秉钧《赠瞿山先生画松歌有引》："乙丑仲夏予来宛陵。"

仲夏，应施闰毓之招，与天都孙秉钧以及宣城沈泌、沈廷璐、施孝虔诸子集寄云楼（施闰章读书处）作诗。

《天延阁后集》卷十《乙丑诗略》中有《施泛郎招同孙巨衡、沈方邺、元珮、刘又枚、令侄孝虔集寄云楼下，时海棠茉莉盈几》（第454页）。

沈廷璐，字元珮，号惠舫，沈寿民孙，工诗文。

七月六日，应施彦恪之招，同王安又、沈泌、姜兹山、张允仲、钟铭文、沈力仁、施闰毓、梅蔚宣城诸子寄云楼看建兰。

《天延阁后集》卷十《乙丑诗略》中有《七夕前一日施孝虔招同王安又、沈方邺、姜兹山、张允仲、钟有锡、沈力仁、施泛郎暨儿蔚寄云楼看建兰》（第454页）。

钟铭文，字有锡，宣城人，康熙三十九年（1700年）进士。

夏，京口（镇江）何雍南过访宣城，邀同姜勉中、沈泌等饮酒赋诗。

《天延阁后集》卷十《乙丑诗略》中有《喜京口何雍南过访，邀同姜勉中、沈方邺家勿庵小饮分得十二侵》（第453页）。

又，何雍南为《天延阁后集》卷七《辛酉壬戌诗略》作序。

《天延阁后集》卷七《辛酉壬戌诗略·何絜序》（第433页）："康熙乙丑岁，夏五之吉南徐同学弟何絜顿首拜撰。"

又，作诗送何雍南还京口。

《天延阁后集》卷十《乙丑诗略》中有《送何雍南归京口》（第453页）。

又，应宁国府同知郑载飏之招，与诸子宴集文昌台，限字赋诗，作《郡司马郑公瑚山招同王爽之、姚松檀、叶汉章、叶乘吾、钟渭占、王兆鱼、钟有锡、王左星、家勿庵诸子宴集文昌台限台字二十四韵》。

又，作诗答胡叔理。

《天延阁后集》卷十《乙丑诗略》中有《答胡叔理》（第454页）。

胡叔理，生平不详，时暂停宣城开元寺。

又，雨中，怀在开元寺"暂淹留"的胡叔理。

《天延阁后集》卷十《乙丑诗略·雨中怀胡叔理开元寺》（第454页）："高人初作客，佛宇暂淹留。长夏三旬雨，孤眠六月秋。……"

九月九日重阳，与张拔甫、汤希白、尤书（字二酉）、尤奇雨中小饮赋诗。

《天延阁后集》卷十《乙丑诗略》中有《乙丑重阳张拔甫、汤希白、尤二酉、任奇雨中小饮，用十灰》（第455页）。

汤逸，字希白，号鹤仙，工吟善画，耽情风雅，誉重一时。

又，应郡司马郑载飏之招，同诸公雨中登鳌峰，时培风阁、夫子庙初成。

《天延阁后集》卷十《乙丑诗略》中有《九日雨中郡司马郑瑚山先生招同诸公鳌峰登高时，新构培风阁落成，即席限十一尤二首》《鳌峰汉关夫子庙呈郑公郡司马仍用尤字》（第455页）。

重阳后五日，与沈泌、吴肃公、蔡瑶、袁启旭、陈同若、徐云生、仲谦吉、沈力仁、高师道、尤书、汤逸、詹御公、沈典臣、梅文鼎、梅允开、梅庚、梅完璞、梅蔚等人集鳌峰培风阁赋诗。

《天延阁后集》卷十《乙丑诗略》中有《重阳后五日同里中诸子社集鳌峰培风阁韵用七阳（是日同社者为沈方邺、吴晴岩、蔡晓原、袁中江、陈同若、徐云生、仲六皆、沈力仁、高履公、尤二酉、汤希白、詹御公、沈典臣、家定九、中伯、雪坪、完璞、儿蔚）》（第455页）。

仲谦吉，字六皆，号北村。

高师道，字履公，高咏子，善诗与画。

梅允开，字中伯，号石坪。邑诸生，家贫，并日而炊。著作甚丰，存者仅若干卷。（光绪《宣城县志》卷十八《文苑》）

九月望后二日，应施孝虔之招，在寄云楼小饮并赋诗。

《天延阁后集》卷十《乙丑诗略》中有《施孝虔招饮寄云楼下，是时乃九月望后二日也（座间见有红梅一树丛叶而开，紫薇花一盆，树只数寸而柯枝皆备。剑兰已护芽箭，复蒙。是数种者，异时而芳，实奇瑞也。又有野菊一种，其艳最异，今年九月无菊，因并题之）》《梅花》《剑兰》《野菊》（第455—456页）。

秋，寄诗于吴苑。

《天延阁后集》卷十一《乙丙①诗略·寄吴楞香太史》（第462页）："莫问牵怀十载余，雁鸿飞处但踌躇，旧游南北星难聚，老友行藏梦未疏。兰省诗篇多古调，鸾坡奏对有奇书。即今群季声华满，王谢当年恐不如。"

吴苑（1638—1700），字楞香，安徽歙县人。少颖异，博通今古。康熙二十一年（1682年）进士。改翰林院庶吉士，授检讨，超擢国子祭酒，大学士王熙称为近今第一祭酒。性至孝，尤笃于师友。著有北黟山人集及大好山水录，《清史列传》并传于世。

冬日，从侄孙梅以俊为《瞿山诗略》卷二十五《语花偶集》撰序。

见《瞿山诗略》卷二十五《语花偶集（乙丑）·梅以俊序》（第691页）。

是岁，应通判李承乾之招，陪同郡司马郑载飏小饮于府治倚云圃。

《天延阁后集》卷十《乙丑诗略》中有《别驾李公承乾，招陪郡司马郑公瑚山饮倚云圃，圃为李公新辟》（第452页）。

李承乾，《宁国府志》卷四《职官表·职官司下》载：与郑载飏同期的李锦坤，康熙二十七年（1688年）至四十年（1701年）任宁国府通判，且只有他一人，故判定李承乾即李锦坤。

又，应郡司马郑载飏之招，与叶汉章、梅文鼎等人于城南文昌台聚会，饮酒赋诗。

《天延阁后集》卷十《乙丑诗略》中有《郡司马郑公瑚山，招同王爽之、姚松檀、叶汉章、叶乘吾、钟渭占、王兆鱼、钟有锡、王左星、家勿庵诸子宴集文昌台，限台字二十四韵》（第452页）。

又，作《拟梁父吟》诗。

《天延阁后集》卷十一《乙丙诗略》中有《拟梁父吟》（三首）》（第458页）。

又，年老多病，孤夜难眠，有感而作诗。

《天延阁后集》卷十《乙丑诗略·病》（第454页）；"一月枕三伏，非关暑与寒。老原侵病易，药只愈愁难。不死抛书卷，能闲托钓竿。白头甘寂寞，几辈共辛酸。"《病夜闻雨》（第455页）："雨意猜难定，中宵侧枕过。气疑开晓日，声忽

---

① 乙丙：指康熙二十四年（乙丑，1685年）和康熙二十五年（丙寅，1686年）。

响残荷。梦到寒山断，愁归秋士多。老来耽病苦，何计不蹉跎。"《独卧》（第454页）："老来耽独卧，衰去梦难成。残夜漏声断，虚窗月影横。不眠憎鼠斗，侧耳待鸡鸣。万绪牵朝幕，劳劳负此生。"

又，诗题董樵谷先生小影。

《天延阁后集》卷十《乙丑诗略·题董樵谷先生小影》（第453页）："……寒日拾松子，春风采蕨苗。……"

董樵，一名莺，字樵谷，山东莱阳人，文学人称海国夷吾。立屋野外，非力不食，率其子弟耕耘樵采（卓尔堪《遗民诗》）。"《竹垞诗话》："董生，高蹈之士，甲申后徒居文登海滨，日荷蓧入市易米，人莫知其住处，其诗合《骚》掩《雅》，惜不多传。"

又，诗题刘子英小影。

《天延阁后集》卷十《乙丑诗略》中有《刘子英索题小影》（第454页）。

又，诗题施闰毓小影。

《天延阁后集》卷十《乙丑诗略》中有《施氾郎索题小影》（第454页）。

又，诗题萧卧子小影。

《天延阁后集》卷十《乙丑诗略》中有《萧卧子索题小影》（第454页）。

又，作《题画》诗八首。

《天延阁后集》卷十《乙丑诗略·题画》（第456页）："梅花开处好凭栏，况复溪山足胜观。无意长吟新句就，香风吹送酒杯宽。""陶家旧宅寄山坳，七百年前此结茅。岩下清音谁解听，笙簧长在老松梢。""帆轻风紧便于梭，杨子矶头秋色多。倚杖岩边还骋望，荻芦千里尽烟波。""想到天都第一峰，白云缥缈见仙踪。十年曾与容成约，重向岩巅曳短节。""米家山色数房山，泼墨挥毫浓淡间。眼底烟云千万叠，一竿输与钓人间。""千岩云断一溪长，想见嵩南旧草堂。好借当年遥父笔，石桥小立咏沧浪。""山回曲径野烟迷，满耳秋声过石溪。曳杖行吟寻一老，疏林隐隐若闻鸡。""溪桥冻合少人行，万树花开玉刻成。欲往南山访高士，朝烟炊动酒帘明。"

又，作《袁中江寓楼》诗。

《天延阁后集》卷十《乙丑诗略》中有《袁中江寓楼》（第452页）。

又，题画寄楚黄女婿陈于琏。

《天延阁后集》卷十《乙丑诗略·寄楚黄陈婿》（第456页）："骨肉暌离已十

年，题画老泪湿蛮笺。可堪阻绝黄陂信，又隔湖南路一千。"

又，有《漫兴》诗。

《瞿山诗略》卷二十五《语花偶集（乙丑）·漫兴》（第694页）："流光滚滚送风尘，老骨愁支俭岁贫。……"

又，有诗寄于陈同若。

《瞿山诗略》卷二十五《语花偶集（乙丑）》中有《与陈同若》（第694页）。

清康熙二十五年（丙寅，1686年） 六十四岁

在沙城，欲游黄山，遇雨未成行。

沙城，属三国故城，《江南通志》载，在泾县西南五十里的落星潭。

春分日（二月十五日前后），因雨困在沙城旅邸，同诸子小饮、赋诗。参加者有王省三、靳熊封、吴敷公、汪栗亭、吴绮园、吴东岩、梅庚、施闰毓等。

《瞿山诗略》卷二十六《茶峡草堂集（乙丑仲冬至丙寅仲冬）》中有《旅邸同诸子小饮》（第697页）。

《中江纪年诗集》卷三《丙寅》中有袁启旭《春分日瞿山招集沙城寓斋分赋二首（王省三、靳熊封、吴敷公、汪栗亭、吴绮园、东岩、梅耦长、施汜郎）》。

靳熊封，即靳治荆，字熊封，号书樵。清初大兴汉军镶黄旗人。王士祯门人。曾任歙令、高平守、吉安知府。著有《思旧录》一卷。

又，在沙城，作《怀黄山（久客沙城不得践黄山之约作此寄之）》诗。

《天延阁后集》卷十一《乙丙诗略·怀黄山（久客沙城不得践黄山之约作此寄之）》（第459页）："畴昔黄山游，骤与轩辕别。翻令别后魂，追寻今未歇。十载岂不遥，而我怀转迫。别时曾有约，当为不速客。惭愧负山灵，暌离逾岁月。我今客沙城，侧身但只尺。梦去莲华青，梦回松谷黑。中峰有茅屋，待我情颇初。胡为凋朱颜，须臾生白发。百年终有涯，努力劝明发。久要倘不逾，浮丘尚可接。"《吴绮园东岩招同王靳两明府暨敷公、栗亭、方邺、中江、家定九、雪坪、武修诸子集寓堂拈得山字》（第461页）："双塘一径碧波闲，客舍比邻日往还。纵饮何妨谋竟夕，忘嚣直可当深山。风尘各拣囊中句，歌咏齐开醉后颜。剪烛争夸黄海胜，莲花绝顶拟重攀。"

梅文鼎在《绩学堂诗钞》中《题袁中江遗照》题下小引："忆丙寅初夏，余及家耦长，袁中江偕天都汪栗亭、吴绮园、东岩诸子游黄山。"据袁启旭在《中江纪

年诗集》卷三丙寅部分中的《将赴黄山与梅瞿山沙城言别》一诗中有"此去名山一壑深，知君垂老倦登临"一句，亦可知梅清未能成行。吴绮园、吴东岩在黄山分别有诗《立雪台怀梅瞿山先辈》《立雪台怀梅瞿山先生》，二诗虽无纪年，但根据吴东岩《晓发仙源》题下小引所注同游者，可知其行与前述黄山游为同一次，固亦能证明梅清未赴黄山之约。此外，故官博物院所藏梅清《黄山图》，有袁启旭长题，其中说道："忆丙寅春同瞿山先生客沙城时，栗亭、绮园、东岩、勿庵、雪坪余向黄海之游。先生独以事旋回。"至此，可以清楚断定，康熙二十五年（1686年）梅清并无黄山之游。

又，约新安、宣城两郡同学诸子集旌德栖真山西竺宴集，以诗代柬。

《天延阁后集》卷十一《乙丙诗略·约两郡同学诸子集西竺，以诗代柬》（第461页）："五年重骤客中身……为指仙源与黄海，群峰林立是比邻。"

又，以诗赠许奛蓀。

《天延阁赠言集》卷之三许奛蓀《丙寅春我渊公老年翁枉诗见赠，文章道谊，谬蒙许可，推奖逾涯，依韵奉和，书为大雅正之，藉志仰慕之忱，殊亦不自知其丑拙也》（第530页）："敬亭灵异地，君特冠区寰。文物钦坛坫，声名重斗山。虎头还拟顾，钗股竞推颜（君常寄余诗画）。天际真人远，高风不可攀。含香交谊重（君与儿荃麟孙最友善），佳句更开颜（今春惠予《天延阁集》）。京国莺花里，风尘岁月间。鸿辞征帝关，藏赋在名山。何日相思驾，天延数往还。"

许奛蓀，字杜邻，少丧父。诗文著名。梅清友人。顺治十一年（1654年）拔贡生。以事母不仕。著有《二楼诗集》。子许孙荃，官至刑部主事。

二月二十八日，姐夫高咏卒，作诗挽之。

《天延阁后集》卷十一《乙丙诗略·挽高阮怀姊丈》（第459页）："哭君不但是交亲，一代奇才得几人。笔扫词场真绝调，文成史馆竟无伦。宦途屡寄愁中句，乡井空归病里身。谁谓五车能富国，诸孤未减旧时贫。"

二月，作诗寄吴敷公。

《天延阁后集》卷十一《乙丙诗略·寄吴敷公先生》（第462页）："桃渡三年别，梅溪二月春。……"

又，在沙城。为歙人吴菘（字绮园）、其侄吴瞻泰绘《梅庄图》。题款："未到幽居地，梅庄几许深。凭将孤客思，如见故人心。书卷横花径，琴声动竹林。黄山在楼上，他日定相寻。梅庄图。索绮园东岩两一笑。丙寅二月，同学弟梅清。"

《天延阁后集》卷十一《乙丙诗略》中有《吴绮园东岩索画梅庄图并题四十字》（第461页），题款如上。《十百斋书画录》（上海书画出版社2009年版）中著录了此图，并详细录入了其后的各家题跋。吴氏叔侄和梅清共同的好友袁启旭的一段题跋，详细记录了《梅庄图》的绘制地点和过程："今春与绮园、竹林同客沙城，座中每白诩梅庄之胜，索我老友瞿山画为图卷。"可见，梅清画《梅庄图》时并不是在梅庄而是在沙城，所画梅庄只是凭借吴绮园的描述和梅清的想象。据《梅庄图》上龚贤题诗"彼图先与梅庄见，买棹应从练水还"，后来汪薇分别为"梅画""龚画"作题跋来看，龚贤作《梅庄图》当在梅清之后。且两人所画应是两幅，但被裱在一卷上。

吴菘，字绮园。苑季弟。梅清友人。著有《论陶》《御览集》《黄山唱和集》《匡庐集》。

吴瞻泰，字东岩，号艮斋，歙县人。诸生。

寒食节，于吴菘处赋诗。

《天延阁后集》卷十一《乙丙诗略·寒食日集绮园寓堂得九佳》（第462页）："群嚣何太恶，清啸得吾侪。酒盏倾还敌，歌声放总偕。行厨怜美馔，旅馆当高斋。多少家园梦，东风揽客怀。"

寒食节，一般在清明节前两天。

又，与曹贞吉、梅文鼎、梅庚、沈泌、汪雨公等集吴菘寓斋，并联句。

《鸿爪集》中有曹贞吉《同梅瞿山、定九、雪坪、沈方邺、汪雨公、施汜郎、汪扶晨集吴绮园寓斋，与定九谈天官家言，联句得四十韵》。

曹贞吉（1634—?），字升阶，又字升六，号实庵，山东安邱人，梅清之友。康熙三年（1664年）进士，官至礼部郎中。贞吉以介特自许，为清议所重。一生嗜书，酷爱诗词，内容多怀古、咏物之作。与施闰章交谊甚深。"燕台十子"之一。著有《珂雪诗词集》《实庵诗略》。

三月二日（上巳日前一日），应汪士鈜之招，与众人集旌德栖真山浮生阁，分韵赋诗。

《天延阁后集》卷十一《乙丙诗略》中有《上巳前一日，汪栗亭招同诸子集栖真山浮生阁，拈得回字》（第461页）。

《瞿山诗略》卷二十六《茶峡草堂集（乙丑仲冬至丙寅仲冬）》中有《汪栗亭招同诸子集栖真山，分得回字》（第697页）。

上巳日，魏晋后，固定在每年农历的三月初三。

又，应南陵友人方位斋先生之招，同吴羽南、詹在周、王五清集旌德梓山，分韵赋诗。

《天延阁后集》卷十一《乙丙诗略·方位斋先生招同吴羽南、詹在周、王五清集梓山分韵》（第462页）："桃花满眼气初蒸，郭外春山客共登。……"

方位斋，字佐平，号位斋。

又，与梅庚、梅文鼎、沈泌、施闰毓、施彦恪、沈廷璐、袁启旭、梅武修等宣城诸子及汪士鈜、吴菘、吴圣修、吴瞻泰歙县诸子陪新安、宁国两府官员明府靳治荆、袁朝选、陈九陛、曹孝廉时六游旌德栖真山，集于栖真山西竺精舍，并分韵赋诗。

《天延阁后集》卷十一《乙丙诗略·陪靳明府熊封、袁明府逢源、陈明府对廷、曹孝廉时六、家雪坪集栖真山西竺精舍，兼致月峰和尚（二首）》（第459页）："春风结伴出城西，小饮何期上客齐。……"

梅文鼎《绩学堂诗钞》卷三《丙寅》中有《汪栗亭招同诸子集栖真山分韵》。

靳治荆《思旧录》："适学使者按旌阳，余以职务往，乘暇游西竺招提，有青衣导一客来访，视其刺，则瞿山与小阮雪坪两君子也……适袁子中江亦来，先生摘山蔬招饮，并约诸同人即席分韵唱酬，刻有《沙城友生集》。"

袁朝选，号逢源，上高人，例监，时任宣城县令。（《宁国府志》卷四《职官表·职官下》）

陈九陛，字对廷，镶黄旗人，荫生，康熙二十三年（1684年）至三十一年（1692年）知太平县。（《宁国府志》卷四《职官表·职官下》）

曹孝廉时六，应为曹贞吉，字升阶，又字升六。

上高，县名，江西省宜春市下辖县，位于江西省西北部，锦河中游。

例监，监生名目之一。明清时，由援例捐纳取得监生资格的称为例监，亦称捐监。

三月三日，与众友人移樽邻寓，并分韵作诗。

《天延阁后集》卷十一《乙丙诗略》中有《次日雨阻山，游移樽邻寓，诸子毕集靳公、王公两明府亦偕至即席，分韵二首（分韵者为靳公熊封、王公省三、吴敷公、汪栗亭、吴绮园、东岩、沈方邺、袁中江、沈元珮、施泥郎、孝虔、程存素、家定九、雪坪》《吴绮园、东岩招同王、靳两明府暨敷公、栗亭、方邺、中江、家定九、雪坪、武修诸子集寓堂，拈得山字》（第 461 页）。

又，与诸子小饮于沙城酒楼并听曲。

《天延阁后集》卷十一《乙丙诗略》中有《上巳日同诸子饮沙城酒楼，听小女郎度曲，用三字得二绝句》（第 461 页）。

三月，作《双松图》（二友图）。题款："丙寅三月，瞿硎梅清写。"

三月二十七日，病中送施闰郎、梅文鼎、袁启旭、梅庚等由太平往游黄山。

《天延阁后集》卷十一《乙丙诗略·病中送施闰郎游天都，兼寄蚀庵、瓠庵、栗亭、于鼎、绮园、东岩、允凝、中江诸子》（第 463 页）："会稽游舫在江干（闰郎游山阴方归），又趁西风鼓玉鞍。杖底踏歌青嶂满，眼中铺海白云宽。灵池再俗汤仍沸，词客群呼墨未干（首夏诸子约游黄山不及赴）。耽病老瞿双屐滞，孤怀常系故人欢。"

《中江纪年诗集》卷三《丙寅》中有袁启旭《将赴黄山与梅瞿山沙城言别》《三月二十七日同有黄山之游，由沙城至仙源，舆中联句得三十韵》。

春，作《苦雨》诗。

《天延阁后集》卷十一《乙丙诗略·苦雨》（第 458 页）："……衰年思纵酒，拂眼问春晴。"

又，作《青郊即事》诗。

《天延阁后集》卷十一《乙丙诗略·青郊即事》（第 458—459 页）："竟忘老衲携行远，但觉春山称意长。自笑白头耽野兴，从人醉后说颠狂。"

又，作诗赠明府戎午庭。

《天延阁后集》卷十一《乙丙诗略·赠戎午庭明府》（第 459 页）："百雉嶙峋万壑图，到来雨霁见春晖。……柳溪此日风流在，有约看山肯暂违。"

戎午庭，时任旌德县令。《宁国府志》卷四《职官表·职官下》载，戎式宏，鄞县（在浙江省）人，拔贡生，文藻可观。康熙二十三年（1684 年）至二十九年（1690 年）知旌德。

又，作《溪上花》诗。

《天延阁后集》卷十一《乙丙诗略·溪上花》（第 459 页）："盈盈溪上花，行行道傍客。……"

又，作《山家即事》诗。

《天延阁后集》卷十一《乙丙诗略·山家即事》（第 459 页）："幽居虽不远，却在水云隈。屐怕春泥滑，樽从石屋开。听残终夜雨，落尽一池梅。好是耽岑寂，新诗傍枕来。"

又，接家书，内云，庭前牡丹将放，遂有《客夜》诗。

《天延阁后集》卷十一《乙丙诗略》中有《客夜》（第462页）。

又，有诗和阮于岳送张允仲任泗州学博。

《天延阁后集》卷十一《乙丙诗略·送张允仲任泗州学博和阮于岳韵二首》（第464页）："……春风放桃李，外翰是仙班。"

又，作诗赠吴舫翁。

《天延阁后集》卷十一《乙丙诗略·武功先生歌赠吴舫翁》（第464页）："武功山中杏花飞，去年结子今年肥。……"

吴舫翁，即吴云，字天门，别字舫翁，安福人。拔贡生，幼称神童，赋才不羁。晚年游居武功，著《天门易学》。

又，作诗步吴舫翁先生韵。

《天延阁后集》卷十一《乙丙诗略》中有《步舫翁先生又成七律》（第465页）。

暮春，参加清音庵香灯会。

《天延阁后集》卷十一《乙丙诗略》中有《清音庵香灯会即事四绝句》（第462页）。

端午后三日，为吴瞻泰作《山水图》轴。题款："丙寅天中节后三日，仿倪高士笔意寄东岩老年翁教之。瞿山同学弟梅清。"（胡积堂《笔啸轩书画录》，载于《中国书画全书》第十四册，第290页）

六月十六日，作《暴雨》诗。

《天延阁后集》卷十一《乙丙诗略》中有《暴雨》（第462页）。

六月十九日，梅鋗生辰，因与观音同辰，题《白衣大士》以赠。

《天延阁后集》卷十一《乙丙诗略》中有《题白衣大士赠家桐崖（六月十九日同辰）》（第460页）。

六月，应余天益之招，同吴舫翁、徐肇伊、蒋季虎集培风阁作诗唱和。

《天延阁后集》卷十一《乙丙诗略》中有《余天益招同吴舫翁、徐程叔、蒋季虎集城南培风阁和舫翁韵》（第463页）。

又，送许道士往宣城黄池家乡。

《天延阁后集》卷十一《乙丙诗略·送许道士住玉汀崇元观，兼致朱翼云》

（第 463 页）："高枕鳌峰鹤梦长，丹瓢忽挂水云乡。故人家在黄池岸，莲子花开十里香。"

又，作诗送天池僧归黄山，兼致新交诸子。

《天延阁后集》卷十一《乙丙诗略·送天池复归黄山兼致新安诸子四绝句》（第 463—464 页）："宛水桥边曳短筇，琴溪来往识孤踪。白云处处能留宿，知在黄山第几峰。""归去归来何处家，眼中两度放黄花。周遭千里门前路，也当天边泛海楂。""一瓢不挂路漫漫，洒墨高呼尽古欢。须记围棋连败北，何时飞锡复三盘。""才子新安孰比肩，半成麟凤半成仙。远公别后重来社，六水齐开白玉莲。"

又，会晤过访宣城的兰陵高跃基，高有诗相送："相逢自初夏，今已夏之中。……"

《天延阁赠言集》卷之一中有高跃基《丙午夏客鳌峰奉怀渊公》（第 498 页）。

兰陵，中国古代名邑。据传由楚大夫屈原命名。"兰"为圣王之香，陵为高地，有"圣地"寓意。春秋时，鲁国在此设次室邑，战国时，楚国始设兰陵县，治所在今山东省临沂市兰陵县兰陵镇。

又，会晤过访宣城的吴江潘耒，潘耒有诗相赠，答以佳画。

《天延阁后集》卷十一《乙丙诗略·题画送潘稼堂太史》（第 463 页）："只尺城南是响山，松阴潭曲足高闲。偕游有约还相负，写向扁舟图画间。"《天延阁赠言集》卷之三潘耒《丙寅夏日过访瞿山先生赋赠，兼承惠寄佳画，并以致谢》（第 530 页）："瞿山开美姿，濯濯琼林树。才名三十年，春官迟一遇。同辈或公卿，孤怀自儒素。壮游云涛宽，博古金石富。诗章非一体，澹荡足天趣。作画摅胸怀，乞者每遭怒。赠我一幅缣，江山郁盘互。风雷谨护将，通灵恐飞去。"

潘耒（1646—1708），字次耕，又字稼堂，吴江（今属江苏）人。梅清友人。师事徐枋、顾炎武，博涉经史、历算、声韵之学。康熙十八年（1679 年），以布衣召试博学鸿词，授翰林院检讨，参与纂修《明史》。上书总裁，言要义八端："宜搜采博而考证精；职任分而义例一；秉笔直而持论平；岁月宽而卷帙简。"（《清史稿·潘耒传》）总裁善其说，令撰《食货志》，兼订纪传，自洪武以下五朝稿，皆所订定。后充日讲起居注官.纂修实录、圣训。二十一年（1682 年），任会试同考官，称得士，名益盛。二十三年（1684 年），遂归里不复出。晚年致力于易象数与历算的研究。著作有《明五朝史稿》《类音》《遂初堂集》。

立秋日，同诸子于敬亭山闲云庵集会赋诗。

《天延阁后集》卷十一《乙丙诗略》中有《闲云庵同诸子分赋二首（是日立秋）》（第463页）。

秋，应许松友之招，同吴舫翁等雨后看桂花，并即席限韵赋诗。

《天延阁后集》卷十一《乙丙诗略》中有《许松友招同舫翁、书泉、天羽、雪浦、家侄达可雨后看桂花，即席限秋字》（第465页）。

又，吴舫翁临别索画，为之作松图。

《天延阁后集》卷十一《乙丙诗略·题画答舫翁先生》（第463页）："舫翁先生欲归去，作歌索我画松树。谓写明月留松巅，携向匡庐入云雾，我闻匡庐之松奇复奇。贞心劲节真吾师，生惭未到庐山顶，使我吮毫握笔长相思。"

又，有诗遥和句溪舟泛。

《天延阁后集》卷十一《乙丙诗略·遥和句溪舟泛二绝句》（第465页）："载酒寻秋明镜东，芦花未白蓼花红。游人多少千年调，消尽渔舟一笛风。"

又，应尤书之招，集环韵楼，饮酒赋诗。

《天延阁后集》卷十一《乙丙诗略·尤二酉招集环韵楼》（第463页）："……敬亭云不散，秋色眼中生。"

又，有《空翠亭》诗。

《天延阁后集》卷十一《乙丙诗略·空翠亭》（第463页）："碧落杳何际，风光剧可怜。……"

又，过桐崖山居（即梅鋗山居）。

《天延阁后集》卷十一《乙丙诗略》中有《过桐崖山居二首（时当读礼居漕塘山）》（第464页）。

又，作《板桥行》诗。

《天延阁后集》卷十一《乙丙诗略》中有《板桥行》（第465页）。

十月，作诗宁阳燕居楼。

《天延阁后集》卷十一《乙丙诗略·燕居楼即事》（第465页）："……十月生寒薄，孤鸿入梦奇。"

是岁，诸子分家，自携幼子佛蛮搬离天延阁，复入城内茶峡草堂。作《移居茶峡草堂六首》诗以记其事。

《天延阁后集》卷十一《乙丙诗略》中有《移居茶峡草堂六首》（第457页）。

又，袁启旭作《题梅庄图（为吴绮园赋，梅瞿山所画）》诗。

《中江纪年诗》卷三《丙寅》中有《题梅庄图（为吴绮园赋，梅瞿山所画）》。

又，题画寄太平县令仙源陈九陛。

《天延阁后集》卷十一《乙丙诗略·题画寄仙源陈对廷明府》（第460页）："梅花开处好凭栏，况复溪山足胜观。无意长吟新句就，香风吹送酒杯宽。"

又，题画寄歙县县令靳治荆（字熊封）。

《天延阁后集》卷十一《乙丙诗略·题画寄靳熊封明府》（第460页）："曾到天都跨白虬，孤筇亲拂老人头。意中不散千峰影，写向高斋当卧游。"

又，有诗寄许苍岩兼致许生洲先生。

《天延阁后集》卷十一《乙丙诗略》中有《寄金斗许苍岩年伯兼致生洲先生》（第458页）。

又，作《寄程蚀庵先生》诗。

《天延阁后集》卷十一《乙丙诗略》中有《寄程蚀庵先生》（第462页）。

又，作诗送天池和尚归里，营葬其先人。

《天延阁后集》卷十一《乙丙诗略》中有《送天池和尚归里营葬其先人》（第458页）。

又，作《吴凯臣望叠楼》诗。

《天延阁后集》卷十一《乙丙诗略》中有《吴凯臣望叠楼》（第458页）。

又，作诗挽阮岩山先生，兼致其子阮于岳御史。

《天延阁后集》卷十一《乙丙诗略》中有《挽阮岩山先生兼致于岳御史》（第459页）。

阮岩山，生平不详，此时刚去世不久。其子阮于岳，即阮尔询，字于岳，康熙二十一年（1682年）进士，宣城人，时为御史。

又，作诗赠文江李夫子。

《天延阁后集》卷十一《乙丙诗略》中有《拟古诗六章赠文江李夫子》《呈李文江夫子二十韵》（第460页）。

文江，位于福建省三明市大田县东北部，原名汶口坂，后因境内有文江溪而改名文江。

又，繁昌魏朋三之母徐太君八十寿辰及陈太君七十寿辰双庆，寄诗贺之。

《天延阁后集》卷十一《乙丙诗略》中有《将进酒歌寄祝魏母徐太君八十、陈太君七十双寿（繁昌魏朋三尊堂）》（第464页）。

又，西津寺晤古樵大师。

《天延阁后集》卷十一《乙丙诗略·西津寺晤古樵大师》（第465页）："郭北山头寺，兹游第四回。……"

又，作诗寄朱翼云。

《天延阁后集》卷十一《乙丙诗略·寄朱翼云》（第465页）："……采石江头树，青山天际云。……"

清康熙二十六年（丁卯，1687年） 六十五岁

二月，在宣城，居茶峡草堂，于郊外见白鹿。

《天延阁后集》卷十二《丁卯诗略》中有《白鹿（丁卯二月见于郊）》（第467页）。

三月初，新安郡司马曹贞吉来宣城，喜而晤之。

《天延阁后集》卷十二《丁卯诗略》中有《喜晤曹公实庵郡司马二首》（第469页）。

三月九日，谷雨，应阮于岳、梅鋗两御史之招，陪同新安郡司马曹贞吉、桐川朱国柱刺史宴集敬亭山，并赋诗。

《天延阁后集》卷十二《丁卯诗略》中有《阮于岳、家桐崖两御史招同家雪坪，奉陪新安曹司马、桐川朱刺史宴集敬亭山，即席二首》（第469—470页）。

朱国柱，字立山，汉军镶黄旗人，荫生，康熙二十三年（1684年）任广德知州。（《广德州志》卷二十八《职官志·守令四》）

三月十四日，宣城下冰雹。

《天延阁后集》卷十二《丁卯诗略》中有《白鹿（丁卯二月见于郊）》（第467页）。

三月二十七日，与梅庚等陪李振裕（号醒斋，江南学政）、王国柱、朱廷梅（字和臣，徽州府知府）、曹贞吉、张介亭（宁国府同知）、李锦坤、朱国柱、袁朝选、戎午庭、陈九陞宴集敬亭山，有诗唱和。

《天延阁后集》卷十二《丁卯诗略》中有《奉陪学宪李醒斋夫子，暨郡尊王公公辅、朱公和臣、郡司马曹公实庵、张公介亭、别驾李公承干、州刺史朱公立山及明府袁公逢源、戎公午庭、陈公对庭，同家雪坪宴集敬亭山，即和李夫子原韵二首》（第469页）。

《白石山房文稿》卷十三中有李振裕《三月二十七日试事甫竣，郡守及宾从诸子邀同梅渊公、耦长二孝廉为敬亭之游》。

王国柱，字公辅，奉天人，康熙十八年（1679 年）任宁国府知府，"去后民思之不置。"（《宁国府志》卷五《职官表·名宦》）

春，歙县友人汪士鈜、吴菘依约来宣城，喜而晤之。

《天延阁后集》卷十二《丁卯诗略·喜栗亭、绮园至》（第470页）："曾有今春约，难忘客屐齐，人真来宛县，梦尚落梅溪。樱笋经时熟，琴尊竞夜携。孤云与众鸟，几处待分题。"

又，在宣城，应吴菘之招，与梅文鼎、梅庚、沈泌、汪士鈜、汪作霖（字雨公，宁国人）、施闰毓等集寓斋，陪曹贞吉即席拈韵作诗，并向梅文鼎询问历学。（章建文、谈家胜《梅清与清初宣城雅集》，《宣城历史文化研究》（一）2014年第3期）

三月末，送汪士鈜、吴菘归歙，作宛水歌送之兼寄程守、江注等人。

《天延阁后集》卷十二《丁卯诗略·宛水歌，送栗亭、绮园归天都兼寄蚀庵、匏庵、允凝诸公》（第470页）："……今年送客离宛水，梦见天都道路赊。送客亦在三月后，落尽桃花折杨柳。……"

又，作《试茶》诗，赞家乡之茶为"紫霞"。

《天延阁后集》卷十二《丁卯诗略》中有《试茶》（第472页）。

又，作诗送曹贞吉先生。

《天延阁后集》卷十二《丁卯诗略》中有《送实庵先生》（第470页）："……柳色城边乱，鹃声梦里摧。"

又，作《玉山漫兴二首》诗。

《天延阁后集》卷十二《丁卯诗略·玉山漫兴二首》（第472页）："野鸟声声引步迟，玉山桥北立多时。桃花几片随流水，输与渔人上钓丝。"

五月，作诗送傅济川游天都。

《天延阁后集》卷十二《丁卯诗略·送傅济川游天都》（第470页）："五月黄山路，晴峰万点青。"

又，同诸子小饮，以赏盆莲。

《天延阁后集》卷十二《丁卯诗略》中有《盆莲初放同诸子小饮》（第472页）。

六月，作题画诗两首。

《天延阁后集》卷十二《丁卯诗略·题画》（第472页）："六月炎蒸日正长，却从何处趁风凉。扁舟岩下松阴满，剪取沧波到草堂。"《题画》（第472—473页）："老夫怕热恼尘寰，大叫挥毫写雪山。想到云门黄海路，千峰积素一开颜。"

立秋前一日，石涛至宣城，在天延阁作《山水画》。题款："……丁卯立秋前一日，于天延阁中作此，纪一日清课耳。清湘石涛济山僧。"

收录于《中国名画集》第二十三集。

秋日，于茶峡草堂筹组花果诗会并主事，与会者不限身份，任携素果即可。

《宣城县志》卷十："茶峡庵，府治东南阳坡山麓。明万历时建。……国朝孝廉梅清在庵左约同人为花果会。"

《瞿山诗略》卷二十七《花果余音（丁卯）·梅清自序》（第701页）："吾里旧有诗画会，予与愚山、耕坞、阮怀、木山、晴岩、耆鹤、晓原、方邨、雪坪，及方外半山、石涛诸公，联吟泼墨，一时称盛。二十年来虽老成半谢，而继起尤蕃。于是复有花果会之约，始于丁卯九日。岁必数举，不拘时地。凡有诗歌辑成卷帙，予因以花果余音名是年之集。"

《天延阁后集》卷十二《丁卯诗略·花果会（有引）》（第473页）："岁在丁卯，时曰素秋。正风吹果熟之辰，适露滴花清之候。香生丛桂，淮南小隐堪招；艳簇芙蓉，江上扁舟可采。垂海棠于满砌，色映红霞；挺霜鞠于疏篱，英堆黄锦。汀洲下鸿雁，柳眼将收。亭榭起秋风，葵心易老。望里山青入画，意中头白牵丝。节序足悲，襟怀需畅。追南楼之雅会，每念古人；挽西极之流光，还容我辈。花好便教停屐，不分地主，不问居亭；人聚即可提壶，任自名园，任从野圃。红菱白藕、紫栗黄柑，各携其一可乎；火枣冰桃、朱榴银杏，不求其全足矣。扶来藤杖，摇摇免挂青蚨；倾倒霞卮，急急但浮绿蚁。少长咸集，道艺兼游。或文人或墨士或羽客或缁流，群五群三，所绝者异端俗类；或染翰或挥毫，或鸣琴或博奕，孰歌孰啸，所忌者判道离经。从此春夏秋冬，四时可以类举；但遇风花雪月，半日尽许偷闲。相戒以奢，俭朴者庶可久也；相规以正，佻□者尚其远诸。即席限四支，得诗四首。""何妨洒余墨，亦可赋新诗。分取烟云满，留将日月迟。莫招壮士笑，但许野人知。即此传佳话，流风各有时。"

九月九日，参加花果会诸君共二十七人，登保丰台，并于茶峡草堂聚会，各画秋花一枝。

《天延阁后集》卷十二《丁卯诗略·九日花果会登保丰台集茶峡草堂（是日篱

菊未黄，诸公各写秋花一枝，用蕊珍美人当花佐酒，与会者为吴舫翁、徐去非、朱邠瞻、王安又、蔡晓原、沈方邺、沈俊若、萧卧子、吴凯臣、钟书泉、钟有锡、陈蕉田、徐凫山、汤鹤山、仲北村、施懋坪、施孝虔、沈力臣、刘右枚、尤雪浦、家雪坪、元衡、我行、尊龄、儿蔚、熹孙彪，共二十七人，清得绝句四首）》（第474页）："难得重阳霁色开，无风无雨此登台。不愁不醉酬佳节，但少黄花照酒杯。""纵有黄花莫漫夸，可能解语作琵琶。红颜一点如花朵，眼底疏林尽亦霞。""茶峡堂前客兴狂，挥毫洒墨斗秋芳。自嘲白发簪红蕊，偏向枝头写傲霜。""保丰台上月华清，台下踏歌行复行。可奈夜深风露冷，几声雁语落江城。"《九日花果会又和舫翁先生一首》（第474页）："草堂三径渐开荒，花果秋筵傲洛阳。黄菊写来争叶艳，紫萸插遍已成行。当年人物传彭泽，此日歌声拟柏梁。月下青娥吹玉笛，保丰高处是云房。"

又，在花果会上，作诗慰施闰毓。

《天延阁后集》卷十二《丁卯诗略·慰懋坪》（第473页）："花果登高会，持螯且暂来。"

重九后三日，作《山堂读书图》轴。题款："疏林秋净雁来初，却忆山堂好读书。为写茶崖高万丈，先生俯仰意何如。丁卯重九后三日。仿梅华道人笔意，瞿山梅清并题。"

收录于《中国古代书画图目》第四册。现藏于上海博物馆。

九月，施闰毓为《天延阁后集》卷十二《丁卯诗略》作序。

《天延阁后集》卷十二《丁卯诗略·施闰毓序》（第466页）："丁卯菊月年家眷世小弟施闰毓剩愚顿首拜题。"

秋，作诗怀吴菘。

《天延阁后集》卷十二《丁卯诗略》中有《怀绮园二首》（第473页）。

又，作《保丰台晴望》诗。

《天延阁后集》卷十二《丁卯诗略·保丰台晴望》（第475页）："……千里雁来风乍冷，万家烟动雪初晴。……"

又，作《寻菊》诗。

《天延阁后集》卷十二《丁卯诗略》中有《寻菊》（第475页）。

又，作诗怀梅凤枝。

《天延阁后集》卷十二《丁卯诗略·怀东渚八兄》（第475页）："……两地三秋

空踯躅……决计相思莫相负，隔春先买上滩舟。"

冬，走青溪访星灿和尚，听其说法。

《天延阁后集》卷十二《丁卯诗略·访星灿和尚说法青溪》（第476页）："……孤磬浮寒竹，轻风放野梅。"

又，往京城，赴试。

《天延阁后集》卷十二《丁卯诗略·北上》（第476页）："不堪白发向长安，十度三年行路难。最是芦沟风雪日，污泥尺二裹征鞍。"

又，作《孙孝子庐墓处》诗。

《天延阁后集》卷十二《丁卯诗略》中有《孙孝子庐墓处》（第467页）。

是岁，柳堉至宣城，有诗送其还金陵。

《天延阁后集》卷十二《丁卯诗略·送柳公韩归白下》（第470页）："把酒问归船，南风折柳边。即今两水别，翻忆十年前。白发交原古，清樽兴转牵。只应囊妙笔，莫与世人传。"

又，宣城知县召集地方文士纂修《宣城县志》，与梅庚同编举人之部，梅文鼎纂府学生之部，约五月，纂成。

《宣城县志·李振裕序》："康熙丁卯孟春月，提督江南学政内阁学士兼礼部侍郎，吉水李振裕撰。"

又，诸子招饮于环韵楼，突遇长子季周亡故，未至。

《天延阁后集》卷十二《丁卯诗略·书泉、蕉田、凫山、北村、雪浦诸子招饮环韵楼，时予有亡儿之变，故末句及之》（第472页）："擎将今日酒，记起去年秋。强逐看花伴，仍登听雨楼。箫吹肠忽断，歌罢泪还流。可奈为欢地，悲哉我独愁。"

又，寄信于女婿陈于琏及其子、女儿、诸外孙。

《天延阁后集》卷十二《丁卯诗略·寄楚南陈婿与大姑暨诸甥客岁书来迟迟未答伤怀纪事率成四首》（第475页）："远别三千路，轻抛十八年。楚云横在眼，湖水阔于天。旧梦琴声断，新愁燕影悬（三年之内予有老妻长子之痛）。平安书不得，恐汝泪痕牵。""一官毋谓冷，妻子乐相从。弱质虽萍梗，诸甥尽虎龙。难摩亲骨肉，谁识老形容。但许逢生面，休嗟曳短筇。""男女同胞好，分行已十人。功名在年少，努力必青春。老眼何由见，离怀觉转亲。黄陂与宛水，须认是比邻。""空负当年约，频添此日愁。行藏双剑背，事业一尊浮。尔宦程方远，予衰鬓已秋。团圆冀何日，喜剧病应瘳。"

又，应画家朱复樵之邀，为其《行乐图》题诗。朱复樵亦为陈洪绶友。

《天延阁后集》卷十二《丁卯诗略·朱复樵索题行乐图歌》（第471—472页）："复樵先生称好手，旧日老莲是其友。与我论交亦有年，三吴墨妙谁先后。先生自是古之狂，不冠不裳真徜徉。画就生绢千万轴，尽换金钱付杜康。君不见图中之人，樽中之酒，一饮一醉需一斗，富贵浮云复何有。君今囊笔向天都，八月云涛海尽铺。何不置身三十六峰上，自写游仙人姓朱。"

又，观徐凫山以西洋法画《天马图》。

《天延阁后集》卷十二《丁卯诗略·天马图歌（徐凫山仿西洋笔法）》（第474页）："……云台之上麟阁中，画图多少真英雄。人人御马如御龙，何当一战收大功，四蹄踏向五云中。"

又，赠诗桐川刺史朱国柱。

《天延阁后集》卷十二《丁卯诗略·复古研池歌寄赠桐川朱刺史立山》（第470—471页）："旧时曾陟横山顶，揽尽桐川好风景。……访古还闻有研池，范公凿自少年时。范公大志能自命，范公卑官亦不辞。……眼前百辈不堪数，昂首还呼范仲淹。前人后人不相见，研池再凿还生面。……我宛城中古北楼，谢公游后李公游。今昔才子美踪迹，作赋题诗在上头。……不随荒烟乱草中。"

又，作诗赞吴佩韦（吴舫翁之父）先生。

《天延阁后集》卷十二《丁卯诗略·题吴佩韦先生祝君敬祖遗像（有引）》（第471页）："佩韦先生吉安人，当明季为诸生，时值闯贼之变，先生遂隐居深山，不复出。日焚香具衣冠以拜，祝国禧也，已而废饮食；日焚香具衣冠以拜，别祖祠也。遂长逝与世辞，长子云哀痛不已，图像征诗，跽请以传其事。""一生一死报君亲，不负儒冠总认真。直使英灵归故主……谁解九原千古痛，须知孝子是忠臣。"

又，作《画龙》诗。

《天延阁后集》卷十二《丁卯诗略·画龙》（第474页）："堂上如何近海东，飞龙忽起墨池中。五云现爪原难测，一笔填睛便不同。莫惜甘霖腾旱岁，好教鳞甲鼓春风。九天只尺知非远，岂是寻常遇叶公。"

又，作《画虎》诗。

《天延阁后集》卷十二《丁卯诗略·画虎》（第474—475页）："凌空作势总无

伦，落笔生风绝有神。只道谷中能剥兽，如何壁上亦惊人。郭文摘骨原同幻，李广湾弓莫认真。自是山君能善变，即教图画也难驯。"

又，盘桓宣城韩愈读书处，作诗缅怀之。

《天延阁后集》卷十二《丁卯诗略》中有《韩文公读书处（有引）》（第467页）。

又，作《梅花》诗。

《天延阁后集》卷十二《丁卯诗略·梅花诗四首》（第467—468页）："……香盈庾岭埋残雪，影落孤山破晓烟。岁晚论交许松竹，肯教颜色竟人怜。"（其四）

又，作《水中梅影》诗。

《天延阁后集》卷十二《丁卯诗略·水中梅影诗四首》（第468页）："野岸花寒影独遥，横塘波冷暗相招。……春风消息无寻处，不在吴山在灞桥。"（其一）

又，作《月中梅影》诗。

《天延阁后集》卷十二《丁卯诗略·月中梅影四首》（第468—469页）："……满壁横斜开薄雾，一枝寂寞引微风。……想到夜深人去后，依稀香在有无中。"（其一）

又，作雪梅、风梅、盆梅、瓶梅各一首，以和施孝虔，其《风梅》诗曰："共指春风在上林，如何也遍故山岭。几番信到枝枝动，无意香来处处寻。只恐飘零清夜梦，那堪摇荡白头吟。高呼莫使芳魂乱，铁干能坚岁暮心。"

《天延阁后集》卷十二《丁卯诗略》中有《雪梅（以下四首次施孝虔韵）》《风梅》《盆梅》《瓶梅》（第469页）。

又，作《徐凫山索题小影》诗。

《天延阁后集》卷十二《丁卯诗略》中有《徐凫山索题小影》（第470页）。

又，作《葛氏灾火挽诗》。

《天延阁后集》卷十二《丁卯诗略》中有《葛氏灾火挽诗（有引）》（第471页）。

又，归茶峡草堂后，作诗忆旧。

《天延阁后集》卷十二《丁卯诗略》中有《归茶峡后忆旧居五绝句》（第472页）。

又，作诗怀家姊。

《天延阁后集》卷十二《丁卯诗略》中有《怀家姊山右大女湖南》（第475页）。

又，应吴凯臣之招，同诸子集只园登望叠楼。

《天延阁后集》卷十二《丁卯诗略》中有《吴凯臣招同诸子集只园登望叠楼和少恭元韵》（第475页）。

又，眷仲遂游宣城，至茶峡草堂会晤，遂作诗送其归浣江，兼讯浣江诸旧好。

《天延阁后集》卷十二《丁卯诗略》中有《送眷仲遂归浣江兼讯浣江诸旧好》（第475页）。

又，作《雪夜》诗。

《天延阁后集》卷十二《丁卯诗略》中有《雪夜》（第476页）。

又，作《独坐》诗。

《天延阁后集》卷十二《丁卯诗略》中有《独坐》（第476页）。

又，喜接五弟梅梦绂回信，高兴赋诗二首。

《天延阁后集》卷十二《丁卯诗略》中有《喜闻五弟季赤归信骤成二首》（第476页）。

又，作诗怀尤书。

《天延阁后集》卷十二《丁卯诗略》中有《怀雪浦（时有母艰）》（第476页）。

又，至书简给长安（代指京城）老友。

《天延阁后集》卷十二《丁卯诗略》中有《简长安老友》（第476页）。

清康熙二十七年（戊辰，1688年） 六十六岁

一月，十度北上春试，仍落第。

《东渚诗集》卷十二中有梅凤枝《戊辰岁首答渊公枉怀元韵（时渊公车北上）》。

二月，飞雪。在京城，感叹"楚客原多恨……春寒不敢辞"。

《天延阁后集》卷十三《戊辰诗略》中有《二月雪》（第479页）。

孟春，寄书于王耕书。

《天延阁后集》卷十三《戊辰诗略》中有《寄王耕书（因其长公同小孙偕往武昌，时在戊辰孟春）》（第480页）。

春，落第归来，寄诗于蔡瑶。

《天延阁后集》卷十三《戊辰诗略·既归复寄蔡晓原彭城常观察幕府》（第479页）："老病谁怜行路难，春风吹不到长安。黄河望去尘千里，白发归来雪一鞍。

梦绕中郎莲幕近，心伤季子墨貂残。相思咫尺分南北，辜负平原十日欢。"

又，作《水仙花》诗。

《天延阁后集》卷十三《戊辰诗略·水仙花》（第479页）："……老眼朦胧牵薄雾，春宵酩酊引微风。凡葩不敢争颜色，唯有梅花气味同。"

又，舟行之中，和诗汤逸。

《天延阁后集》卷十三《戊辰诗略》中有《舟行和希白韵》（第479页）。

又，作《舟回》诗。

《天延阁后集》卷十三《戊辰诗略·舟回（仍用前韵）》（第479页）："……谁解尘中春去尽，江南风景在田间。"

寒食节，作《寒食七泣》诗七首，悼念父母、妻子、兄弟，其兄弟、子嗣皆有五人，已逝者各有三人。

《天延阁后集》卷十三《戊辰诗略·寒食七泣》（第479—480页）："我祖我祖柏枳阿，溪盘树结峰嵯峨。下有飞虹不可过（即飞桥石上勒引虹）。欲往从之豺虎多，侧身南望涕滂沱。""我父我父坐吉冈（即山嘴），城山曾祖当其阳。天留太极悬明堂，骑龙踞虎居中央。何来狐兔群跳梁，仰天一恸心俱崩。""我母我母卧石岭，下有彭城如户引。墓门一闭形声隐，恍惚遇之双泪冷。五龙呼后何年醒（土五色名五龙冲），孤儿白发过于顶，东风吹动如何忍。""老妻老妻凄凄啼，半丘未定仍浮栖。芙蓉嶂落珍珠脐（皆地名在敬亭西将上于此），与尔同穴我所期。伤心死别兼生离，儿子存亡尔不知。一声哭向版桥西（时厝板桥去年有大儿之变）。""膝下膝下五儿郎，惊心过半分存亡。松龄钟龄哭未歇，那堪又送长子季周归南冈。音容只觉留空房，高呼不应心催伤。""伯兄之骨埋青干，仲兄之骨埋楚山。黄池五弟又长逝，山巅水涯各一方。伶仃孤子各断肠，侧身再望泪下不可当。""生平之友三四辈，贫贱公卿皆老大。髻发银髯数十年，纷纷舍我如露薤。南山亦累累，北山亦累累。苍天无际海无涯，百年百年终有期。请收双泪倒千卮，炙牛秉烛莫相疑，仰天一笑君何迟。"

春，应子梅蔚之邀，与诸君饮酒于天延阁，并赏牡丹。

《天延阁后集》卷十三《戊辰诗略》中有《天延阁牡丹放花逾百，蔚儿邀诸君小饮，偶成四绝句》（第480页）、《初植牡丹于茶峡草堂，戊辰春得花一枝，放最久，诸公索酒题诗戏成二首》（第481页）。

又，登宣城培风阁，作送春诗。

《天延阁后集》卷十三《戊辰诗略》中有《培风阁送春四首》（第481页）。

又，寄诗王其弼将军。

《天延阁后集》卷十三《戊辰诗略》中有《寄王其弼将军》（第480页）。

又，作诗和汤逸。

《天延阁后集》卷十三《戊辰诗略》中有《朝龙洞和希白》（第480页）。

又，应施孝虔之招，同吴谋公（字聪若）、王安又、姜兹山、沈泌、沈俊若、沈力仁、汤逸、钟铭文、施闰毓、梅岂（字汝谐）、梅元衡等人聚会饮酒赋诗。

《天延阁后集》卷十三《戊辰诗略》中有《施孝虔招同吴聪若、王安又、姜兹山、沈方邺、沈俊若、沈力仁、汤希白、钟有锡、施汜郎、家汝谐、元衡诸君饮珠兰花下限十三元》（第482页）。

夏，作《莲蕊》《莲苞》《莲花》《莲子》诸诗。

《天延阁后集》卷十三《戊辰诗略》中有《莲蕊》《莲苞》《莲花》《莲子》（第481页）。

又，同诸子登敬亭山，作诗和施闰章壁间韵。

《天延阁后集》卷十三《戊辰诗略·同诸子敬亭山和愚山壁间韵》（第483页）："……暑气乍来蒸客袂，莺声不断过遥岑。"

又，作诗送钟书泉游靖江。

《天延阁后集》卷十三《戊辰诗略·送钟书泉游靖江》（第481页）："……三江供墨洒，千里念炎蒸。"

五月，庐江友人翰林院编修宋衡来宣城，偶见去岁所作之《黄山图》，欲索取。自忆画图之时，陈对廷、沈泌争相抢画，愿以他图数幅相易，皆未允。此番赠予宋氏，遂重摹一件并以诗记之。

《天延阁后集》卷十三《戊辰诗略·赠画歌为宋伊平太史赋》（第482页）："去年六月天苦热，挥毫扫出千峰雪。置身忽入黄海中，空堂四壁寒光洌。何人策蹇踏层冰，乃是老瞿结想凌空行。一时同学数十辈，都来画里避炎蒸。仙源陈令一见便攘夺，山阴沈子再见争相攫。宁拼数幅易一幅，束向高楼自娱乐。今年五月天气凉，尽将图画风前张。自谓衰老独闭户，北窗高卧矜羲皇。庐江故人来宛水，玉堂金马真才子。褰裳一别已七年，君在云霄我泥滓。坐我茶峡堂，寻我天延阁。投我以新诗，字字成丘壑。误从枯海拾明珠，遂将此帧先探索。知君有意故称奇，使我踌躇赠转迟。譬彼清凉界，一朝移去卧游迷。譬彼延津剑，旧知托赠逢新知。

舍我蓬荜居华屋，画兮画兮尔亦足，何必名山藏没汩。噫嘻噫嘻，呼儿割取纸一匹，凭将冷眼放铁笔。挥汗贾勇只倾刻，另辟峨眉天半白。只恐他日又逢君，定然卷去称双璧。"

宋衡（1654—1729），字伊平，号嵩南，安徽庐江人。清代桐城派的庐江代表作家。康熙乙丑年（1685年）进士，翰林院庶吉士，授编修，历侍读学士，主试云南，督学四川。曾参与编纂《明史》。工诗文，善书法。六十岁致仕主持钟山书院，著有《啸梅斋集》。宋衡与桐城派鼻祖方苞是儿女亲家，其子宋嗣炎，系方苞女婿。

六月，作《溪山雪景图》赠沈泌，并请其题款。

《天延阁后集》卷十三《戊辰诗略·题雪景赠方邺》（第483页）："毒热炎方避亦难，洒将雪片当游观。攫身竟坐千峰内，放眼能生六月寒。"

《天延阁赠言集》卷之三中有沈泌《戊辰六月梅瞿山先生以溪山雪景属题，口占塞命》（第522页）。

又，为施闰毓先生纳宠戏作两首。闰毓先生以诗见示，又答二首。

《天延阁后集》卷十三《戊辰诗略》中有《愨坪先生六月纳宠戏简二首》（第482页）、《愨坪纳宠三日后以诗见示又答二首》（第482—483页）。

夏，作诗送钱岂闻赴任。

《天延阁后集》卷十三《戊辰诗略·送钱岂闻佐雄邑》（第483页）："……别离珍重当三伏，南北相思系五云。"

七夕，作诗感怀。

《天延阁后集》卷十三《戊辰诗略·戊辰七夕》（第484页）："已喜天真雨，还怜晚复晴。别离曾有恨，会合岂无情。填鹊河应满，穿针月乍明。江边吹画角，愁绝动秋声。"

八月一日（朔日），族兄梅枝凤为《戊辰诗略》作序。称，骚人墨客以得梅清片纸为荣。

《天延阁后集》卷十三《戊辰诗略·梅枝凤序》（第477页）："予少与施愚山先生同研席。……甲午秋，瞿山初登贤书。……而瞿山乃并李杜王孟之长，复兼北苑南宫之迹，名重海内。自学士大夫及骚人逸士所在，倒屣以得其片纸为荣……戊辰秋八月朔日，东渚老痴枝凤拜手撰，时年七十有四。"

七八月间，寄《天延阁删后诗》及诗、画给寓居金陵的戴本孝，并邀其参加花果会。

《天延阁赠言集》卷之四中有戴本孝《瞿山先生寄示天延阁大集兼惠诗画，远订花果之会，小诗谢答纪怀》（第531页）。《余生诗稿》卷十题作《答梅瞿山》。

戴本孝（1621—1691），字务旃，号前休子、鹰阿山樵等，休宁（今安徽休宁）人。梅清画友。能诗，擅画山水，偶画松梅。所画山水多黄山风景，喜用枯笔，格调松秀枯淡，墨色苍浑，丘壑不繁，笔法简逸而气势夺人，近元人风味。多作卷册小景，大幅罕见。

八月，作《一木殿》诗。

《天延阁后集》卷十三《戊辰诗略》中有《一木殿（有引）》（第486页）。

九月九日花果会，诸子集于茶峡草堂，观蕊珍美人演剧并吟诗作画。

《天延阁后集》卷十三《戊辰诗略》中有《戊辰九日花果会集茶峡草堂观蕊珍美人演剧十绝句》（第484页）。

又，与参加花果会诸先生（万赞伯、贡声九、汤鹤山、施闰毓、尤书、沈介锡、梅序偕、梅周祚）集于梅枝凤满听楼，赋诗作画。

《天延阁后集》卷十三《戊辰诗略》中有《花果会集家东渚先生满听楼，同万赞伯、贡声九、汤鹤山、施懋坪、尤雪浦、沈介锡、家序偕、周祚分赋一律》（第486页）。

《东渚诗集》卷五中有梅枝凤《喜瞿山偕汤鹤山、尤雪埔、施懋坪诸君过草堂感旧有作》。

又，同沈俊若、施闰毓至蕊珍美人阳坡山房赋诗。

《天延阁后集》卷十三《戊辰诗略》中有《同俊若、氾郎饮蕊珍阳坡山房，仍用前韵》（第486页）。

又，作《答蕊珍较书》诗二首。

《天延阁后集》卷十三《戊辰诗略·答蕊珍较书二首》（第481—482页）："去年何日保丰台，寂寞于今梦几回。记得重阳邀酒伴，菊花丛里美人来。""水西春雨炉花枝，闻道仙舟夏又移。谁信红颜牵白发，蝇头细字寄新词。"

十月，怀宁人昝茹芝（字元彦，号石塘）回祖籍宣城，作《石塘先生歌》并题画赠之。

《天延阁后集》卷十三《戊辰诗略·石塘先生歌（赠昝元彦）》（第485页）："先生旧是宣州人，世居乃在南湖滨。屈指五代适皖土，杏花村与龙湾邻。其中石塘地最古，先生爱之名乃因。石塘先生谁其伦，石塘先生如天神。有时弄笔如弄剑，千军扫尽锋芒新。有时慷慨独吊古，有时肮脏悲风尘。……昨来宛水寻故林，高呼老瞿情最真。紫蟹黄花共一醉，一别再别歌声频。君不见马头东指横山顶，故人有约秋天迥。谁怜十月晓风寒，望中独见孤鸿影。"《题画为昝石塘》（第485页）："碧水苍岩忆石塘，高人长啸咏沧浪。写将松树虽无色，吹落涛声或有香。"

秋，作诗怀念戴本孝、戴移孝兄弟。

《天延阁后集》卷十三《戊辰诗略·寄戴务旃、无忝兄弟》（第483页）："隔江怀二戴，大小并吾师。兄弟谁相若，机云或近之。未经重席地，空忆碎琴时。望里头俱白，秋风故意吹。"

又，寄诗给在京城做官的梅鋗。

《天延阁后集》卷十三《戊辰诗略·怀家桐崖给谏》（第483页）："惊心春雪天南别，转眼秋风冀北凉。……"

又，泛舟响潭。作《泛舟响潭图》。题款："野涨接城闉，轻舟放宛津。晴光惊午远，酒气觉逾亲。桨荡云移树，箫吹月近人。空潭回夜色，隐隐见龙鳞。泛舟响潭，用马遥父笔意。瞿山。"

《天延阁后集》卷十三《戊辰诗略》中有《泛舟响潭》（第484页）。

又，作《城南晚眺》诗。

《天延阁后集》卷十三《戊辰诗略·城南晚眺用红字》（第485页）："拂眼向秋空，寒城落日中。……"

又，作诗吟山楼。

《天延阁后集》卷十三《戊辰诗略·饮家非石山楼二绝句》（第486页）："索醉来登溪上楼，凭栏忽见意中秋。……"

又，登梅枝风满听楼，为其赋诗二首。

《天延阁后集》卷十三《戊辰诗略》中有《满听楼为东渚八兄赋二首》（第486页）。

又，作《新秋》诗。

《天延阁后集》卷十三《戊辰诗略》中有《新秋》（第484页）。

又，陪盖将军游云深庵。

《天延阁后集》卷十三《戊辰诗略·陪盖将军游云深庵》（第479页）："……柳絮飘残风渐暖，杜鹃啼老麦初秋。……"

又，作诗送外孙陈佩公归楚黄。

《天延阁后集》卷十三《戊辰诗略》中有《送外孙陈佩公归楚黄兼寄其双亲龙阳县二首》（第485页）。

冬，作《独坐喜灯花似梅》诗。

《天延阁后集》卷十三《戊辰诗略·冬夜独坐喜灯花似梅》（第479页）："酒倾冰碗色犹寒，花吐银缸兴未阑。可是先春连夜发，何来破蜡一枝攒。乍明乍暗和愁剪，旋落旋开带笑看。驿使陇头消息远，眼前底事报新欢。"

又，"联翩幽兴发"，遂与汤逸、施闰毓、尤书作冬游。

《天延阁后集》卷十三《戊辰诗略》中有《冬行即事同鹤山、愗平、雪浦》（第486页）。

十一月十三日，梅以俊卒，享年五十四岁。"配陈氏，生女一，适胡。立侄文学班成为嗣，即理父也。"（孙嘉淦《文学梅子彦先生传》，《文峰梅氏宗谱》卷十）

是岁，作题画诗。

《天延阁后集》卷十三《戊辰诗略·题画二首》（第483页）："老来作画太荒唐，横扫枯毫似帚忙。九曲三江一千里，图成尺幅已汪洋。""太白矶头枫树红，几人曾唱大江东。谁将一点孤舟泪，滴向寒潮落日中。"

又，作诗呈郡尊王公辅。

《天延阁后集》卷十三《戊辰诗略》中有《呈王郡尊公辅》（第479页）。

郡尊王公辅，此时郡尊应为王国柱，生平不详。（《宁国府志》卷四《职官表·职官下》）

又，外甥汤逸为《天延阁后集》卷十三《戊辰诗略》作序。言及近年来于里中组花果会，提携后进。

《天延阁后集》卷十三《戊辰诗略·汤逸序》（第478页）："迩年吾宛攻诗画者，继起数十辈。日从吾舅氏游，结花果之会。尊酒交欢，忘年忘分。"

又，有诗寄石涛。

《天延阁后集》卷十三《戊辰诗略·寄石涛（时在扬州）》（第483页）："六载轻千里，高风不可群。啸歌怜旧雨，踪迹想浮云。老鹤栖常病，孤鸿远更闻。广陵秋色好，吾亦下江濆。"

又，题画赠女婿陈于琏。

《天延阁后集》卷十三《戊辰诗略·题画赠陈婿慕潭》（第484页）："新凉入夜

掩深关，月色桐阴满地闲。觅句沉吟无着处，秋声疑在画图间。"

又，初识沈轫庵，并题画相送。

《天延阁后集》卷十三《戊辰诗略·赠沈轫庵先生》（第482页）："才子休文自古今，风流此日更追寻。从知世好声华重，况复神交岁月深。系艇双溪初握手，哪厄叠嶂对开襟。驱车何处消长夏，黄海峰头一鼓琴。"《题画送轫庵游黄山》（第482页）："曾向云门曳短筇，仙源谷口万株松。相思别后都成梦，寻到黄山第几峰。"

又，作诗答沈天士兼致张东山。

《天延阁后集》卷十三《戊辰诗略》中有《答沈天士兼致张东山二首》（第483页）。

张东山，名天爵，字东山，晚年又号鸿濛，以字行，人称"东山先生"，江南丹徒（今江苏镇江）人。

又，作诗怀梅左白太史。

《天延阁后集》卷十三《戊辰诗略·怀家左白太史》（第483—484页）："……春草难禁梦里生。白首所思惟伯仲（桐崖与左白兄弟也），好扶神鼎共调羹。"

又，有诗送沈力仁入幕西秦。

《天延阁后集》卷十三《戊辰诗略》中有《送沈力仁入幕西秦》（第485页）。

又，吴子云新构观颐堂，作诗贺之。

《天延阁后集》卷十三《戊辰诗略》中有《吴子云新构观颐堂，为其尊人介以公所居，作此寄之》（第484页）。

吴子云，字霞蒸，号五崖，顺治十二年（1655年）进士，历庐州府教授、国子监助教，迁户部郎中。河南提学道增秩，以参议用。补成都同知。先后辖雅州、温州、屏山政务，皆以清廉著声。

又，作《徐凫山画西洋马》诗。

《天延阁后集》卷十三《戊辰诗略》中有《徐凫山画西洋马》（第486页）。

又，游三天洞。

《天延阁后集》卷十三《戊辰诗略》中有《三天洞》（第486—487页）。

又，游仙人岩。

《天延阁后集》卷十三《戊辰诗略》中有《仙人岩》（第487页）。

又，作《感事》诗。

《天延阁后集》卷十三《戊辰诗略》中有《感事》（第487页）。

清康熙二十八年（己巳，1689年） 六十七岁

三月，往柏枧山祭祖，停留七日。

《瞿山诗略》卷二十九《己庚二年①诗·展墓四首（有引）》（第713页）："己巳三月。同族中兄弟子侄辈，入柏枧山拜扫先陇。是日长幼咸集，较昔称盛。墓门荒芜，手自修葺，见者改观。坐卧山中凡七日，流连不能去。拈笔得四诗。属诸子为唱和之端。""家山常在眼，望陇欲含啼。此日儿孙聚，千年拜扫齐。云将开石壁，虹忽引深溪。十里峰峦胜，层层认旧蹊。""棒莽驱除尽，高坟始见天。松楸开幛幕，龙凤起蹁跹。昂首思前烈，惊心问后贤。吾生怜较晚，灵秀在千年。""山口人争识，何如谷日幽。倒悬千丈壁，分挂万重流。扫石开生面，攀萝蹑上头。酒酣归不得，应许白云留。""住山曾七日，翻觉有余情。鸟语能留客，花开不赠行。只愁沽酒竭，却值采茶晴。栖息怜无定，浮沉负此生。"

三月三十日，应耿虞赓之招，同濮无著、沈泌、程千云、李宋若、梅翀集署斋小饮赋诗，即席用亲字。

《瞿山诗略》卷二十九《己庚二年诗》中有《耿虞赓招同濮无著、沈方邺、程千云、李宋若、家培翼集署斋即席用亲字（时三月三十日）》（第718页）。

梅翀，字培翌，号鹿野、文脊山人。梅清从孙，年相若，为清初画家。善山水，画松石有奇趣，偶代清作，称神似。摹古得宋元笔意，尝与梅清写生黄山，为黄山画派名家之一。（《安徽人物大辞典》，第266页）

四月，过白雪楼遇沈泌。

《瞿山诗略》卷二十九《己庚二年诗·重过白雪楼遇沈方邺》（第718页）："……意中各有天都兴，藤杖分扶恨不齐。"

夏至日，为歙县知县靳治荆作《黄山纪游图》册页十二开。"西海门""黄山松谷""炼丹台""文殊院""莲华峰""容溪""百步云梯""绕龙松""浮丘峰""自龙潭""云门""天都峰"。其中"天都峰"题款："别黄山十年，每思贾勇重游，逡巡不果。偶写数峰，寄熊翁老年父台大教。先生为黄山大主人，寄先生犹寄黄山也。己巳长至，瞿山弟梅清。"

此作引首"黄岳卧游。文华新得梅瞿山黄山画册，出示因题。庚申春暮壮暮

---

① 己庚二年：指康熙二十八年（己巳，1689年）和康熙二十九年（庚午，1690年）。

翁稚柳。"每页有清人顾于观对题。顾于观跋:"是册为歆宰公所藏,乾隆六年十一月过难弟丽江守十一丈雷溪,出此见示。观因系小句,如右十二诗,乃昨夜归来,灯下所成,及书此册,乃竟日。纸不吸墨,无如何耳。生平未到黄山,以是为憾,故诗中全不及画云。初九薄暮,顾于观并记。"

又,作《月饼诗》。

《瞿山诗略》卷二十九《己庚二年诗·月饼诗二首》(第715页):"谁怜人巧本天成,想见团圞得此名。脱手浑疑仙斧就,委身但许玉盘盛。……若使精华能裹腹,那须烹炼乞长生。""良夜闲庭酒乍浮,案头何物喘吴牛。……谁能画出山河影,只尺从君万里游。"

秋,于臣虎自绩溪金沙来,过访草堂,喜而赋诗。后游天都,再赋诗相送。

《瞿山诗略》卷二十九《己庚二年诗·喜于臣虎过访草堂》(第713—714页):"有客鼓棹自金沙,手采江上青莲花。扁舟泊自向宛溪下,高呼茶峡老瞿家。……"《送于臣虎游天都》(第715页):"九月万山中,游人一杖通。西风吹不断,南望与何穷。满眼飞红叶,高怀放菊从。天都多唱和,联臂倚秋空。"

八月十五日,同于臣虎、汤逸、施闰毓、施孝虔、梅翀、梅蔚、梅熹及梅彪等赏月。

《瞿山诗略》卷二十九《己庚二年诗》中有《中秋步月同菊存、臣虎、暗昭、力仁、希白、愍坪、孝虔、培翼暨蔚、熹两儿及彪孙辈》(第714页)。

九月九日,同汤逸、沈力仁、施闰毓、梅翀诸子登鳌峰。

《瞿山诗略》卷二十九《己庚二年诗·九日同希白、力仁、愍坪、培翼诸子登鳌峰即事》(第715页):"……风高初落木,山冷渐含烟。……"

九月,与梅庚、梅蔚、施闰毓等合作《杂画合作六段》卷。第一段梅清画石并题款:"寄赠文翁老先生年台,并呈澹翁太老先生统求大教。九龄风度接留侯,节钺双悬控上游。览古应过光武宅,论兵需依仲宣楼。千江丝管殷勤起,三楚烽烟次第收。世好久惭门下士,怀人不独是惊秋。己巳九月望前,陵阳梅清拜手。"第二段梅清画松,并题款:"写进文翁老先生教,瞿山梅清。"

《中国古代书画图目》第四册。现藏于上海博物馆。

又,作《黄山烟云图》。题款:"己巳年九月,瞿山梅清。"

亚明先生曾为其题跋。宣城柳国财先生藏。

阳月(农历十月),作《黄山图》册页十二开,寄赠新安郡司马曹贞吉。题款："意之所至。己巳长至，瞿山梅清。"（之一）"天都峰。莲花莲蕊之间。"（之二）"文殊院。西海门。"（之三）"齐云岩。松谷。"（之四）"琴溪积。敬亭山。"（之五）"云门。柏枧飞桥。"（之六）"老去怀人已可怜，风流司马独情牵。梅花忽报三年别，鸿雁难禁十月天。飞盖纵横开洞壑，挥毫呼吸起云烟。中原词客谁能及，不在黄巅在岱巅。己巳阳月，寄呈老年祖台先生大教。宛陵梅清拜稿。"

《瞿山诗略》卷二十九《己庚二年诗》中有《寄新安郡司马曹实庵》（第716页），内容与画中题诗一致。

收录于《中国古代书画图目》第十三册。现藏于广东省博物馆。

此图几点不明：一、说是黄山图，但还有宣城境内的景点；二、长至是夏至，不在十月。据此或可推测，此图从长至开始创作，题名黄山，结果没有完成，后在阳月完成，又增加几幅宣城景色。

秋，寄诗于卓火传。

《瞿山诗略》卷二十九《己庚二年诗》中有《寄卓火传先生传经堂》（第715页）。

又，作《秋风辞》诗。

《瞿山诗略》卷二十九《己庚二年诗》中有《秋风辞》（第712—713页）。

又，作《秋海棠》诗。

《瞿山诗略》卷二十九《己庚二年诗》中有《秋海棠》（第714页）。

又，作《秋夜》诗。

《瞿山诗略》卷二十九《己庚二年诗》中有《秋夜》（第714页）。

又，作《东园欢》诗。

《瞿山诗略》卷二十九《己庚二年诗》中有《东园欢》（第713页）。

又，作《赋得明月照积雪二首（东园限韵）》诗。

《瞿山诗略》卷二十九《己庚二年诗》中有《赋得明月照积雪二首（东园限韵）》（第713页）。

又，作诗送唐菊存归天长。

《瞿山诗略》卷二十九《己庚二年诗》中有《送唐菊存归天长》（第715页）。

又，寄诗于广陵许松年。

《瞿山诗略》卷二十九《己庚二年诗》中有《寄许松年广陵》（第715页）。

又，作《菊径晚秋》诗。

《瞿山诗略》卷二十九《己庚二年诗》中有《菊径晚秋》（第716页）。

又，遇梅衡留饮。

《瞿山诗略》卷二十九《己庚二年诗》中有《家衡叔留饮山居》（第715页）。

又，赠别梅遍如归西秦。

《瞿山诗略》卷二十九《己庚二年诗》中有《赠别家遍如归西秦》（第716页）。

又，寄赠郧襄副宪张文子兼怀澹翁。

《瞿山诗略》卷二十九《己庚二年诗》中有《寄郧襄副宪张文子兼怀澹翁先生》（第716页）。

在《清史稿》《皇朝文献通考》《皇朝通志》及《皇朝通典》等清代文献中，均有湖广郧阳局和湖广襄阳局开局鼓铸的记载："（顺治）七年，开湖广襄阳、郧阳二府鼓铸局，（顺治）八年，湖广之荆州常德襄阳郧阳府等局一概停止。"

副宪，清代都察院副长官左副都御史的别称。

又，作《紫芝歌》诗。

《瞿山诗略》卷二十九《己庚二年诗》中有《紫芝歌二首》（第712页）。

又，作诗咏草堂莲花。

《瞿山诗略》卷二十九《己庚二年诗》中有《草堂莲花》（第713页）。

冬，汤宾尹卒。（陶爽龄《悲敬亭》小引，《今是堂集》卷八）

是岁，作诗贺徐元文先生寿辰。

《瞿山诗略》卷二十九《己庚二年诗·贺徐立斋先生大拜四十韵》（第714页）："天子崇三殿，千官第一人。太平思宰相，大雅识名臣。……补衮留千祀，为霖及万民。帝臣由帝简，自古重天申。"

又，程守病逝，年七十一，作诗挽之。

《瞿山诗略》卷二十九《己庚二年诗·挽程蚀庵先生二首》（第716页）："江左真词伯，天都老逸民。鹤归沉华表，星殒冷秋旻。幽抱能无痛，文章实有神。自怜头已白，还哭白头人。""道貌原能古，文心老更奇。竟辜莲社约，曾序友声诗。薤露歌初放，山阳笛久吹。春风生墓草，酹酒俟何时。"

又，八兄梅枝凤病，先有所好转，后终不治。有诗吊之。

《瞿山诗略》卷二十九《己庚二年诗·喜闻东渚八兄病愈却寄》（第713页）："屈指无书曾几月，逢人问讯已多时。乍闻病渐疗能起，骤使心真喜不疑。常愿青山重挈伴，谁怜白发转相思。世间那有成仙术，且把清尊醉莫辞。"《哭东渚八兄二首》（第715页）："望里魂难定，传来信忽真。星疑沉大陆，鹤竟返秋旻。宗党分偏切（八兄家水东，予家山口），交情老更亲。忍开今日眼，不见去年人。""把酒更无求，吟诗到白头。如何声忽断，只觉韵仍留。图史抛千卷，溪山付一楼。只今歌易箦，永诀亦风流（东渚有易箦歌七首）。"

又，作《松石图》轴。题款："己巳嘉平□□，写祝胡母汪太夫人节寿并请枢老年兄教。瞿山梅清。"

收录于梅瞿山绘《梅瞿山画集》（上海人民美术出版社1960年版）。

又，好友沈泌病殁，年五十七。（程哲《蓉槎蠡说》卷十）

清康熙二十九年（庚午，1690年） 六十八岁

春，送外甥陈晓亭归楚黄，自己前往旌德旌阳。

《瞿山诗略》卷二十九《己庚二年诗·送二甥陈晓亭归楚黄，时予亦有旌阳之行（以下庚午）》（第716页）："谋欢经几日，惜别各长途。地划人踪背，天分雁影孤。关心愁晓夜，入梦见江湖。年少何能解，难堪独老夫。"

春分时节，应吴绮园、吴瞻泰之招，与汪士鉉等人陪同明府靳治荆等人在沙城集会，饮酒作诗。

《瞿山诗略》卷二十九《己庚二年诗》中有《绮园、东岩招同栗亭、听斋、雪坪陪靳明府宴集沙城寓堂得声字》（第716页）。

《瞿山诗略》卷二十九《己庚二年诗·梅清自序》（第712页）："岁庚午，偶有新安之约，由沙城至岩溪、潜溪诸境，园囿山林寻游殆遍。乃贾余勇，重浴汤泉，与三十六峰相认。"

吴瞻泰（1657—1735），字东岩，安徽歙县人，苑长子。举孝廉方正，工诗。著有《古今体诗》《杜诗提要》《陶诗汇注》等。

三月，作客歙县松明山，访汪洪度、汪洋度（字文治）两兄弟。为汪洪度兄弟作《春草阁诗》行书立轴。题款："春草阁诗三章为于鼎、文治两先生题。庚午三月子客于歙，将有黄山之游。道经松明山，乃得访于鼎、文治昆仲。于此之间，溪山清湛，林木幽深。云门诸峰，罗列在望。始知新安名胜以此为最。醉中得诗二首，吟罢遂曳杖上云门。我寻松明山，乃登春草阁。之中何所见，千峰与万壑。阁中何所闻，幽鸟弄口乐。阁中何所置，图书散光错。始识高人居，俯仰得余乐。我登春草阁，却对松明山。可以舒长啸，可以开欢颜。可以卧白昼，孤云梦往还。天地于焉古，日月亦以闲。安得醉复醉，容我常追攀。君家好兄弟，人与地兼之。

风流匪自今，实乃司马遗。岂独笃友子，百代感孝思。对此池中草，一醉倾千卮。明日上云门，白云无尽期。瞿硎同学弟梅清拜手。"

收录于《中国古代书画图目》第十一册、第十八册。现藏于浙江省宁波市天一阁文物保管所、湖北省博物馆。

汪洪度，字于鼎，号息庐，梅清友人，好学通经。清康熙间著有《新安大好山水志》《新安节烈志》及《息庐诗》，其黄山新安江诸作最为名流所赏。善书画，与弟洋度，称"新安二汪"。（《安徽人物大辞典》，第29页）

三月，作《山水册页》八开。题款："松雪风流自不群，青山碧树尽成云，春风不断江南路，吹过轻帆酒气醺。瞿山并题。庚午三月。"（之一）"庚午春暮，瞿硎清并识。"（之二）缺（之三）。"吾闻黄山松，亭亭高百尺……宣城梅清并识。"（之四）"仿荆关笔意，瞿山梅清。"（之五）"望中敬亭山，缥缈画北部。一径上层岩，松雨秋林落。"（之六）"拟云林笔，瞿山老人。"（之七）"庚午三月，予客于歙，将有黄山之游，道经松明山，乃得访于鼎、文治（汪洪度、汪洋度）昆仲于此。此间溪山清甚，林木幽深，云门诸峰，罗列在望，始知新山名胜以此为最。醉中聊写数景以志离怀。同学弟梅清识。"（之八）

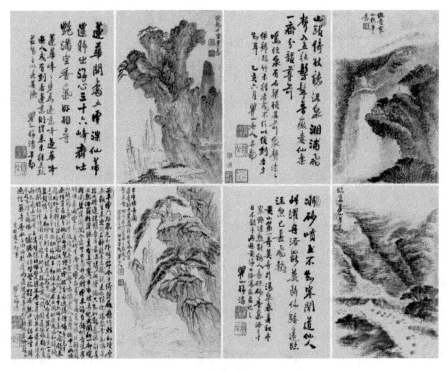

《山水册》

送春前一日，在歙县岩溪，为吴东涧（吴瞻泰弟）作《岩溪别意图》轴。题款："留岩溪宿横川阁十二日，临别怅然，殊难为怀，因拈笔作横川卷一幅。自觉意味萧然。惟东涧年世兄教之。庚午三月送春前一日，瞿山梅清。"

收录于《中国古代书画图目》第四册。现藏于上海博物馆。

清明前一夜，与梅翀在灯下偶成一首诗。第二日将游新安。

《瞿山诗略》卷二十九《己庚二年诗》中有《清明前一夜，同培翼在灯下偶成，明日将适新安》（第717页）。

又，过歙县澄塘吴启鹏水澄园，感而赋诗。

《瞿山诗略》卷二十九《己庚二年诗》中有《吴云逸水澄园纪事四首》（第718页）。

又，受吴绮园之邀，到歙县岩溪梅庄婆罗园小住，与友人相聚游览，写下《横川阁上歌》。

《瞿山诗略》卷二十九《己庚二年诗》中有《横川阁上歌》（第717页）。吴启鹏亦有《送梅瞿山游黄山限澄字》一诗赠梅清。据《梅瞿山梅鹿墅黄山纪游图册》中梅翀题识："初识黄山面，惊人果不同，游黄山，仿黄鹤山樵笔意。"推测梅翀应与梅清同游黄山。

又，作杨柳枝词。

《瞿山诗略》卷二十九《己庚二年诗·杨柳枝词二首》（第716页）："东风吹转杨柳枝，千枝万枝青丝丝。昨朝颜色今朝换，唯有高楼少妇知。"（选其一）

又，应江注、许文涛、汪东大之招，与梅翀等人集于太平十寺，放舟濠上。即席限韵赋诗。

《瞿山诗略》卷二十九《己庚二年诗·江允凝、许文涛、汪东大同家培翼集太平十寺放舟濠上即席限山群二字》（第717页）："重来十四载，指点认溪山。……"

又，应吴绮园等君之招，过岩溪婆罗园横川阁，有诗咏之。

《瞿山诗略》卷二十九《己庚二年诗·横川阁上歌（吴绮园暨东岩东涧青涯志山诸君招予过岩溪寓婆罗园横川阁）》（第717页）："昔年拂纸画梅庄，凌空结想神飞扬。今朝亲到横川阁，眼中始见真丘壑。……明朝曳杖黄山去，也应回见婆罗树。"《吴氏婆罗园横川阁纪事五首》（第717—718页）："几年淹旧约，今始识名园。山色能迎客，溪声解到门。幽怀随处得，乐事此中存。大小称诸阮，风流吾道尊。""婆罗香一院，种就几千年。铁干分今古，虬枝散蜿蜒。参天应翼日，扑地欲流烟。最是垂红豆，抛来亦可怜。""凭栏都是画，落笔便成图。梅谷何曾远。虬山或可趋。两桥分曲涧，孤塔引平芜。窗外云门近，扶筇着老瞿。""主人幽兴发，招客上扁舟。影落青山内，真从赤壁游。阴晴鸠语变，深浅浪花浮。入夜烧华烛，衔杯更倚楼。""一枕横川阁，曾经半月眠。味尝樱笋过，声怪燕莺迁。风雨论心后，溪山在眼前。黯然搔白发，分手倍流连。"

又，应吴绮园之约，到岩溪宿于娑罗园。次日，微雨，同吴东岩过潜口，访汪士鈜于梅旅山房。第三日，大晴，忽忆起汪士鈜曾云附近有阮右湘水香园，位于紫霞峰下，门临阮溪。汪士鈜乃携樽水香园，少顷，吴绮园、吴启鹏、汪洪度、梅翀等先后至，饮酒赋诗。醉后复寻轩后炼丹台、阮公药溪、丹井，至黑返回梅旅山房，又复命酌，兴尽而返。与吴绮园、吴东岩、梅翀归娑罗园，时夜将半。

《瞿山诗略》卷二十九《己庚二年诗》中有《水香园宴集诗二首（附记）》（第718—719页）。

又，应吴绮园、吴东岩之招，同汪洪度、梅翀等泛舟岩溪，晚集虬山堂分韵赋诗，仍用水香园韵。

《瞿山诗略》卷二十九《己庚二年诗》中有《绮园、东岩招同于鼎、仁远、鹏远、文旋、叔夏、培翼泛舟岩溪晚集虬山堂仍用水香园韵二韵》（第719页）。

又，同施虹玉、吴绮园、吴东岩、梅翀过洪雨平万华谷园亭。

《瞿山诗略》卷二十九《己庚二年诗》中有《同施虹玉、吴绮园、东岩、培翼过洪雨平万华谷园亭即事二首》（第719页）。

施虹玉，善属文，工诗，受业于王士禛。

又，在歙县澄塘吴启鹏水澄园告别新安诸友，将登黄山。

《瞿山诗略》卷二十九《己庚二年诗·水澄园留别新安诸子，时予有黄山之游》（第719页）："把酒谁怜醉不胜，故人惜别更挑灯。一旬雨歇山犹湿，四月风和暖乍蒸。踏去青鞋聊自得，呼来黄鹤竟何能。天涯有句如相和，莫忘酣歌在水澄。"《登文殊院怀栗亭于鼎绮园东岩天士云逸诸子》（第720页）："三十六峰立当面，看山双眼随时变。我来黄海寻旧游，扶筇直到文殊院。……"

又，应吴匏斋之招，同诸子集会太平问政山。

《瞿山诗略》卷二十九《己庚二年诗》中有《吴匏斋招同诸子集问政山》（第717页）。

又，登文殊院，有诗怀汪士鈜、吴绮园、吴东岩等。

《瞿山诗略》卷二十九《己庚二年诗》中有《登文殊院怀栗亭、于鼎、绮园、东岩、天士、云逸诸子》（第720页）。

又，重游黄山，得诗九首。

《瞿山诗略》卷二十九《己庚二年诗·重游黄山纪事九首》（第719—720页）："天半云门路，岚光分外明。一筇今日倚，两屐旧时轻。幻境原无数，重来更问名。神鸦吾未识，亲见白猿迎。""汤泉香气满，遥指石桥边。凉忆当年最，温怜此际偏。只知如我意，谁解是天然。浴罢轻双腋，高空直可骞。""古帝栖真地，天开此一都。霓旌围碧落，阊阖入虚无。火息丹应转，云来海自铺。何当凌鹤羽，随意遍灵区。""危磴千层绕，灵泉万壑通。高深难得解，指顾那能穷。上界疑无级，诸天各有宫。一声长啸发，人在翠微中。""两源无径觅，丞相与桃花。石隙惊僧入，云根对面遮。隔溪啼乐鸟，半岭焙仙茶。转忆留题处，挟筇兴尚赊。""三十六峰下，高人飞锡来。名山留位置，巨斧重徘徊。梅树子初结，木莲花正开。相逢成唱和，归骑莫频催。""老衲何年别，重来认旧颜。真能成白首，果不负黄山。大海供开眼，孤云伴闲关。苦根与珠菜，采食异人间。""闻道沙城约，仙凫两县飞。名山应有主，邻境总相依。览胜风原古，寻源兴不违。追随予未及，峰际见余辉。""济胜今非昔，登临独溅然。力衰经石坐，路险借藤牵。香水三回浴，精庐两度眠。还来更何日，拂眼万峰巅。"

初夏，在歙县、黄山等地，作《黄山图》八开。题款："同绮老登春雨杏花楼，坐松明山忆旧作图。瞿山。"（之一）"庚午初夏，绮园先生、东严世兄，招同于鼎、栗亭、仁远、鹏远、文漪、叔夏、家培翼，泛舟岩溪，晚集此山堂。各赋短右二首并正。弟清。"（之二）"黄山天都峰。瞿山。"（之三）"题娑罗园横川阁。……瞿山清。"（之四）"莲花峰。瞿山人。"（之五）"绮园先生同令侄东岩，遇余沙城旅邸。索画梅庄图，并题四十字重书教之。同学弟梅清。"（之六）"虬山草堂图。瞿山清。"（之七）"同绮老诸公集问政山仿佛图此。瞿山清。"（之八）

收录于《中国古代书画图目》第二十二册。现藏于北京故宫博物院。

又，作《奇峰云海》手卷。题款："梦里何年石室开，溪桥松径断尘埃。稍带秋风凉冷后，倚杖无人待我来。予此过山题壁作此画，瞿山道人梅清。"

又，下山后，应太平县令陈九陛之招，饮于澹园，感而赋诗。

《瞿山诗略》卷二十九《己庚二年诗》中有《陈明府对廷招饮澹园即事二首》（第720页）。

又，应太平县教谕倪雍吾之招，同陈以直、胡琏会集署斋小饮赋诗。

《瞿山诗略》卷二十九《己庚二年诗》中有《倪峄山招同陈清侯、胡连玉集署斋》（第 720 页）。

倪雍吾，号峄山，江苏无锡人，贡生，康熙二十二年（1683 年）至三十一年（1692 年）任太平县教谕。（《宁国府志》卷四《职官表·职官下》）

陈以直，字清侯，号率斋，江苏常熟人，康熙二十三年（1684 年）至三十二年（1693 年）任太平县训导。（《宁国府志》卷四《职官表·职官下》）

胡琏，字连玉，易州（今河北易县）人，康熙二十五年（1686 年）至三十九年（1700 年）任太平县典史。（《宁国府志》卷四《职官表·职官下》）

又，返回宣城途中，夜宿青弋江。

《瞿山诗略》卷二十九《己庚二年诗》中有《宿青弋江》（第 720 页）。

六月，作《仿古山水图》册页十开。题款："高山流水接名园，林各幽深鸟雀喧。好友携来还命酌，须知此处胜桃源。仿荆关笔意。瞿山梅清并题。"（之一）"醉向江南四季春。瞿山人。"（之二）"仿田老人笔意。庚午夏六月。瞿山梅清并题。"（之三）"百岁惟传黄大痴，云山乱石供题诗。……瞿山并题。"（之四）"仿倪高士笔意。瞿山。"（之五）"千树梅花旧草堂，依稀十里画生香。寒山独坐无人问，吟就新诗索画尝。仿李营丘《梅花书屋》，瞿山并题。"（之六）"仿范宽秋江帆影。瞿山老人。"（之七）"仿柯九思笔意。瞿山。"（之八）"仿马遥父笔意。瞿山梅清并题。"（之九）缺（之十）。

收录于《中国绘画总合图录》续编。现藏于美国克利夫兰美术馆。

七月，作《山下逢友图》（《相别絮语图》）。题款："相逢又相别，絮语水涯边。庚午秋七月客窗遣兴作此，远公梅清并记。"

九月九日重阳，为王士祯作《仿黄鹤山樵山水》。题款："仿黄鹤山樵笔意，寄呈阮亭老先生大教。庚午重阳，瞿山梅清。"

收录于《中国古代书画图目》第四册。现藏于上海博物馆。

九月，作《黄山图》十六开。题款："黄山之游，从新安则入汤口，从仙源则入松谷。松谷上云门，幽深万状，愈进愈奇矣。庚午九月，瞿山梅清。"（之一）"古帝栖真地……天都峰。瞿山。"（之二）"鸣琴泉为造物最巧之景，以抚松图写之，庶可传其清音耳。"（之三）"文殊院乃黄山中央土也，左天都右莲华，三十六峰四面罗拜齐下，须臾铺海，大是奇观。"（之四）"百步云梯，从后海至前海必由之路。一线直上，三面皆空。经过许久，至今心怖。"（之五）"天半云门路，岚光分外明。一筇今日依，两屐旧时轻。幻境原无数，重来不问名。神鸦吾未识，亲见白猿迎。瞿山。"（之六）"浮丘峰如海上三神山，可望不可即。戏以缥缈笔图之，非必实有是景也。"（之七）"翠微寺为黄山别峰，予游之已二十年矣，握笔写山，不胜怅惘。瞿山。"（之八）"炼丹台与蒲团松相望，故合之。"（之九）"始信峰与绕龙松咫尺可见，黄山四奇松，惟接引、绕龙最奇，故并设之。"（之十）"旷绝光明顶，天南四望空。谁知孤啸处，身在万山中。呼吸风雷遇，岧峣日月通。仙踪如可接，何必梦崆峒。瞿山。"（之十一）"由汤口入，右转渡桥则为汤池。左转为祥符古院，为白龙潭，为桃花源。巨石阻塞，从石中侧身而入，皆非人世。"（之十二）"狮子林，用梅华道人笔写其大意。"（之十三）"题莲华峰旧作，瞿山。"（之十四）"西门海，乃后海之极险极奇之境，每当夕阳西下之时，紫绿万状，惊魄未易名之。瞿山。"（之十五）"庚午九月，瞿山梅清识。"（之十六）"余游黄山后，凡有笔墨，大半皆黄山矣。此册虽未能尽三十六峰之胜，然而略展一过，亦可聊当卧游。慕潭贤婿客宛陵许久，有约未践，仕籍既登，又当蜀西极奇极怪之境何有乎。黄山虽然山川异域，未必不在依稀怀想间，因检案头藏画复题数句行，寄西蜀官人发一粲然。癸酉二月重题。瞿山清。"（之十七）

收录于《中国古代书画图目》第二十二册。现藏于北京故宫博物院。

冬，有北上进京城之举，但大雪阻路，渡河无望，感叹四十年来功名之路多坎坷。

《瞿山诗略》卷二十九《己庚二年诗·雪阻不得渡河》（第721页）："漫言此地九经过，四十年中恨已多。白发盈头难冒雪，羸车失路敢凭河。花飞一尺复三尺，水冻千波更万波。同学故人休怅望，予将长啸入烟萝。"

又，行滁阳道上，遇雪。

《瞿山诗略》卷二十九《己庚二年诗》中有《滁阳道上值雪》（第721页）。

是岁，作《太息》诗。

《瞿山诗略》卷二十九《己庚二年诗》中有《太息》（第717页）。

又，患病，作《伏枕》诗。

《瞿山诗略》卷二十九《己庚二年诗·伏枕二首》（第720—721页）："伏枕寻常事，长途得乍归。病能观妙道，老始识危机。药饵何消长，膏肓孰是非。春风吹渐暖，贾勇上渔矶。""梦断又还梦，翻怜梦不成。残灯回冷焰，微雨动春声。

卧久千愁过，心空万虑轻。莫言人有数，吾欲与天争。"

又，作诗题李时谦先生《啸山图》。

《瞿山诗略》卷二十九《己庚二年诗·题李吉爻先生啸山图》（第721页）："信笔为图岂有心，意中忽见万山深。何人更放苏门啸，天外还闻鸾凤音。"

李时谦（1630—1694），字吉爻，号苏庵。江苏淮安人。顺治五年（1648年）进士，历任乐陵知县、湖广道监察御史等职。著有《李进士兄弟礼经合稿》《乐退轩文集》《乐陵纪略》《河东纪略》《河东书院课士文》等。

又，为黄松《墨牡丹》题诗。

《瞿山诗略》卷二十九《己庚二年诗·题黄黄石墨牡丹》（第721页）："醮墨成花亦可怜，一枝国色本天然。东风不许轻摇动，留住春光在眼边。"

黄松，字天其，号黄石。

又，寄画于倪雍吾（时任太平县教谕）。

《瞿山诗略》卷二十九《己庚二年诗·题画寄倪峄山》（第721页）："墨洒云光万叠开，莲华松谷近丹台。春风吹动寻幽兴，曾向峰头醉几回。"

又，题画寄赠陈以直（时任太平县训导）。

《瞿山诗略》卷二十九《己庚二年诗·题画寄陈率斋》（第721页）："如向罗浮梦里来，梅花千树一齐开。高人每忆林和靖，醉倒香风不肯回。"

又，作《黄山图》册页二开。第一开题款："仿黄鹤山樵笔意。瞿山。"（之一）"天半云门路，岚光分外明。一筇今日倚，两屐旧时轻。幻境原无数，重来更问名。神鸦吾未识，亲见白猿迎。汤泉香气满，遥指石桥边。凉忆当年最，温怜此际偏。只知如我意，谁解是天然。浴罢轻双腋，高空直可骞。古帝栖真地，天开此一都。霓旌围碧落，闾阖入虚无。火息丹应转，云来海自铺。何当凌鹤羽，随意遍灵区。危磴千层绕，灵泉万窍通。高深难得解，指顾那能穷。上界疑无极，诸天各有宫。一声长啸发，人在翠微中。重游黄山即事九首之四。瞿山梅清。"（之二）第二开题款："仿马遥父。瞿山人。"（之三）"画舫凌胥江，两势连波白。急棹破溟蒙，轻寒沾绮席。幽兴满欲飞，群峰渺难索。霏微声乍稀，系缆求袯襫。山市喧仆夫，芳洲乱行迹。言寻放鹤亭，遂识支硎石。新绿浮我舆，孤云落□屐。越岭涉天池，侧身投石隙。初地绝纤埃，诸天但岑寂。万叠吐莲花，造化开幻辟。我呼支道林，鹤去无消息。何人更憩此，千年长双翮。冒雨泛舟寻支硎、天池诸山。瞿山梅清。"（之四）

此册写景，一为《重游黄山即事九首》之景，一为回忆苏州之行，故创作年代不会早于是年的苏州之行。

清康熙三十年（辛未，1691年） 六十九岁

春，王士禛任会试副主考，梅庚落第。

王士禛《辛未榜后答梅耦长见投》："东坡与方叔，千古为咨嗟。如何古战场，亦复失李华。绝足不见知，终使困盐车。东风朝夕来，愁见长安花。"（《蚕尾诗二》，《带经堂》卷五十四）

三月，作《仿王蒙山水图》（《松岩听泉图》）。题款："秋窗偶暇，老兴犹存。何以劝我，有酒盈尊。何以客我，无事闭门。古人在前，瞿山在后。前后高呼，相期不朽。辛未三月，梅清仿黄鹤山樵。"

收录于《中国绘画总合图录》第一册。

三、四月，樱桃熟时，与诸子宴集，与会者有吴肃公、潘自觐（字浣居）、汤逸、尤书、梅喆、梅允开、梅曰文（字子蔚，号朴庵）、梅翀等人及蕊珍美人，即席限韵赋诗，作《樱桃诗》。

《瞿山诗略》卷三十《偶存稿（辛未）》中有《樱桃诗（即席同晴岩、浣居、希白行先、雪浦、逋仙、石坪、朴庵、培翼限韵蕊珍在座遂用珍字）》（第724页）。

夏，率梅梦绂、梅文鼎、梅允开、梅鋗、梅曰文等子侄们搜集梅氏先人诗作，"闭户阅五月，始卒其业"，辑成文峰《梅氏诗略》。这是收录宣城文峰梅氏家族成员诗作的宗族诗歌总集。

《瞿山诗略》卷三十《偶存稿（辛未）·辑梅氏诗略告竣四绝》（第725—726页）："风雅流传五百年，派分文脊见多贤。何当远溯吴门迹，汉代真公旧是仙。""汝南死谏独封侯，驸马戎功在上头。曾向岩廊开大业，何妨艺苑纪名流。""一枝一叶说奇葩，那及梅家树树花。但恐东君不收拾，空将锦片落泥沙。""十载精神费较量，群驹千里喜同堂。敢言诗是吾家事，只觉风流正未央。"《瞿山诗略》卷三十三《长余集（癸酉）·梅子蔚序》（第735页）："辛未夏，先生以吾梅诸先辈诗集多有散佚，抑恐久而弗彰也。爰率小子暨叔石坪共为选辑，题曰梅氏诗略，已授梨枣。"

八月底之前，寄诗于查士标，邀其重阳日赴花果会。

《瞿山诗略》卷三十《偶存稿（辛未）·寄查二瞻兼有花果会之约》（第724—725页）："先生踪迹寄尘寰，只似千峰闭一关。墨洒林峦传妙手，霜飞须鬓转童颜。守中定秘长生诀，高卧能输尽日闲。耄耋相迷更何处，扁舟花果待追攀。"

查士标（1615—1698），字二瞻，号梅壑散人、懒老，安徽休宁人，流寓江苏扬州，明末秀才，清初著名画家、书法家和诗人。家富收藏，故精鉴别，擅画山水。与孙逸、汪之瑞、弘仁等书画家一起被称为"新安四大家"。

八月，作《云门诸峰图》。题款："月清万木秋风老，金翠千峰落照间。辛未八月游黄山归，道经松明山，乃重访云门，诸峰罗列在望，始知新安名胜以此为最。醉中写此漫兴，瞿硎梅清。"后人题签："梅瞿硎先生山水真迹，□□□□衡阳程氏珍藏。"

九月初一，作《高亭览胜图》。题款："亭览沧浪胜，峰登缥缈巅。辛未九月朔，瞿山梅清。"

九月，作《仿古山水图》册页十二开。题款："仿李咸熙""仿梅花道人""仿柯思九""云门放艇仿黄鹤山樵""秋窗偶暇，老兴犹存。何以劝我，有酒盈尊。何以容我，无事闭门。古人在前，瞿山在后。前后高呼，相期不朽。仿米襄阳法，辛未九月，瞿山梅清。"

臻昌国际1997年、北京荣宝斋2000年艺术品拍卖会拍品。藏处不明。

又，作《仿古山水图》册页十二开。题款："仿柯九思""大痴""仿米襄阳""云林""仿李咸熙""仿李营丘""云门放艇仿黄鹤山樵""仿巨然""仿梅花道人""北苑法""马远法""仿石田"。

收录于《中国古代书画图目》第四册。此作现藏于上海博物馆。

又，作《山水》册页十二开。题款："云林""仿米襄阳""仿柯九思""北苑法""仿梅花道人""仿李咸熙""云门放艇，仿黄崔山樵""仿巨然""大痴""仿李营丘""马远法""仿石田"。

著录于徐邦达编《改订历代流传绘画编年表》（人民美术出版社1995年版）。此画藏处不明。北京东方艺都拍卖有限公司2011春季艺术品拍卖会拍品、中贸圣佳国际拍卖有限公司2009年十五周年庆典艺术品拍卖会拍品、北京雍和嘉诚拍卖有限公司2008秋季拍卖会拍品、安徽艺海拍卖有限责任公2009年秋季大型艺术品拍卖会拍品。

又，作《山水》手卷。题款："辛未九月，瞿山梅清。"

又，作《寒亭山庄即事》诗。

《瞿山诗略》卷三十《偶存稿（辛未）》中有《寒亭山庄即事》（第726页）。

寒亭，为今宣城市宣州区下辖镇。

又，作《送天池暂归建平》诗。

《瞿山诗略》卷三十《偶存稿（辛未）》中有《送天池暂归建平》（第725页）。

建平，现为郎溪县治所。

又，作《山行即事》诗。

《瞿山诗略》卷三十《偶存稿（辛未）·山行即事》（第725页）："……浓淡千林色，纵横万壑秋。……"

又，晚宿梅翀山居。

《瞿山诗略》卷三十《偶存稿（辛未）·晚宿嵝长云程培翼山居》（第725页）："日影渐微微，霜风故作威。……"

又，作《后漫歌六首》，抒发自己"愁绪牵来无尽头"的晚年境况。

《瞿山诗略》卷三十《偶存稿（辛未）·后漫歌六首》（第726页）："不奈酣歌独倚楼，可堪节序更逢秋。伤心孤雁一声去，愁绪牵来无尽头。""醉后差如上窅冥，醒来无计泛沧溟。自怜双眼终朝白，想到看山或者青。""别辞桥下泊孤舟，千里风高九月秋。歌罢竹枝声已断，寒猿野鸟一时愁。""大堤杨柳送行人，秃树无枝立水滨。只为长条攀折尽，东风吹过不知春。""红板桥边绿柳丝，乌衣巷口月斜时。十年楼上箫声杳，肠断黄昏人不知。""不醉应难枕上眠，醉眠还怕有愁牵。伤心万绪如相约，夜夜三更到枕边。"

冬，作行书《雪中怀白发老友三十三首》，怀念倪正、吴肃公、姜安节、程邃、戴本孝、汤燕生、宋曹、陈焯、王士禛、陈菁、宋实颖、汪琬、吴云、曹贞吉、查士标、吴圣修、汪士鈜、吴绮园、张延世、沈士尊、沈泌、蔡瑶、黄虞稷、张延世、刘蓬庵、宗观、汪子广等。

《瞿山诗略》卷三十一《雪吟（辛未）》中有《雪中怀白发老友三十三首》（第727—729页）。《雪吟（辛未）·梅清自序》（第727页）："余发白矣。念生平老友，滚滚多谢去。眼中意中，渐如晨星。兹者雪浮万瓦，夜扃双扉。呼儿命酌，意之所至，得绝句三十三首。思有纵横，人无次第。同为老友，半属吾师。"

收录于《中国古代书画图目》第七十册。现藏于南京博物院。

黄虞稷（1629—1691），清初藏书家、目录学家、文学家。字愈部，号楮园。

晋江泉州（今福建泉州）人。侨居江宁（今江苏南京），梅清好友。十六岁补诸生。康熙十八年（1679年）举博学鸿词科，不赴。康熙二十八年（1689年）左都御史徐元文荐修《明史》。以学问渊博、健文笔著称。家富藏书，达八万余卷，藏书楼名"千项堂"，所编《千项堂书目》三十二卷，按四部分类，下分四十三门，类例多有创新，就明一代之书，详加著录。所藏之书能外借阅览，与诸名士约为经史会，以资浏览，借阅者众多。文学以诗词见长。著有《楮园杂志》《我贵轩》《朝爽阁》《蝉窠》等。（李玉安、陈传艺编《中国藏书家辞典》，湖北教育出版社1989年版，第172页）

吴圣修，字专公，安徽歙县人。梅清好友。《黄山志定本》的参订者之一。

张延世，字子尉，别号钝天。梅清好友。不得志。著有《槐庭酬笔》《香尉据梧人物品》《学圃律陶》《柳亭诗余》《左传地名证今》《钱谱》《聋志》《雉经疏》《鲤腹卮言》《拜右轩填词》。（《安徽人物大辞典》，第274页）

又，作诗怀程格思。

《瞿山诗略》卷三十《偶存稿（辛未）·怀程格思江上》（第725页）："……梅花报消息，把酒岁将除。"

是年，作诗怀乔莱（字石林）先生。

《瞿山诗略》卷三十《偶存稿（辛未）·怀乔石林先生》（第725页）："……若问山瞿头尽白，秋来努力种黄花。"

又，作《对酒》诗，希望自己"谋醉不谋醒"。

《瞿山诗略》卷三十《偶存稿（辛未）·对酒》（第726页）："未敢辞昏暮，何山托窅冥。一樽深注眼，万虑或消形。剑冷光逾白，灯寒焰乍青。只应学无赖，谋醉不谋醒。"

又，寄诗于吴剑宜，由儿子梅蔚带往广陵。

《瞿山诗略》卷三十《偶存稿（辛未）·寄吴剑宜广陵（时儿蔚渡江率附此诗）》（第724页）："隔壤神交二十年，莲峰柏枧影双悬。那禁月射吹箫客，空负云铺泛海船。千里追游惭孺子，一门酬唱盛横川。雷塘春色思乘兴，老眼看花孰可怜。"

吴剑宜，即吴荃（？—1708），字苏右，号江篱。丹阳人。梅清好友。康熙三十九年（1700年）登进士第，授新建县令，为官三载。四十七年（1708年）担任考官，因阅卷过于疲劳，病卒于任。为人好学，勤于著述，有《四书正讲》《易经正讲》《书经正讲》《诗经正讲》和《深柳堂诗文集》。（马德泾等主编《镇江人物辞典》，南京大学出版社1992年版，第359页）

又，题画寄汪子广先生。

《瞿山诗略》卷三十《偶存稿（辛未）·题画寄汪子广先生》（第725页）："年少风华老更闻，朱颜常似酒初醺。攫身直鼓扬州鹤，落笔仍沾黄海云。乐奏霓裳新制曲，筋飞羽客旧同群。将从何处邀青眼，万壑松涛一寄君。"

又，作《独坐敬亭图》，并题诗。

《瞿山诗略》卷三十《偶存稿（辛未）·题独坐敬亭图》（第726页）："云里高楼指敬亭，万松一径入青冥。当年独坐人还在，只觉衔杯尚未醒。"

又，为吴承励（字懋叔）《奉祖母尊公两柩归葬新安画卷》题诗。

《瞿山诗略》卷三十《偶存稿（辛未）·题吴懋叔奉祖母尊公两柩归葬新安画卷》（第725页）："太息延陵子，双扶旅榇还。愁将分一水，路渐隔千山。魂魄归乡土，亲朋哭旧颜。风吹万人泪，落向画图间。"

吴承励，梅清、石涛好友。

又，作梅、松二图，并题诗。

《瞿山诗略》卷三十《偶存稿（辛未）·题画六言二首》（第726—727页）："冬暖提壶独往，晴岚随步堪寻。庾岭姑山水际，梅花要我孤吟。（梅）""拂纸何容作异，挥毫不肯由人。想到天都峰顶，依稀如爪如麟。（松）"。

又，作诗寄刘蘧庵先生。

《瞿山诗略》卷三十《偶存稿（辛未）》中有《寄刘蘧庵先生》（第726页）。

又，作《闻丽君歌舞擅场偶成二绝句》诗。

《瞿山诗略》卷三十《偶存稿（辛未）·闻丽君歌舞擅场偶成二绝句》（第726页）："秉烛能游亦未迟，堪怜白发老顽皮。镜湖春色年年在，谁是多情杜牧之。"（其二）

又，有诗送尤书游山左（即山东）。

《瞿山诗略》卷三十《偶存稿（辛未）》中有《送尤雪浦游山左》（第725页）。

又，得知歙州傅明府来宣城，喜而赋诗。

《瞿山诗略》卷三十《偶存稿（辛未）》中有《歙州傅明府摄篆来宣喜赋》（第725页）。

傅明府，可能是傅泽洪，奉天人，后任扬州知府。康熙二十五年（1686年）

任歙州令。(《宁国府志》卷四《职官表·职官下》)

摄篆,理官职。篆,指官印。

又,从侄梅文靖守威清卒于任,有义仆乞食扶柩归,以诗赞之。

《瞿山诗略》卷三十《偶存稿(辛未)》中有《威清义仆叹(有引)》(第724页)。

又,岩镇罗母守节,有诗赞之。

《瞿山诗略》卷三十《偶存稿(辛未)》中有《岩镇罗母苦节诗》(第724页)。

又,作短歌六章。

《瞿山诗略》卷三十《偶存稿(辛未)》中有《短歌六章》(第723页)。

又,吴衔南先生作姜兹山传,把酒读之。

《瞿山诗略》卷三十《偶存稿(辛未)》中有《把酒读姜兹山传(传为吴衔南先生作)》(第723页)。

又,作《双刲股诗》,称赞歙县松明山汪崧夫人吴氏刲股救夫的故事。

《瞿山诗略》卷三十《偶存稿(辛未)》中有《双刲股诗(有引)》(第723页)。

清康熙三十一年(壬申,1692年) 七十岁

正月,在宣城。画《黄山图》十二开并《梅图》一卷赠给王士祯,并寄《梅氏诗略》十二卷,向其索序。

王士祯《居易录》卷十七《蚕尾集·〈梅氏诗略〉序》:"宣城梅孝廉渊公清,别字瞿山。以诗名江左,画山水入妙品,松入神品。数年来,罢公车,辑《梅氏诗略》十二卷。始唐梅远,次宋侍读学七询昌言、都官员外郎尧巨圣俞,迄明守箕、季豹、鼎祚、禹金辈,凡百有八人。寄予请序。又写黄山天都、莲花、云门诸峰,光明顶、文殊台、狮子林、炼丹台、蒲团松、西海门、后海、始信峰、百丈云梯、汤池、桃花源、白龙潭、松谷凡十二幅,备极烟云变幻之妙。自题其首云:'渔洋山人居身东岱,纵目南溟、西巴蜀、北幽燕,宇内大观,凭轩殆遍,俯视一切,直培塿耳。忆十年前曾讯黄海之胜,索予作图,久而未报。康熙壬申正月,春雪初晴,拈毫洒墨,偶尔成云,此则天都第一峰也。'又寄画梅一卷。烟雪历落,枝干奇古,似过王孟端。海内文章之交大半凋谢,惟瞿山岿然尚存。其画已贵重于世,更数十年,断纨零素,当不减苏黄也。"

二月，仿苏轼笔意作《墨梅图》赠吴雯。题款："仿坡仙笔意索雯翁老年台一粲。壬申二月，瞿山弟梅清。"

收录于《中国绘画总合图录》第一册。

三月，为潘耒作《黄山图》十开。题款："由汤口进，右转渡桥则为汤池，左转为祥符古院、为白龙潭、为桃花源。巨石阻塞，从石隙中侧身而入，皆非人世。"（之一）"文殊院乃黄山中央土也，左天都，右莲花，三十六峰四面罗拜其下，须臾铺海，在是奇观。瞿山。"（之二）"天都峰，壁立千仞，游屐罕至。朱砂庵，位置峰下，望之真如蓬莱之绀宇，用杨万里法仿佛写之。瞿山清时年七十。"（之三）"接引松与绕龙松，只尺可见。黄山有四奇松，见志中，此其二也。用石田老人笔写之。"（之四）"翠微古寺为黄山别一峰。用黄鹤山樵春蚕吐丝法图之。瞿山。"（之五）"仙根谁手种，大地此开花。直饮半天露，齐擎五色霞。人从香国转，路借王房遮。莲子何年结，沧溟待泛槎。瞿山。"（之六）"西门海，乃后海极奇极险之境。每当夕照下春之时，紫绿万状，千峰如戟，惊心夺魄，未易名之。瞿山清。"（之七）"黄帝炼丹台与蒲团松，相望不远，故合写之。用马遥父笔。瞿山。"（之八）"百步云梯，从后海至前海必由之路。一线直上，三面皆空。经过许久，至今忆之，犹心怖也。"（之九）"由仙源作黄海游，首夜必宿松谷。由松谷入云门，笋峰毕见，愈进愈奇矣。壬申三月，稼堂先生着屐黄山，予愧衰朽，不能三浴汤池。因作是册，聊志追随之意。瞿山梅清。"（之十）

此作现藏于北京故宫博物院。附有：蒯嘉珍跋"所见梅瞿山画，皆奇奇怪怪。嘉庆壬戌癸亥，在那竹轩、瞿芝压两太守署斋安砚。我友詹文木为余搜罗盈筐，多半是黄山奇险之境。渊公所居近天都，游览诸峰，随手写景。故笔底通灵，不落寻常蹊径。近于当湖钱梦庐处见画松册，自题康熙丙子为渔洋山人作，亦写黄海之胜。兹册为稼堂先生壬申所赠，皆此老晚岁得意拈毫，非草率酬应者。旭楼先生新得神妙之品，携至虹月舫见示，属题数语，以志展读之幸。道光二年九月姿煮蒯嘉珍识于南澳听读书处。"张开福跋。张廷济引首："云海奇观。稼堂行万里路，读万卷书。非渊公胸有奇气不足以副其眼界。道光三年十月廿日薄醉后书此。张廷济。稼翁失书太史字是醉后之谩，非敢自妄也。"

四月，与程元愈、梅翀等到宣城湾沚，为程格思作《沚水纪游图》十二开。题款："壬申四月，偶游沚水。写为格思老年道翁教之。瞿山世弟梅清。"

收录于《中国古代书画图目》第四册。现藏于上海博物馆。

五月六日，夏至，应余天益之招，同程格思、汪昆集、程澜子、程伊在（歙人，桐城派文人）、程元愈（字偕柳，少自歙迁居宣城）、梅翀等集湾沚丛碧亭（亭为施闰章题额）分韵赋诗。

《瞿山诗略》卷三十二《长存集（壬申）·余天益招集沚上丛碧亭，同程格思、汪昆集、程澜子、伊在、偕柳、家培翼分韵（亭为愚山先生题额）》（第731页）："夏至炎初逼，亭幽襟乍开。辞劳仍旧懒，拼醉故能来。柳暗莺千啭，蒲香水一隈。风流忆词伯，酹酒独低回。"

五月十六日，在芜湖，作《疏林独步图》轴。题款："仿郭河阳笔。壬申夏五月既望。瞿山梅清。"

收录于《中国古代书画图目》第四册。现藏于上海博物馆。

仲夏，作《高山奇松图》。题款："壬申仲夏，瞿山梅清。"

六月十日，作《江上泛舟图》。题款："仿石田老人笔意，为大猷老年道翁教。壬申夏六月望前五日，瞿山梅清。"

六月十一日，花果会，约同学诸子集于芜江壶天馆水亭限韵赋诗。同集者有汤燕生、徐肇伊、沈士尊、鲍楚问、曹森、倪上兴、葛宗易、汤与三、卜丙文、袁启旭、潘岵、吴迩揄、李涵万、黄汉良、陈鼒石、汤陟、倪宏、孙闻高、倪清臣、汤幼衡、葛舒英、如修师，梅耐庵、梅翀等宣城、太平两府诸子二十六人，作《壶天亭醉歌》。

《瞿山诗略》卷三十二《长存集（壬申）·壬申六月十一日花果会约同学诸君子集于湖壶天馆水亭即席限壶天二韵》（第732页）："群公多逸兴，出郭问区湖。……花果家乡会，风流聚此都。"《壶天亭醉歌》（第732页）："……我来芜江四十日，江上孤吟诸子集。老友新知尽古欢，一唱一和多篇什。今年毒热异常年，言归难踏竟归船。……浓阴倒浸湖光里，碧烟苍翠生新绮。赭山赤铸连范罗，一亭正射群峰起。……当风酹酒更高呼，长啸一声发深省。诸子才华倍昔时，千古骚坛今再整。但愿行乐莫烦忧，但愿常酣莫常醒。"

潘岵，即潘孝瞻，字孝瞻，号白华，芜湖人。清康熙五十九年（1720年）岁贡生。贫而力学。著有《独笑轩诗集》。

葛舒英，字方夏，又字芳夏，号菊餐，芜湖人，工画。

六月，于芜湖鸠江，作诗赠明府郭念海。

《瞿山诗略》卷三十二《长存集（壬申）》中有《鸠江赠郭念海明府》（第

732页)。

又，汪昆集雨中移尊来寓，同程格思、梅翀和余天益韵。

《瞿山诗略》卷三十二《长存集（壬申）》中有《汪昆集雨中移尊小寓，同格思、天益、培翼和天益韵》（第731页）。

又，观弟子胡南屏书大字，有诗歌之。

《瞿山诗略》卷三十二《长存集（壬申）·看胡南屏书大字歌》（第731页）："绩溪胡氏南屏叟，半生贫困甘常守。抱将蛇腹作龙吟。江上琴师名独久，别来逸兴托挥毫。十载临池称圣手。……"

又，忆及少时癖好名山胜水，但未曾攀登过华山，追悔甚多。

《瞿山诗略》卷三十二《长存集（壬申）·再读兹山传复作五岳游歌》（第731页）："……忆予少时曾癖名山水，东西南北万余里。黄山白岳箬笠边，铁瓮金陵藤杖底。三吴三楚及三江，九朵莲华连百子。东登泰岱北登恒，太行王屋双嵩起。齐鲁晋赵济与汾，山左山右如分垒。九上长安歧路多，千峰万嶂纷难纪。观潮观日观沧溟，强半名山存屐齿。君不见，予今头白恨犹牵，蚤年未蹑华山巅。三峰天外那能济，昌黎一哭今犹传。……"

又，寄诗于王士禛。

《瞿山诗略》卷三十二《长存集（壬申）·寄阮亭先生》（第731—732页）："秋风吹梦到长安，尺五天从何处看。想见黑头公独远，重邀白雪句应难。文章色夺中朝席，今古名登大雅坛。曾忆敬亭遗老未，久甘孤艇钓江干。"

又，在芜湖看葛方夏画古名媛印章，作歌。

《瞿山诗略》卷三十二《长存集（壬申）·鸠兹看葛方夏画古名媛印章歌》（第732页）："君不见区湖自昔称才薮，今日葛郎真妙手。……李斯在左曹喜右，何王老手差先后。观者啧啧群相购，购之不得群相妒。将谓红颜扇底藏，出入携归老瞿袖。"

又，告别芜江诸子归宣城。

《瞿山诗略》卷三十二《长存集（壬申）》中有《归舟留别芜江诸子》（第733页）。

八月，作《山水图》册页十二开。题款："壬申秋八月写，进牧翁老宪祖台大教。陵阳晚学梅清。"

此作曾藏于池州刘公鲁处，后藏处不明。

立冬日（九月二十八日），与梅庚、梅蔚、梅翀等人聚集宣城培风阁饮酒赋诗。

《瞿山诗略》卷三十二《长存集（壬申）》中有《立冬同石坪、子矩、子蔚、培翼、汝白、采南、畹九、汝为诸子集培风阁即事二首》（第733页）。

是岁，雪中作诗和梅允开。

《瞿山诗略》卷三十二《长存集（壬申）》中有《雪中和石坪韵》（第733页）。

又，作诗与李翰臣话旧。

《瞿山诗略》卷三十二《长存集（壬申）》中有《与李翰臣话旧》（第733页）。

又，作诗送吴疏林归新安。

《瞿山诗略》卷三十二《长存集（壬申）》中有《送吴疏林归新安》（第733页）。

吴疏林，即吴逸，字疏林，歙县人。清代画家，绘有《古歙山川图》二十四幅。

又，泾县叶汉章卒，为之写挽诗。

《瞿山诗略》卷三十二《长存集（壬申）》中有《挽叶汉章先生》（第733页）。

又，淳湖吴季舒馆于宿迁，以白燕命名其书屋，自作诗赋求和，遂以《白燕堂四首》和之。

《瞿山诗略》卷三十二《长存集（壬申）》中有《白燕堂四首（有引）》（第733—734页）。尤侗有《赠高淳吴季舒》诗，末句为"归去淳湖老钓鱼"，显然吴季舒是江苏高淳人。

又，作有所闻诗。

《瞿山诗略》卷三十二《长存集（壬申）·有所闻戏成绝句》（第734页）："杜牧风流亦枉然，吴兴有约失婵娟。成阴结子原难待，辜负相思十四年。"

又，作诗恭送许时庵先生视学南江。

《瞿山诗略》卷三十二《长存集（壬申）》中有《许时庵先生视学南江恭赠二十四韵》（第730页）。

清康熙三十二年（癸酉，1693年）　七十一岁

一月，游响山、响潭，作《老松图》。题款："癸酉新正八日，瞿山写于响潭舟次。"

花朝（即花朝节，一般于每年的二月初二、十二日、十五日或二十五日举行）后五日，施彦恪为《瞿山诗略》卷三十二《长存集（壬申）》作序。

《瞿山诗略》卷三十二《长存集（壬申）·施彦恪序》（第730页）："……癸酉花朝后五日。双溪世侄施彦恪拜题。"

二月，重跋其康熙二十九年（1690年）所作《黄山图》（十六开），寄赠女婿陈于琏。在《黄山图》第十七开跋："余游黄山后，凡有笔墨大半，皆黄山矣。此册虽未能尽三十六峰之胜，然而略展一过，亦可聊当卧游。慕潭贤婿客宛陵许久，有约未践，仕籍既登，又当蜀西极奇极怪之境何有乎。黄山虽然山川异域，未必不在依稀怀想间，因检案头藏画，复题数句，寄西蜀官人发一粲然。癸酉二月重题，瞿山清。"

又，作《游春图》扇面。题款："癸酉二月，瞿山梅清。"

又，雨夜怀芜湖鸠江诸子（沈五监、倪轶凡、潘孝瞻、汤与三、黄汉良、吴遇榆、葛方夏和季函万等）。

《瞿山诗略》卷三十三《长余集（癸酉）·雨夜寄怀鸠江诸子（沈五盐、倪轶凡、潘孝瞻、汤与三、黄汉良、吴迩榆、葛方夏、李函万诸子）》（第736页）："……青回杨柳三江梦，白到梨花二月春。……"

三月，为劲庵先生作《溪山闲适图》。题款："溪山闲适，仿石田老人笔意，劲庵先生教之。癸酉三月，瞿山弟梅清。"

收录于《中国古代书画图目》第四册。现藏于上海博物馆。

春，作《城游即事》诗。

《瞿山诗略》卷三十二《长存集（壬申）·城游即事》（第736页）："……芳洲迟暮色，归鸟聚春声。皓首随年少，狂歌恨未平。"

又，作《山庄即事》诗。

《瞿山诗略》卷三十二《长存集（壬申）·山庄即事》（第736页）："七里龙潭春涨深，重来问渡到园林。……"

又，与诸友人钟允谐等在城南培风阁集会，并分韵赋诗。

《瞿山诗略》卷三十三《长余集（癸酉）》中有《春日集培风阁，同书泉、鼒石、蕉田、北村、朴庵、鹿墅限韵》（第736页）。

又，应呈圣时之招，与施孝虔、梅子蔚、梅翀在山园小饮赋诗。

《瞿山诗略》卷三十三《长余集（癸酉）》中有《春日圣时招同孝虔、子蔚、培翼山园小饮》（第736页）。

又，应友人韩震西之招，同施孝虔等泛舟响潭。

《瞿山诗略》卷三十三《长余集（癸酉）》中有《韩震西招同俊若、力仁、孝虔、雪坪泛舟响潭》（第736页）。

五月二日，茶峡草堂遭火灾，天延阁全集刻版尽毁，重又删辑诗作，并将新作《长存》《长余》两卷与旧集合辑成《瞿山诗略》三十三卷。

《瞿山诗略》卷三十三《长余集（癸酉）·梅子蔚序》（第735页）："亡何今年夏，先生所居茶峡草堂，灾出意外，天延阁全集诸藏版概灰烬于宵小之一炬。先生固达识远览，绝不介介，而亟谋删订剞劂，因亦题曰：《瞿山诗略》。最后二集一《长存》一《长余》，即今申酉两岁所成，尚未付梓而并存于火余者也。"

五月十五日（长至前三日），自画小像并题诗。

《瞿山诗略》卷三十三《长余集（癸酉）·自题小影》（第738页）："自笑瞿山老面皮，可堪憔悴写须眉。生涯一醉曾何事，倒插梅花唱竹枝。"

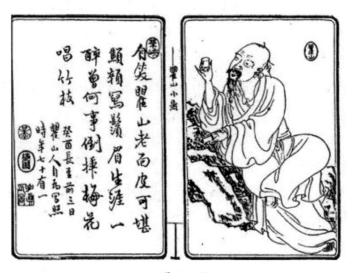

《瞿山小影》

五、六月，宣城大旱，民众苦不堪言，作癸酉旱诗。

《瞿山诗略》卷三十二《长存集（壬申）》中有《癸酉旱三首》（第737页）。

仲夏，作《山水》立轴。题款："云霄回鹤梦，松泉伴人间。不识乾坤老，青青天外山。癸酉仲夏于衡洞草堂。瞿山梅清。"

六月，与梅庚、沈泌等合作（此时沈泌已逝，存疑），为屈大均母九十大寿作书画册页十三开。题款："海上三神山。瞿硎清。""少莱子歌遥祝翁山先生、老伯母太夫人九十上寿。老莱子少莱子，前后风流相继起，却□子老转惊心，鼓作少年巍自喜。粤东才子闽翁山，游号南□先追攀。收拾大名归膝下，高堂九十开欢颜。母发垂黄□发隔，作歌进酒志□少。遥□子志□才秋，指日期□不称老。癸酉夏六月，瞿山梅清拜手。"

收录于《中国古代书画图目》第四册。现藏于上海博物馆。

七月十五日，梅子蔚为《瞿山诗略》作序。

《瞿山诗略》卷三十三《长余集（癸酉）·梅子蔚序》（第735页）："癸酉佛腊日（佛教以农历七月十五日为佛腊日）。从侄孙日文子蔚氏拜识。"

七月十五日，作《柏枧山图》。题款："危栈山腰断，飞虹渡半天。路惊侵虎豹，人喜入云烟。彩瀑孤筇倚，丹壶大界悬。一声岩下啸，分与万峰传。用王叔明笔写柏枧山小景，□意老祖翁一粲，癸酉佛腊日，瞿山梅清。"

收录于《梅瞿山画集》。

八月，为育翁作《仿古山水》册页十二开。题款："仿佛古人得十二家笔意。呈育翁老年祖台大教。此幅临刘松年。癸酉八月既望，治晚梅清。"（之一）"曳杖寻秋。用董北苑法写其大意。"（之二）"小赤壁泛扁舟。仿范宽笔意。"（之三）"登高望远。用马遥父笔意写之。"（之四）"仿李营丘梅溪独咏。"（之五）"春山雨霁。仿高房山泼墨法。癸酉秋八月，瞿山清。"（之六）"白虹挂瀑。用荆关法图之。"（之七）"仿石田老人渔艇晚棹。"（之八）"江帆挂峡。仿梅华道人。"（之九）"柳荫野泊。用郭河阳随笔写之。"（之十）"竹阁秋光。仿倪云林。"（之十一）"仿黄鹤山樵，云门洞壑图。"（之十二）

收录于《中国古代书画图目》第四册。现藏于上海博物馆。

九月十二（望前三日），作《山水通景》轴十屏。题款："百岁惟传黄大痴，云山乱石供题诗。狂来泼墨同倾酒，谁道游仙不画师。癸酉九月望前三日写于茶峡草堂。瞿山梅清并题。"是为晚年成熟之作。

收录于《中国古代书画图目》第十四册。现藏于广州美术馆。

十月，应泽翁之请，为其作《仿古山水》册页十二开。题款："着笔在大米小米之间。瞿山""仿石田老人""仿刘松年""仿范宽""仿梅华道人""仿马遥父兼效荆关""仿李营丘""仿郭河阳笔意""仿华光老人""仿李咸熙笔意""仿吴仲圭笔意""仿黄鹤山樵。癸酉十月，仿十二家笔意寄泽翁先生大教。瞿山梅清。"在

233

第十三开题："翘首云门千里遥，使君佐郡见芳标。光连海岳春常满，望耸青齐誉并饶。奕奕鸿材原关里，翩翩骥足自层霄。临风每切登龙愿，梦寐何当托六要。癸酉十月奉写。泽翁先生教之。瞿山梅清稿。"

收录于《中国绘画总合图录》续编。现藏于美国大都会博物馆。

又，作《秋感》诗。

《瞿山诗略》卷三十二《长存集（壬申）》中有《秋感二首》（第 736 页）。

又，宣城大旱之后又有大雨，民不聊生。作《癸酉九日》诗。

《瞿山诗略》卷三十二《长存集（壬申）·癸酉九日》（第 737 页）："……菊蕊小如豆，东篱何处摘。……"

冬至日，为《瞿山诗略》作序。

见《瞿山诗略》卷首《梅清自序》（第 537—539 页）。

是年，因年老体衰，作《发叹》《齿叹》《目叹》《耳叹》等诗。

《瞿山诗略》卷三十二《长存集（壬申）》中有《发叹》《齿叹》《目叹》《耳叹》（第 735 页）。

又，作诗寄施闰毓。

《瞿山诗略》卷三十二《长存集（壬申）》中有《寄愗坪》（第 737 页）。

又，作《雪夜忆梅》《月夜忆梅》等诗。

《瞿山诗略》卷三十二《长存集（壬申）》中有《雪夜忆梅》《月夜忆梅》（第 737 页）。

又，重刻成《瞿山诗略》三十三卷，心愿已了，拟就此搁笔。

《瞿山诗略》卷三十三《长余集（癸酉）·梅清自序》（第 735 页）："予既重删天延阁集，分三十三卷，为《瞿山诗略》，老愿足矣。年逾七十，精力已衰，拟从此阁笔，留其有余，补其不足。庶几长存者，得以长余也。倘天不我速，假我残年，继此成编，以娱白发，是又瞿山长余之志也夫。"

又，从侄孙梅琢成以饮酒、作画二绝句见贻，随笔和之。

《瞿山诗略》卷三十三《长余集（癸酉）·家武修以饮酒作画二绝句见贻，随笔和之》（第 736 页）："自笑随年少，甘心学老狂。愁应须痛饮，醒或转难当。""偷闲唯数笔，倚老更无师。好是抛残墨，还来弄酒卮。"

梅琢成，字武修，号默斋，安徽宣城人。梅庚子，梅清从侄孙。康熙三十五年（1696年）举人。工诗、画。

234

又，作题画诗。

《瞿山诗略》卷三十三《长余集（癸酉）·题画五首》（第737页）："千枝万枝亚松影，十步九步埋云岚。短杖扶来何处歇，钟声隔断在山南。""隃糜飞洒墨螺青，天半涛声耳乍醒。此际遥心何所系，秦云千尺岱宗亭。""小借云根洒墨香，毫巅但有淡烟光。倪迂不作何人解，长啸一声呼雪堂。""莲花开处与云侵，仙蕊仙根出海心。三十六峰齐吐艳，满空香气许谁寻。""千树梅花护草堂，依稀十里尽生香。寒山独坐无人到，吟就新诗索酒尝。"

又，作《黄山十九景图》册页十二开（《黄山图》）。题款："太古蛰龙醒，蚕丛霹雳开。五浮云不去，三峡雪飞来。九龙潭。瞿山。"（之一）"闲行松矼上，北海门相迎。隐隐钟声外，人烟是太平。喝石居，此亦石公粉本也，予亦未到。乃黄山别业，久不耐用细笔，又不甘以老态自居。他日石公览之，得毋谓老瞿效颦耶。瞿山识。"（之二）"皇帝栖真处，遗台旧迹荒。何年采仙药，大冶火重光。"（之三）"鸣弦泉，石面平流中有石梁贯之。予曾抱琴相对，不必鼓弦动操，而淙淙有声。瞿山。""鹦武展翅。"（之四）"仙根谁手种，大地此开花。莲子何年结，沧溟待泛楂。""石涛和尚从黄山来，曾写数册见示。中间唯五老峰最奇。予游黄山，竟未与五老一面。意中每不能忘，握笔时仿佛得之。老瞿。"（之五，两景）"虎头岩。""狮子岩头石，高人此结庐。何时憩黄海，天半问邻居。"（之六，两景）"云里辟天阁，仙宫俯混茫。万峰齐下拜，一座俨中央。侧足惊难定，凌空啸欲狂。何当凭鸟翼，从此寄行藏。黄山三十六峰，唯天都、莲花二峰最高，而文殊台则黄海之中央也，予写铺海图为此三峰并列焉。瞿山梅清。"（之七）"凝砂喷玉不知寒，闻道仙人此濯丹。浴罢莫疑宵汉远，临流忽已长飞翰。汤池。瞿山"（之八）"鹤盖松""百步云梯"（之九，两景）"云门双峰""五供峰"（之十，两景）"蒲团松""浮丘三峰"（之十一，两景）"西海真天险，苍茫□落晖。千峰分剑立，一水绕龙飞。钟自云堆出，僧从石罅归。晚风吹动处，仙乐听依稀。西海门看落照。瞿山清。时年七十有一。"（之十二）

收录于《中国古代书画图目》第四册。现藏于上海博物馆。

《黄山十九景图》之《西海门》

又，与梅庚、梅翀、梅蔚、梅琢成合作《梅氏山水图》十开。

收录于《中国古代书画图目》第十二册。现藏于安徽省博物馆。

又，作《仿古山水》册页十二开。题款："仿石田老人；仿马远；仿吴镇；仿徐渭；仿刘松年；仿梅花道人；仿倪瓒；仿黄公望；仿松雪；仿李营丘；仿范宽；仿高克恭。"

收录于《中国绘画总合图录》续编。

清康熙三十三年（甲戌，1694年）　七十二岁

初夏，北游归来。

闰五月十二日，在宣城。作《山水图》册，赠吴肃公。题款："甲戌初夏，予从北归。风雨连旬，兀坐山门。拈毫作画，大约吾适吾意，纵横数笔而已。二十

余日得画册九部，置之案头，聊以自娱。草堂盆莲盛放，街南先生同兹山、昕斋、孝虔、遁仙诸君子来草堂，小饮之余，出数册示之。诸公赏识不一，独街老把玩此册，不欲释手，曰我之所称意不在多，子如知我意而为之也。因一笑而赠。甲戌闰五月望前三日。瞿山弟梅清识，时年七十有二。"

收录于《中国古代书画图目》第四册。现藏于上海博物馆。

八月十四日，作《高山流水图》。题款："高山流水，仿石川老人笔意。甲戌中秋前一日，瞿山梅清，时年七十有二。"

收录于《中国美术全集绘画编》第十册。现藏于北京故宫博物院。

《高山流水图》

八月，作《黄山十景图》十开。题款："日落松阴乱，山空瀑响齐。断云闲不去，幽鸟寂还啼。投足仙源近，回看世路迷。中宵眠更起，孤月在岩西。晚宿松谷。瞿山清。"（之一）"黄帝栖真处，遗台旧迹荒。谁怜□灶冷，不散紫芝香。……炼丹台。瞿山。"（之二）"莲花峰。瞿山。"（之三）"旷绝光明顶，天南四望空。仙踪如可接，何必梦崆峒。晚步光明顶。瞿山。"（之四）"狮子峰头石，高人此结庐。孤筇无着处，双屐尽凌虚。衣冷疑秋逼，山空觉磬疏。何时憩黄海，天半问邻居。狮子林寻吼堂和尚。瞿山。"（之五）"杖拂老人头，始抵天都脚。凌云千仞高，游者步齐却。无径置绠梯，壁立蠹如削。微风下缥缈，隐隐闻天乐。天都。瞿山。"（之六）"接引无心不易逢，谁知此意在长松。词人解识西来意，题向黄山第一峰。接引松。瞿山。"（之七）"西海真天险……西海门看落照。瞿山。"

《虬松老梅图》

（之八）"九选芙蓉到处青，披襟此日眼初醒。浮丘呼罢如相应，冉冉凌空下杳冥。浮丘峰。瞿山。"（之九）"古刹千峰绕，双幢一涧通。一声长啸处，人在翠微中。翠微源。甲戌八月，瞿山梅清写于茶峡草堂。时年七十有二。"（之十）

见郑德坤《木扉藏明遗民画二十家》，载于香港中文大学《中国文化研究所学报》1976年第2期。

九月，作《秋窗偶暇图》。题款："秋窗偶暇，老兴犹存。何以劝我，有酒盈尊。何以容我，无事闭门。古人在前，瞿山在后。前后高呼，相期不朽。仿石田老人笔意。甲戌八月，瞿山梅清时年七十有二。"

十二月，为葛人老年道翁作《虬松老梅图》立轴。题款："冬回五九望春来，墨洒苍虬雾色开。石角老梅能结伴，香风引入紫霞杯。乙亥立春前五日，格恩先生过我草堂，索写此幅，寄葛人老年道翁一粲。瞿山梅清。"

清康熙三十四年（乙亥，1695年） 七十三岁

正月，作《山水图》册页十二开。题款："仿高尚书笔意。雪窗初霁，每于酒后戏写□幅，遂□此册。乙亥正月，瞿山梅清。时年七十有三。"（之一）"大痴山人。"（之二）"仿马遥父《峰颠望瀑》。老瞿。"（之三）"横川阁上别何年，空忆云门在眼前。为问娑萝结红豆，诗魂还系泛浮船。予在岩溪宿横川阁一月，每忆旧游拈笔□之。瞿山清。"（之四）"云林笔意。"（之五）"孤舟泊不去，高柳绿阴多。长啸一声发，寒烟散晚波。瞿山。"（之六）"大江渺无际，四顾共天涯。扁舟曾晓发，何处酒帘斜。仿郭河阳《烟江晓发》。瞿山。"（之七）"仿北苑笔意。老瞿。"（之八）"仿李营丘。"（之九）"海岳山人命意每在蹊径之外。老瞿。"（之十）"杨柳春江二月时，帆阴发挂即天涯。箫声已入扬州梦，二十四桥何处吹。仿青藤道士。瞿山人。"（之十一）"幽兴寄何处，天台有怪松。拈毫凭腕力，荆浩与关同。乙亥正月雪窗，瞿山梅清写。"（之十二）

收录于《中国古代书画图目》第四册。现藏于上海博物馆。

二月，作《水墨山水图》。题款："乙亥二月，瞿山梅清。"

收录于常罡《海外拾珍记》（人民美术出版社2008年版）。

三月，作《仿古山水图》册页八开。题款："秋山在望，秋水无边，扁舟载酒，寻我酒仙。仿黄鹤山樵笔意。瞿山梅清并题。"（之一）"已近清和节，何当风日佳。拈毫呼毕韦，空翠落苍阶。乙亥三月，瞿山梅清并题。"（之二）"仿沈石田《溪堂清暑图》。瞿山人。"（之三）"临高房山笔。老瞿。"（之四）"仿荆关笔意。瞿山。"（之五）"我爱梅华老道人，挥毫落纸尽如神。持将海上千年酒，醉向江南四季春。瞿山并题。"（之六）"仿刘松年笔意。瞿山老人。"（之七）"仿松雪老人笔意。瞿山。"（之八）

收录于《梅瞿山画集》。

五月，作《西海千峰图》（《黄山真境图》）。题款："西海真天险，苍茫□落晖。千峰分剑立，一水绕龙飞。钟自云堆出，僧从石罅归。晚风吹动处，仙乐听依稀。乙亥五月写似石门老宗台一粲。瞿山梅清。"

收录于《明清之际名画特展》（台北故宫博物院，1970年）。

六月，作《山水》册页十二开。题款："暑中戏写水亭清话，临云林笔意。乙亥六月，瞿山。"（之一）"瞿山。"（之二）"老瞿山人。"（之三）"望到发帆天外去，萧萧落木竟无边。瞿山。"（之四）"高峰千载亿倪迂，笔底尘氛半点无。天末

飞帆劳远望，诗怀常抱一亭孤。瞿山。"（之五）"命意在云林、石山之间。瞿山。"
（之六）"稍待秋风凉冷后，高寻白帝问真源。瞿痴。"（之七）"瞿山人。"（之八）
"瞿山。"（之九）"梦里何年石室开，溪桥松径断尘埃。天然一幅云林画，倚杖无
人待我来。此予过山门题壁诗也，作此画因忆此诗。瞿山。"（之十）"秋风吹渭
水，石壁下孤帆。瞿山。"（之十一）"拈毫不得多，命意岂必远，雪积有无间，寒
光落吾眼。乙亥六月酷暑，写此寄兴。瞿山清。"（之十二）

收录于《中国古代书画图目》第四册。现藏于上海博物馆。

又，作《山水》册页十开。题款："孤舟停晚壑，老树起寒烟。洒罢千峰墨，
高呼向石田。瞿山并题。"（之一）"眼中秋色竟无边，流水轻风一扣舷。隔岸柴门
人独远，几行鸿雁渡江天。仿黄鹤山樵笔意。瞿山梅清并题。"（之二）"断云疏雨
送秋来，梧叶曾否点绿苔。极目长天如水碧，一声欸乃布帆开。仿马遥父笔意。
老瞿并题。"（之三）"千树梅花旧草堂，依稀十里画生香。寒山独坐无人问，吟就
新诗索画尝。仿李营丘梅花书屋，瞿山梅清并题。"（之四）"房山泼墨法襄阳，大
米小米齐称强。为写敬亭峰数迭，烟云点点欲生光。瞿山梅清并题。"（之五）"想
见云林子，高风不可当。何曾矜着意，谁更鲜疏狂。瞿山梅清并题。"（之六）"仿
郭河阳《春江烟柳图》。瞿山。"（之七）"雨窗仿房山笔意。瞿山。"（之八）"积
雨初霁，炎气乍蒸，戏写黄州竹楼以御之。不识苏子髯公其许我乎？瞿山。"（之
九）"与季藏老年台先生别两年矣，离怀时事，有加恶言者，不敢付之无可奈何
也。客冬北鸿南来，携有册子一部，谓索瞿山书画，搁案头数月，其原册为雨所
坏，乙亥六月，值□兄先生来宛，信宿而别，因检案头成画一册，乃老瞿留以自
怡者，题之遥寄大教。瞿山弟梅清，时年七十有三。"（之十）

收录于《梅瞿山画集》。此画现藏处不明，旧为朱屺瞻、唐云所藏。

夏，作《黄山松谷庵图》。题款："持杖仙源胜，青冥望里赊。片烟开佛座，
满地落松花。鹿饮深潭冷，龙归夕照斜。孤节清味足，云雾煮仙茶。松谷。乙亥
夏日写黄山数峰。瞿山梅清。"

收录于《中国古代书画图目》第十七册。现藏于重庆市博物馆。

又，作《黄山图》屏八幅。题款："……松谷。乙亥夏日写黄山数峰。瞿山梅
清。"（胡积堂《笔啸轩书画录》，载于《中国书画全书》第十四册，第282页）

七月，为朗翁作《松谷图》。题款："陈公游宦地，松古最幽深。几载轻分剑，
当时忆抱琴。秋来惊旧梦，天半得贻音。几度风流远，挥毫抱素心。《松谷图》写

进朗翁祖台大教，并致陈公一粲。乙亥七月，瞿硎梅清拜手。"

收录于中国古代书画鉴定组编《中国绘画全集21·清3》（文物出版社、浙江人民美术出版社2001年版）。现藏于天津市艺术博物馆。

又，作设色绢本《千峰竞秀图》。题款："西海真天险……乙亥七月写，瞿山清。"今有沈尹默题款。

八月，作画册纸本计十册。题款："庚岭香何近，孤山影独偏。一枝堪对酌，可共老瞿眠。乙亥八月，瞿山梅清。"（胡积堂《笔啸轩书画录》，载于《中国书画全书》第十四册，第303页）

又，作《松谷图》。题款："松谷。松谷为黄山南入之门。地属仙源，中有五龙潭，龙栖分界，水分五色。予曾经宿二夜，日月朝昏，绝非人世。从此上云门，趋笋峰，置身皆瑶岛矣。他日彻翁公祖胜游黄海，首夜必宿松庵，始知此画为税驾章本。乙亥八月，瞿晚清拜手识。"

现由台北私人收藏。

清康熙三十五年（丙子，1696年） 七十四岁

八月，从侄孙梅琢成考取举人。（光绪《宣城县志》卷十三《选举表》）

是岁，卒。

关于梅清卒年，王士祯在其《蚕尾续集·跋》中曰："康熙丁丑在京师，闻渊公化去。妙画通灵，从此永绝！"据此，梅清于丁丑年（1697年）卒，年七十五。然《文峰梅氏家谱》卷五载："梅清，明天启三年癸亥十二月二十四日子时生，康熙丙子殁，享年七十有四。葬新田山太婆园。"王士祯可能在梅清去世的第二年才得知卒讯。

梅清墓，在宣城东南方向的新田乡新田村高冲村村民陈荣庭的菜园地里。原土墓已坍塌，1986年1月，宣州市文化局为其增土，坐南朝北，东西长3.5米，南北长5.4米，冢高2米。为梅清与其夫人钱氏合葬墓。墓碑青石质，高0.6米，宽0.32米，厚0.6米，碑上阴刻楷书碑文，从右向左横写"午山子向"与现地碑址坐落方向完全一致，右竖写："道光五年孟夏月之吉旦立"，中间写："清故显考举人梅讳清号瞿山公府君"，并排写："妣钱氏夫人合葬"，紧簿左下方写有"详邑志"三字。落款是"裔孙孙聪率男枝忆、枝馥合祀"。1987年，宣州市人民政府公布梅清墓为市级（县级）重点文物保护单位。1998年，安徽省人民政府公布梅清墓为省级文物保护单位。

241

附录一　绘画作品

　　宣城画派在康熙年间诞生了一位最有影响力的大画家——梅清。他以画松、画黄山知名于世，纵横画坛近五十年之久，成为该画派的领军人物。他与石涛被誉为宣城画派的"双子星"。梅清出生于明天启三年（1623年）农历十二月二十四日，相貌英俊，风度翩翩，汪懋麟形容梅清的相貌是"颜如秋水美丰仪"，韩魏说"瞿山主人秋水姿"，沈泌也同样赞赏梅清有着芙蓉秋水般清澈的神色。但这些赞誉却不如梅磊所说的形象："渊公精悍短小，能舞剑发矢，上马如飞，为戡乱才。"由此看来，梅清并非文弱善病，虽然身材短小，但上马动作却轻快迅疾，并可以使剑拉弓。我们从梅清七十一岁时作的自画像可以看出，梅清晚年虽然留了清朝规定的"金钱鼠尾辫"，但仍然穿着汉族传统的宽袍大袖，虽然皱纹满额，但依然精神抖擞。

（一）有纪年绘画作品

明崇祯十三年（庚辰，1640年）

暮春，作《芝寿图》。题款："庚辰暮春月，拟九龙山人笔意。瞿山梅清。"

清顺治三年（丙戌，1646年）

九月十六日，作《黄山松云图》。
中国嘉德拍卖公司2011年6月拍卖会拍品。

清顺治四年（丁亥，1647年）

仲夏，作调色山水团扇，赠溧阳马世俊（字甸臣）。
上海国际商品拍卖有限公司2000年春季艺术品拍卖会拍品。

清顺治六年（己丑，1649年）

秋，作《曳杖过溪图》轴。

此轴系曾伟绫《梅清（1623—1697）的生平与艺术》（台湾"中央"大学2008年硕士学位论文）插图。现藏于美国大都会博物馆。

冬，作《仿李营丘雪景图》扇面。

清顺治九年（壬辰，1652年）

五月，为盛时泰作《秋山觅句图》。

北京建亚世纪拍卖有限公司2012年春季艺术精品拍卖会拍品。收录于廉泉编《明清名家扇面大观》（文明书局1916年版）。

清顺治十四年（丁酉，1657年）

十一月望后，为培翁作《宛陵十景图》册页十一开。

收录于《中国绘画总合图录》第一册。现藏于美国普林斯顿大学美术馆。

又，题画送女婿陈于璇归楚黄。

《瞿山诗略》卷十二《岳云集（丁酉庚戌丙午）》中有《题画送陈婿归楚黄》（第611页）。

又，题画寄新安太史曹鼎望。

《天延阁删后诗》卷十二《岳云集》中有《题画寄太史曹冠五新安》（第326页）。

清顺治十五年（戊戌，1658年）

春，为丁弘海画扇。

王士祯《带经堂集》卷四《渔洋诗话四（戊戌稿）》中有《丁景吕以梅渊公画扇索书，戏为长句》。

清顺治十二年（乙未，1655年）至十五年（戊戌，1658年）

秋，为泾县赵时可画。

《天延阁删后诗》卷五《宛东草》中有《赵考叔投诗索画依韵答之》（第268页）。

又，题画答堵廉生。

《天延阁删后诗》卷五《宛东草》中有《题画答堵廉生前辈》（第271页）。

清顺治十七年（庚子，1660年）

是岁，作《青绿山水图》立轴。

上海正德拍卖有限公司2006年首届春季拍卖会拍品。

清顺治十九年（辛丑，1661年）

八月，作《南归林屋图》册页六开。

收录于《中国古代书画图目》第四册。现藏于上海博物馆。

清康熙元年（壬寅，1662年）

秋，赠以诗、画（十幅）与桐城人陈焯。

《天延阁赠言集》卷之一中有陈焯《壬寅新秋偶游金陵得晤梅渊公贻余佳画答以长歌》（第488页）。

是岁，题画赠蔡瑶。

《天延阁删后诗》卷八《越游草》中有《题画赠蔡玉及》（第296页）。

清康熙二年（癸卯，1663年）

六月，作《山村清景图》扇页。

收录于黄宾虹、邓实主编《上海博物馆藏明清折扇书画》（上海人民美术出版社1983年版）。现藏于上海博物馆。

初秋，作《山水》立轴。

北京建亚世纪拍卖有限公司2012年秋季拍卖会拍品。

十二月三日，为皆翁作《幽林闲居》扇面。

上海道明拍卖有限公司2007年秋季艺术品拍卖会拍品。

是岁，为野岳和尚题徐半山画。

《天延阁删后诗》卷九《匣琴集》中有《过玉山禅院为野岳题半公画》（第303页）。

又，为钟允谐画《书泉隐居图》。

《天延阁删后诗》卷九《匣琴集》中有《为钟予夔画书泉隐居图》（第302页）。

又，为倪正作《隐居图》并题诗。

《天延阁删后诗》卷九《匣琴集》中有《题观湖〈隐居图〉二首》（第304页）。

又，题画送马幼御。

《天延阁删后诗》卷九《匣琴集》中有《题画送马幼御》（第304页）。

清康熙四年（乙巳，1665年）

至日（夏至日或冬至日），为友人道士海阳出示《列仙图》。

《天延阁赠言集》卷之二中有倪观湖（正）《乙巳至日瞿山展列仙图视海阳，海阳愧也，已而辴然，泰清紫虚不甚相远，瞿山宿禀仙才，加勤道力，揖让南宫等闲事耳。因共酌酒，而海阳为之歌》（第507页）。

清康熙五年（丙午，1666年）

是岁，题画赠宣城县令李文敏。

《天延阁删后诗》卷十二《岳云集》中有《题画赠邑侯李如白》（第328页）。

秋日，为赓老年道兄作《松石图》金笺扇面。

现藏于中国历史博物馆。

冬，作《山水》立轴十二开。

中贸圣佳国际拍卖有限公司2011年春季拍卖会拍品。

清康熙四年（乙巳，1665年）至五年（丙午，1666年）

吴肃公索画《半壁图》。

《天延阁删后诗》卷十《寒江集》中有《答吴街南》（第307页）。

清康熙六年（丁未，1667年）

是岁，于北京，赠济南王士禛画。

《天延阁赠言集》卷之二中有王士禛《丁未春，都门梅瞿山见贻墨妙，辄成四绝奉答，兼寄祖命、方邺》（第505页）。

王士禛《带经堂集》卷二十《渔洋诗二十（丁未稿）》中有《答梅渊公赠画兼寄唐祖命二首》。

又，题画《柏枧山》寄山东邹平张万斛。

《天延阁删后诗》卷十一《归舟草》中有《题画寄山左张幼量》（第 316 页）。

六月，作宣城山水图，有题画诗。

《天延阁删后诗》卷十一《归舟草》中有《题画》（第 322 页）。

中秋，同福建晋安人黄肇熙相别，并赠以诗画。

《天延阁赠言集》卷之二中有黄肇熙《丁未中秋别瞿山年道翁兼谢诗画》（第 503 页）。

又，作《骏马图》寄徽州府同知高苍俨。

《天延阁删后诗》卷十一《归舟草》中有《题〈骏马图〉寄天都郡司马高苍俨先生》（第 319—320 页）。

又，作《双松交茂图》轴。

收录于《中国古代书画图目》第十五册。现藏于沈阳故宫。

清康熙八年（己酉，1669年）

六月，作《仿古山水图》册页十开。

中鸿信国际拍卖有限公司 2008 年秋季拍卖会拍品。

九月，福建福清人魏宪到宣城过访并有诗相赠，答以松石图画，并题诗于其上。（《百名家诗选》卷五十六魏宪《梅清诗选小引》）

清康熙九年（庚戌，1670年）

仲春，过泗滨看施端教，别时以一诗一画相赠。

《天延阁赠言集》卷之二施端教《庚戌中春渊公老年亲台以一诗一画言别集句三章次韵》（第 504 页）。

五月，为儒卿作《山水》设色金笺扇面。

秋日，为袁景作《凤冈梧桐图》。

《天延阁赠言集》卷之二袁景《庚戌秋日，于老友俞涧影家赏识梅瞿山画，遂发为歌，意欲转乞以为传珍》（第 509 页）。

清康熙十年（辛亥，1671年）

夏，作《泛舟青溪图》轴。

此作现藏于美国大都会博物馆，本幅题诗五首，梅清、施闰章、沈泌、梅銄、梅庚各题一首。

十二月，作《山水》立轴。

北京雍和嘉诚拍卖有限公司2007年秋季拍卖会拍品。

清康熙十一年（壬子，1672年）

赠画寄赠豫章陈令升。

《天延阁删后诗》卷十四《雪庐草》中有《寄赠陈令升》（第346页）。

清康熙十二年（癸丑，1673年）

中夏，作《层峦叠嶂》。

浙江骏成2011年迎春拍卖会拍品。

清康熙十三年（甲寅，1674年）

是岁，作《黄海浮岚图》。

《天延阁后集》卷一《甲寅诗略》中有《访宁阳马明府幼实》（第381页）。

又，为郡司马唐赓尧公作《绿野堂图》。

《天延阁后集》卷一《甲寅诗略》中有《偶写绿野堂呈郡司马唐公》（第381页）。

又，赠汪士鈜《梅花书屋》《桐下纳凉》两图。

《天延阁删后诗》卷十五《菊间集》中有《喜晤汪扶晨》（第357页）。

又，新安郡司马高苍严擢升吴门太守，题画相赠。

《天延阁删后诗》卷十五《菊间集》中有《题画送高太守》（第360页）。

清康熙十四年（乙卯，1675年）

为叶九来绘《茧园图》。

《天延阁后集》卷二《乙卯诗略》中有《叶九来半茧园》（第388页）。

三月既望，为徐健庵画《憺园图》。

收录于《中国古代书画图目》第八册。现藏于天津市历史博物馆。

五月，作《峭壁听松图》（《江亭送别图》）轴赠高简。

《中国古代书画图目》第一册。现藏于首都博物馆。

《天延阁后集》卷二《乙卯诗略》中有《赠高澹游》（第389—390页）。

《峭壁听松图》

清康熙十年（辛亥，1671年）至十四年（乙卯，1675年）

为姚永昌题《响山图》。

《天延阁删后诗》卷十三《梅花溪上集》中有《题响山图赠别姚茂挈》（第

344 页）。

又，题画寄程正揆。

《天延阁删后诗》卷十三《梅花溪上集》中有《题画寄程端伯先生》（第 343 页）。

又，题画寄给程中山。

《天延阁删后诗》卷十三《梅花溪上集》中有《天都行题画寄程中山》（第 337 页）。

又，题画寄赠济南王士禛。

《天延阁删后诗》卷十三《梅花溪上集》中有《题画寄王阮亭先生》（第 343 页）。

又，题画寄赠桐城陈焯。

《天延阁删后诗》卷十三《梅花溪上集》中有《题画寄陈涤岑先生》（第 343 页）。

又，题画寄赠邑人倪正。

《天延阁删后诗》卷十三《梅花溪上集》中有《题画寄倪观湖》（第 343—344 页）。

又，送张惣游黄山并为之题画。

《天延阁删后诗》卷十四《雪庐草》中有《送张僧持游黄山》（第 351 页）。

又，题画送吕讷庵游天都。

《天延阁删后诗》卷十四《雪庐草》中有《题画送吕讷庵游天都》（第 352 页）。

又，题画寄林埍、成元戎。

《天延阁删后诗》卷十四《雪庐草》中有《题画寄林埍、成元戎》（第 352 页）。

又，题画寄徐元梦。

《天延阁删后诗》卷十四《雪庐草》中有《题画寄徐善长翰林》（第 352—353 页）。

又，题画答赠周在浚。

《天延阁删后诗》卷十四《雪庐草》中有《题画答周雪客》（第 353 页）。

又，作《题画》诗。

《天延阁删后诗》卷十五《菊间集》中有《题画》（第 358 页）。

又，题《东渚草堂图》。

《天延阁删后诗》卷十五《菊间集》中有《题东渚草堂图寄八兄子翔》（第355页）。

又，题画送陈逊庵。

《天延阁删后诗》卷十五《菊间集》中有《题画送陈逊庵》（第360页）。

清康熙十五年（丙辰，1676年）

二月，于京城某寺僧舍，同程鹄、邵弥、高遇等人合作《山水图》册页十二开。

收录于《中国古代书画图目》第十一册。现藏于浙江省博物馆。

又，在京城初识合肥人许孙荃先生，并赠其《天延阁集》和《宛陵图景》。

又，于歙州，作《长松踞石图》。

今藏于泾川赵家。

清康熙十六年（丁巳，1677年）

十一月二十一日，作《万松图》贺施闰章六十大寿。

收录于《中国绘画总合图录》第二册。

又，作《空山无人图》，赠予顾景星。

《白茅堂集》卷十八《丁巳》中有顾景星《宣城梅渊公寄〈空山无人图〉》。

清康熙十七年（戊午，1678年）

六月，以《黄山图》赠邓性。

《天延阁后集》卷五《戊午诗略》中有《邓性序》（第415页）。

七月，作《江湾高松图》。

上海拍卖行2011年3月拍卖会拍品。

是岁，题画赠敬亭僧。

《天延阁后集》卷四《丁巳戊午诗略》中有《题画赠敬亭僧》（第409页）。

又，题诗画寄许孙荃。

《天延阁后集》卷四《戊午诗略》中有《寄许生洲先生》（第412页）、《题画寄生洲先生》（第413页）。

又，题画寄王士禛。

《天延阁后集》卷四《戊午诗略》中有《寄王阮亭先生》（第412页）、《题画寄阮亭先生》（第413页）。

又，题画寄赠猷州令邓琪棻。

《天延阁后集》卷四《戊午诗略》中有《题画寄邓猷州》（第413页）。

又，为太平县教谕韦圣捄学博题画。

《天延阁后集》卷五《戊午诗略》中有《题画为韦左瞻学博》（第421页）。

清康熙十八年（己未，1679年）

是岁，在京城，为山东德州人田纶霞写《长安移居图》。

《天延阁后集》卷六《己未庚申诗略》中有《水部田纶霞属写〈长安移居图〉并作短歌》（第427页）。

四月，作《瑞梅图》寄施闰章。

施闰章《学余堂诗集》卷二十三中有《己未夏，家园老梅作四花，余适同孙予立、茆楚畹、高阮怀并官翰林，里中梅渊公诸故人作〈瑞梅图歌〉索和，漫题其后》。

《遗山诗》卷二中有高咏《寄云楼瑞梅图歌》序。

除夕前三日，为知县邓性绘成《宣城胜览图》二十四开。

收录于《中国绘画总合图录》第二册。现藏于苏黎世里特堡博物馆。

清康熙十九年（庚申，1680年）

夏，作《黄山松石图》。

《中江纪年诗集》卷二《庚申》中有《阮亭先生堂中题梅瞿山所画〈黄山松石图〉歌》。

又，为松翁作《竹石萱花图》（《兰石图》）扇页。

收录于《中国美术全集绘画编》第十一册。现藏于浙江省博物馆。

是岁，与曹溶同寓金陵长干寺并为之画松。

《天延阁赠言集》卷之三中有曹溶《画松歌为瞿山先生赠（时寓长干寺）》（第514页）。

清康熙十八年（己未，1679 年）至十九年（庚申，1680 年）

夏日，于怀谢楼作《渴笔山水》轴。

现藏于王季迁处。

又，为施昭子题《望荷心语图》。

《天延阁后集》卷六《己未庚申诗略》中有《施昭子索题望荷心语图》（第426 页）。

又，题画送沈馨闻上新安。

《天延阁后集》卷六《己未庚申诗略》中有《题画送沈馨闻上新安》（第426 页）。

清康熙二十年（辛酉，1681 年）

仲秋，为君南作《三清图》轴。

《中国古代书画图目》第十一册。现藏于浙江省博物馆。

清康熙二十年（辛酉，1681 年）至二十一年（壬戌，1682 年）

作画寄施闰章。

《天延阁后集》卷七《辛酉壬戌诗略》中有《作画寄愚山先生》（第 439 页）。

清康熙二十二年（癸亥，1683 年）

三月，作《敬亭霁色图》轴，赠江南提学赵仑。

《中国古代书画图目》第四册。现藏于上海博物馆。

又，作《敬亭霁色图》。

上海道明拍卖有限公司 2011 年春季拍卖会拍品。

春，作《松石图》《木落看山图》。

现均藏于上海博物馆。

八月，在秦淮为泰昌书法家宋曹补属题《蔬坪荷锄图》。

《天延阁后集》卷八《癸亥诗略》中有《宋射陵先生属题〈蔬枰荷锄图〉》（第 444 页）。

九月十六日，作《木落看山图》轴。

收录于《中国古代书画图目》第四册。现藏于上海博物馆。

《木落看山图》

九月，作《松石图》轴，赠两江总督于成龙。

收录于《中国古代书画图目》第四册。现藏于上海博物馆。

又，为谓老作扇面。题款："癸亥九月，为谓老并粲。弟清。"

西泠印社拍卖有限公司 2011 年春季拍卖会拍品。

又，作画赠蔡方炳先生。

《天延阁后集》卷八《癸亥诗略》中有《祝蔡息关母太夫人八十兼附拙染送息关归》（第 445 页）。

清康熙二十三年（甲子，1684 年）

是岁，作《画眠》诗。

《天延阁后集》卷九《甲子诗略》中有《画眠》（第 450—451 页）。

清康熙二十四年（乙丑，1685 年）

是岁，作题画诗。

《天延阁后集》卷十《乙丑诗略》中有《题画》（第 456 页）。

又，题画寄楚黄陈于琏。

《天延阁后集》卷十《乙丑诗略》中有《寄楚黄陈婿》（第 456 页）。

清康熙二十五年（丙寅，1686 年）

二月，在沙城。为歙人吴菘、其侄吴瞻泰绘《梅庄图》。

《十百斋书画录》中著录了此图，并详细录入了其后的各家题跋。

三月，作《双松图》。题款："丙寅三月瞿硎梅清写。"

上海敬华艺术品拍卖有限公司 2008 年春季拍卖会拍品。

端午后三日，为吴瞻泰作《山水图》轴。

是岁，吴云临别索画，为之作松图。

《天延阁后集》卷十一《乙丙诗略》中有《题画答舫翁先生》（第 463 页）。

又，题画寄太平县令仙源陈九陞。

《天延阁后集》卷十一《乙丙诗略》中有《题画寄仙源陈对廷明府》（第 460 页）。

又，题画寄歙县县令靳治荆。

《天延阁后集》卷十一《乙丙诗略》中有《题画寄靳熊封明府》（第 460 页）。

清康熙二十六年（丁卯，1687 年）

六月，作题画诗。

《天延阁后集》卷十二《丁卯诗略》中有《题画》（第 472 页）、《题画》（第 472—473 页）。

九月九日，参加花果会，画秋花一枝。

《天延阁后集》卷十二《丁卯诗略》中有《九日花果会登保丰台集茶峡草堂》（第 474 页）。

重九后三日，作《山堂读书图》轴。

收录于《中国古代书画图目》第四册。现藏于上海博物馆。

是岁，作《画龙》诗。

《天延阁后集》卷十二《丁卯诗略》中有《画龙》（第 474 页）。

又，作《画虎》诗。

《天延阁后集》卷十二《丁卯诗略》中有《画虎》（第 474—475 页）。

清康熙二十七年（戊辰，1688 年）

五月，宋衡来宛陵，重摹一件《黄山图》送之。

《天延阁后集》卷十三《戊辰诗略》中有《赠画歌为宋伊平太史赋》（第 482 页）。

六月，作《雪景》赠沈泌。

《天延阁赠言集》卷之三中有沈泌《戊辰六月梅瞿山先生以溪山雪景图属题口占塞命》（第 522 页）。

《天延阁后集》卷十三《戊辰诗略》中有《题雪景赠方邺》（第 483 页）。

七八月间，寄《天延阁删后诗》及诗、画给寓居金陵的戴本孝，并邀其参加花果会。

《天延阁赠言集》卷之四中有戴本孝《瞿山先生寄示天延阁大集兼惠诗画，远订花果之会，小诗谢答纪怀》（第 531 页）。《余生诗稿》卷十题作《答梅瞿山》。

九月，参加花果会，并与诸先生集于梅枝凤满听楼作画。

《天延阁后集》卷十三《戊辰诗略》中有《花果会集家东渚先生满听楼同万赞伯、贡声九、汤鹤山、施愁坪、尤雪浦、沈介锡家序偕周祚分赋一律》（第

486 页）。

《东渚诗集》卷五中有梅枝凤《喜瞿山偕汤鹤山、尤雪浦、施懋坪诸君过草堂感旧有作》。

十月，作画赠昝茹芝。

《天延阁后集》卷十三《戊辰诗略》中有《石塘先生歌（赠昝元彦）》《题画为昝石塘》（第 485 页）。

是岁，作题画诗。

《天延阁后集》卷十三《戊辰诗略》中有《题画二首》（第 483 页）。

又，题画赠女婿陈于琏。

《天延阁后集》卷十三《戊辰诗略》中有《题画赠陈婿慕潭》（第 484 页）。

又，题画赠与沈轫庵。

《天延阁后集》卷十三《戊辰诗略》中有《赠沈轫庵先生》《题画送轫庵游黄山》（第 482 页）。

又，作《泛舟响潭图》。

《天延阁后集》卷十三《戊辰诗略》中有《泛舟响潭》（第 484 页）。

香港佳士得有限公司 2001 年秋季拍卖会拍品。

清康熙二十八年（己巳，1689 年）

夏至日，为歙县知县靳治荆作《黄山纪游图》册页十二开。

佳士得拍卖有限公司 2006 年 5 月拍卖会拍品，仅刊四开。

九月，与梅庚、梅蔚、施闰毓等合作《杂画合作六段》卷。第一段和第二段由梅清画。

《中国古代书画图目》第四册。现藏于上海博物馆。

又，作《黄山烟云图》。

亚明先生曾为其题跋。现藏于宣城柳国财先生处。

阳月（农历十月），作《黄山图》册页十二开，寄赠新安郡司马曹贞吉。

《瞿山诗略》卷二十九《己庚二年诗》中有《寄新安郡司马曹实庵》（第 716 页），题诗与画中题诗一致。

收录于《中国古代书画图目》第十三册。现藏于广东省博物馆。

又，作《松石图》轴。

收录于《梅瞿山画集》。现藏于日本私人处。

清康熙二十九年（庚午，1690年）

三月，作《山水》册页八开。

北京亨申2012年春季拍卖会拍品。

送春前一日，在歙县岩溪，为吴东涧（吴瞻泰弟）年兄作《岩溪别意图》轴。

收录于《中国古代书画图目》第四册。现藏于上海博物馆。

初夏，在歙县、黄山等地，作《黄山图》八开。

收录于《中国古代书画图目》第二十二册。现藏于北京故宫博物院。

又，作《奇峰云海》手卷。

北京保利2012年6月拍卖会拍品。

六月，作《仿古山水图》册页十开。

收录于《中国绘画总合图录》续编。现藏于美国克利夫兰美术馆。

七月，作《山下逢友图》（《相别絮语图》）。

北京泰和嘉成拍卖有限公司2011年秋季拍卖会拍品。

九月九日重阳，作《仿黄鹤山樵山水》轴。

收录于《中国古代书画图目》第四册。现藏于上海博物馆。

九月，作《黄山图》十六开。

收录于《中国古代书画图目》第二十二册。现藏于北京故宫博物院。

又，作《黄山图》册页二开。

香港佳士得有限公司2006年5月拍卖会拍品。

又，题画寄赠太平县教谕倪雍吾。

《瞿山诗略》卷二十九《己庚二年诗》中有《题画寄倪峄山》（第721页）。

又，题画寄赠太平县训导陈以直。

《瞿山诗略》卷二十九《己庚二年诗》中有《题画寄陈率斋》（第721页）。

清康熙三十年（辛未，1691年）

三月，作《仿王蒙山水图》（《松岩听泉图》）。

收录于《中国绘画总合图录》第一册。现藏于底特律艺术学院。

八月，作《云门诸峰图》。

上海和润拍卖有限公司 2011 年秋季拍卖会拍品。

九月朔，作《高亭览胜图》。

北京东方晟宬拍卖有限公司 2011 年拍卖会拍品。

九月，作《仿古山水图》册页十二开。

臻昌国际 1997 年、北京荣宝斋 2000 年艺术品拍卖会拍品。

又，再作《仿古山水图》册页十二开。

收录于《中国古代书画图目》第四册。现藏于上海博物馆。

又，作《山水》册页十二开。

收录于徐邦达编《改订历代流传绘画编年表》。

又，作《山水》手卷。

北京建亚世纪拍卖有限公司 2011 年春季拍卖会拍品。

又，作《独坐敬亭图》。

《瞿山诗略》卷三十《偶存稿（辛未）》中有《题〈独坐敬亭图〉》（第 726 页）。

又，作梅、松二图。

《瞿山诗略》卷三十《偶存稿（辛未）》中有《题画六言二首》（第 726—727 页）。

又，题画寄汪子广先生。

《瞿山诗略》卷三十《偶存稿（辛未）》中有《题画寄汪子广先生》（第 725 页）。

清康熙三十一年（壬申，1692 年）

正月，画《黄山图》十二开并《梅图》一卷赠给王士祯。

王士祯《居易录》卷十七《蚕尾集》中有《梅氏诗略序》。

二月，仿苏轼笔意作《墨梅图》赠吴雯。

收录于《中国绘画总合图录》第一册。

三月，为潘耒作《黄山图》十开。

收录于《梅清黄山图册》。现藏于北京故宫博物院。

四月，与程元愈、梅翀等到宣城湾沚（现属芜湖），作《沚水纪游图》十二开。

收录于《中国古代书画图目》第四册。现藏于上海博物馆。

五月十六日，在芜湖，作《疏林独步图》轴。

收录于《中国古代书画图目》第四册。现藏于上海博物馆。

仲夏，作《高山奇松图》。

汉秦国际拍卖有限公司2011年春季拍卖会拍品。

六月十日，作《江上泛舟图》。

上海朵云轩拍卖有限公司2004年春季拍卖会拍品。

八月，作《山水图》册页十二开。

收录于《梅瞿山画山水册》。曾藏于池州刘公鲁处，后藏处不明。

清康熙三十二年（癸酉，1693年）

一月，作《老松图》。

中国嘉德国际拍卖有限公司2008年春季拍卖会拍品。

二月，重跋其康熙二十九年所作《黄山图》（十六开）。题款："癸酉二月重题，瞿山清。"

又，作《游春图》扇面。题款："癸酉二月，瞿山梅清。"

上海工美拍卖有限公司2004年春季拍卖会拍品。

三月，为劲庵先生作《溪山闲适图》。

收录于《中国古代书画图目》第四册。现藏于上海博物馆。

五月十五日，长至前三日，自画小像并题。

《瞿山诗略》卷三十三《长余集（癸酉）》中有《自题小影》（第738页）。

仲夏，作《山水》立轴。

安徽九乐拍卖有限公司2011年10月拍卖会拍品。

六月，为屈大均母九十大寿作书画册页十三开。

收录于《中国古代书画图目》第四册。现藏于上海博物馆。

七月十五日，作《柏枧山图》。

收录于《梅瞿山画集》。

八月，为育翁作《仿古山水》册页十二开。

收录于《中国古代书画图目》第四册。现藏于上海博物馆。

九月望前三日，作《山水通景》轴十屏。

收录于《中国古代书画图目》第十四册。现藏于广州美术馆。

十月，应泽翁之请，为其作《仿古山水》册页十二开。

收录于《中国绘画总合图录》续编。现藏于美国大都会博物馆。

又，作《黄山十九景图》册页十二开（《黄山图》）。

收录于《中国古代书画图目》第四册。现藏于上海博物馆。

又，与梅庚、梅翀、梅蔚、梅琢成合作《梅氏山水图》册页十开。

收录于《中国古代书画图目》第十二册。现藏于安徽省博物馆。

《梅氏山水图》

又，作《仿古山水》册页十二开。

收录于《中国绘画总合图录》续编。现藏于柏林东亚艺术博物馆。

清康熙三十三年（甲戌，1694年）

闰五月十二日，作《山水图》册，赠吴肃公。

收录于《中国古代书画图目》第四册。现藏于上海博物馆。

中秋前一日，作《高山流水图》。

收录于《中国美术全集绘画编》第十册。现藏于北京故宫博物院。

八月，作《黄山十景图》十开。

收录于《木犀藏明遗民画二十家》。

九月，作《秋窗偶暇图》。

中贸圣佳2002年秋季拍卖会拍品。

十二月，为葛人老年道翁作《虬松老梅图》立轴。

广州艺术品拍卖有限公司2007年秋季拍卖会拍品。

清康熙三十四年（乙亥，1695年）

正月，作《山水图》册页十二开。

收录于《中国古代书画图目》第四册。现藏于上海博物馆。

二月，作《水墨山水图》。

收录于《海外拾珍记》。

三月，作《仿古山水图》册页八开。

收录于《梅瞿山画集》。

五月，作《西海千峰图》（《黄山真境图》）。

收录于《明清之际名画特展》。

六月，作《山水》册页十二开。

收录于《中国古代书画图目》第四册。现藏于上海博物馆。

又，作《山水》册页十开。

收录于《梅瞿山画集》。现藏处不明，旧为朱屺瞻、唐云所藏。

夏，作《黄山松谷庵图》。

收录于《中国古代书画图目》第十七册。现藏于重庆博物馆。

又，作《黄山图》屏八幅。

七月，为朗翁作《松谷图》。

收录于《中国绘画全集 21·清 3》。现藏于天津市艺术博物馆。

又，作设色绢本《千峰竞秀图》。

北京诚灏国际拍卖有限公司 2013 年迎春拍卖会拍品。

八月，作画册纸本计十册。

又，作《松谷图》。

（二）无系年绘画作品（后期）

1.《黄山图》册页二开。题款："云里辟天阊，仙宫俯混茫。万峰齐下拜，一座俨中央，侧足惊难定，凌空啸欲狂。何当凭鸟翼，从此寄行藏。文殊院看铺海。"（之一）"凝砂喷玉不知寒，闻道仙人此濯丹。浴罢莫疑宵汉远，临流忽已长飞翰。汤池。瞿山。"（之二）

收录于《中国绘画总合图录》第二册。现藏于瑞典斯德哥尔摩远东古物博物馆。

2.《黄山图》册页十二开（古帝栖真地）。题款："古帝栖真地，天开此一都。霓旌围碧落，阊阖入虚无。火息丹应转，云来海自铺。何当凌鹤羽，随意遍灵区。天都峰，瞿山。"（之一）"云里辟天阊，仙宫俯混茫。万峰齐下拜，一座俨中央。侧足惊难定，凌空啸欲狂。何当凭鸟翼，从此寄行藏。文殊台用黄鹤山樵笔意写之。瞿山梅清并题。"（之二）"旷绝光明顶，天南四望空。谁知孤啸处，身在万山中。呼吸风雷过，嶙峋日月通。仙踪如可接，何必梦崆峒。瞿山。"（之三）"何年辟此径，石巇俯危渊。一杖穿云过，还将梯问天。百步云梯仿柯九思笔意。瞿山。"（之四）"浮丘峰如海上三神山，可望不可即。戏以缥缈笔图之，非必实有此景也。"（之五）"凝砂喷玉不知寒，闻道仙人此濯丹。浴罢莫疑仙路远，临流忽已长飞翰。汤泉。拟大痴笔意。瞿山梅清。"（之六）"天半云门路，岚光分外明。一筇今日倚，两屐旧时轻。幻境原无数，重来更问名。神鸦吾未识，亲见白猿迎。云门峰仿郭河易笔意。瞿山梅清。"（之七）"古帝丹台迹未荒，行来鼎内紫芝香。便须采药探灵火，仙液千年味更尝。瞿山梅清并题。"（之八）"狮子峰头石，仙人此结庐。孤筇无着处，双屐尽凌虚，衣冷凝秋逼，山空觉磬疏。何时憩黄海，天半问邻居。狮子林。瞿山。"（之九）"翠微寺为黄山别峰，予游已二十年矣，握笔写山，不胜怅惘。瞿山。"（之十）"鸣弦泉，有石梁横其前，泉水淙淙，依稀丝竹，实奇观也。瞿山。"（之十一）"仙根谁手种，大地此开花。直饮半天露，齐擎五色霞。人从香国转，路借玉房遮。莲子何年结，沧溟待泛楂。题莲华峰旧作。瞿山。"（之十二）

收录于《中国绘画全集21·清3》。现藏于安徽省博物馆。

3.《黄山图》册页八开（日落峰阴乱）。题款："日落峰阴乱，山空瀑响齐。断云闲不去，幽鸟寂还啼。投足仙源近，回看世路迷。中宵眠更起，孤月在岩西。松谷。"（之一）"仙根谁手种，大地此开花。直饮半天露，齐擎五色霞。人从香国转，路借玉房遮。莲子何年结，沧溟待泛楂。莲华峰。"（之二）"黄山奇绝信难求，独自兹峰境最幽。下尽松声随步起，何来溪水接云流。翠微峰。"（之三）"于树奇松尽不群，一奇如此更稀闻。朝来风雨凌空起，仿佛移山出晓云。绕龙松。"（之四）"狮子峰头石，高人此结庐。孤筇无着处，双屐尽凌虚。"（之五）"巉岩五供养，簋篚对金尊。独坐向何处，长吟松树根。"（之六）"一声长啸问浮丘，疑是乘艖海上游。三十六峰在何处，挥毫尽衍碧天秋。此浮丘三峰也，雨窗稍晦，为飞熊道兄写教。瞿山梅清。"（之八）

现藏于香港虚白斋。

4.《黄山图》册页八开（山影连还断）。题款："山影连还断，云光扪复开。万松声乍息，啼鸟月中来。松谷。"（之一）"仙根谁手种，大地此开花。莲子何年结，沧溟待泛楂。莲花峰。"（之二）"石迭双幢起，云堆孤刹开，峰头新翠湿，依旧上衣来。翠微寺。"（之三）"凝砂喷玉不知寒，阙外仙人此濯丹。浴罢莫疑宵汉远，临流忽已沃飞翰。汤池。瞿山。"（之四）"云门双峰。瞿山"（之五）"太古蛰龙醒，蚕丛霹雳开。五浮云不去，三峡雪飞来。九龙潭。瞿山。"（之六）"皇帝栖真远处，遗台旧迹荒。何年采仙药，大冶火重光。炼丹台。"（之七）"黄山三十六峰，唯天都莲花最高，而文殊台则黄海之中央也，予写铺海图必以此三峰并列焉。瞿山梅清。"（之八）

佳士得2005年5月拍卖会拍品。此作为朱稺臣旧藏本。

5.《黄山图》册页六开。题款："鸣弦泉，有石梁横其前，泉声淙淙，依稀丝竹，实奇观也。瞿山梅清。"（之一）"古帝丹台迹未荒，行来鼎内紫芝香。便须采药探灵火，仙液千年味更尝。瞿山梅清并题。"（之二）"旷绝光明顶，天南四望空。仙踪如可接，何必梦崆峒。光明顶，仿柯九思笔意。瞿山梅清并题。"（之三）

"天半云门路，溪光分外明。一筇今日倚，双屐旧时轻。幻境原无数，重来更问名。神鸦吾未识，亲见白猿迎。云门峰。瞿山梅清。"（之四）"何年辟此径，石巘俯危渊。一杖穿云过，还将梯问天。百步云梯。瞿山。"（之五）"鹤盖松。"（之六）

佳士得2005年5月拍卖会拍品。此作为起海珍旧藏本。

6.《黄山图》四屏。题款："十年幽梦系轩辕，身历层岩始识尊。天上云都供吐纳，江南山尽列儿孙。峰抽千仞全无土，路入重霄独有猿。谁道丹台灵火息，朱砂泉水至今温。天都峰。仿荆关笔意。瞿山梅清并题。"（之一）"云里辟天阊，仙宫俯混茫。万峰齐下拜，一座俨中央。侧足惊难定，凌空啸欲狂。何当凭鸟翼，从此寄行藏。黄山文殊台乃大海中央一石也。天都莲华左右其间，观铺海必至此，始是其全。用黄鹤山樵笔意写之。瞿山梅清。"（之二）"苍松翠壁瀑声奇，六月来游暑不知。仙子真踪无处觅，白龙潭上立多时。白龙潭摹松雪笔意。瞿山梅清。"（之三）"古帝丹台迹未荒，行来鼎内紫芝香。便须采药探灵火，仙液千年味更尝。炼丹台乃黄帝与容成子设鼎之地，用梅花道人笔意写之。瞿山梅清。"（之四）

收录于高美庆主编《至乐楼藏明清书画》（香港中文大学出版社1992年版）。现藏于至乐楼。

7.《黄山图》册页十二开（亦知灵独秘）。题款："亦知灵独秘，谁信幻初开。峰顶飞梁渡，天伸一臂来。谓接引松也。海分前后，奇怪莫测，唯后海更甚。后人以始信名之，□到者方□之意□。"（之一）"太古蛰龙醒，蚕丛霹雳开，五浮云不去，三峡雪飞来。坐押浪阁中看白龙潭。"（之二）"石自碧霄落，溪从丹液开。仙风不可接，海信至今来。题容成溪。"（之三）"狮子岩头石，精庐只尺开，十年高卧处，我更抱琴来。师子林，瞿山人。"（之四）"石迭双幢起，云堆孤刹开，峰头新翠湿，依旧上衣来。翠微寺用王叔明笔法图之。"（之五）"白云最深处，忽有洞门开。梵音都不解，寂寂见如来。观音岩。"（之六）"灵火何曾息，丹炉不敢开。只疑成九转，（为）待旧人来。炼丹台"（之七）"莲蕊何年结，莲华天上开。只疑成佛坐，故作泛楼来。莲花峰下有莲蕊峰并写，此益见造化之巧。瞿山。"（之八）"借问天都路，云门在此开。古今从不闭，尘屐哪能来？云门峰如天阙立□，游黄山者必由此入，屐斯不经已如飞渡矣。"（之九）"山影连还断，云光扪复开。万松声乍息，啼鸟月中来。松谷。"（之十）"地怪波心断，天惊石隙开。桃花源渐近，不见武陵来。由汤池自龙潭，巨石闭空无路可入，游者从石隙中侧身而

264

行过此则为桃花源矣。瞿山记。"（之十一）"黄山三十二，中央八面开。眼前铺大海，我欲泛槎来。文殊台。""梅瞿山精品。小米家船珍藏。白蕉。"（之十二）

收录于《梅瞿山画集》。原藏于唐云处，现为台北私人收藏。

8.《炼丹台图》轴。题款："古帝丹台迹未荒，行来鼎内紫芝香。便须采药探灵火，仙液千年味更尝。炼丹台。仿松雪笔意。瞿山梅清并题。"

收录于《中国古代书画图目》第十二册。现藏于安徽省博物馆。

9.《黄山奇景图》轴。题款："我爱梅华老道人，挥毫落纸尽如神。持将海上千年酒，醉向江南四季春。瞿山梅清并题。"

收录于《中国古代书画图目》第四册。现藏于上海博物馆。

10.《天都峰图》轴。题款："昂首惊天阙，孤怀见化城。丹梯千仞渡，碧汉一峰撑，独鹤何年去，呼猿此日情。相携横绿绮，深夜数声鸣。步至慈光望天都峰。瞿山清。"

收录于《中国美术全集绘画编》第十册。现藏于辽宁省博物馆。

11.《龙潭听瀑图》轴。题款："路转群峰变，飞移别有天。桥通人迹少，阁倚午阴偏。龙甲千得隐，潭声万壑传。欲求高枕卧，幽梦遥相牵。此予坐狎浪阁看白龙潭旧句也。瞿山人清。"

收录于《中国古代书画图目》第十六册。现藏于辽宁省博物馆。

12.《白龙潭观瀑图》轴。题款："路转群峰变，飞移别有天。桥通人迹少，阁倚午阴偏。龙甲千浔隐，潭声万壑传。欲求高枕卧，幽梦遥相牵。此予坐押浪阁看白龙潭旧句也。爬山人清。"

收录于《中国美术全集绘画编》第十册。现藏于北京鲁迅博物馆。

13.《黄山图》（《仿北苑山水图》）轴。

收录于《中国古代书画图目》第十三册。现藏于广东省博物馆。

《天都峰图》

14.《仿黄公望黄海云涛图》扇面。题款："黄海云涛用大痴山人笔意写其大意。瞿山清。"

收录于《中国绘画总合图录》第一册。

15.《文殊台图》轴。题款："文殊台乃黄山中央之也，左天都右莲华三十六峰罗拜其下，须臾铺海大是奇观。瞿山。"

收录于《中国绘画总合图录》第一册。现藏于顾洛阜处，为张大千仿作。

16.《龙潭图》轴。题款："太古蛰龙醒，蚕丛霹雾开。五浮石不去，三峡雪飞来。瞿山清。"

收录于《海外遗珍·绘画》再续（台北故宫博物院1985年印行）。

17.《炼丹台图》册页一开。题款："云火何曾息，丹炉不敢开。只疑成九转，还待旧人来。炼丹台。"

收录于《梅瞿山画山水册》。题款同于《黄山图》册页十二开（亦知灵独秘）之七。

18.《松风涧瀑图》轴。题款："太古蛰龙醒，蚕丛霹雾开。五浮云不去，三峡雪飞来。瞿山清。"

收录于《梅瞿山画山水册》。题款同于《黄山图》册页十二开（亦知灵独秘）之二。

19.《蒲团松》轴。题款："蒲团松上坐此二人，应是不食烟火。石翁老先生以为何如。瞿山梅清。"

收录于《木扉藏明遗民画二十家》。现藏于郑德冲的木扉堂。

20.《黄山文殊台图》轴。题款："云里辟天闉，仙宫俯混茫。万峰齐下拜，一座俨中央。侧足惊难定，凌空啸欲狂。何当凭鸟翼，从此寄行藏。黄山文殊台乃大海中央一石也。天都莲华左右其间，观铺海必至此，始见其全。用黄鹤山樵笔意写之。瞿山梅清并题。"

收录于《中国古代书画图目》第二十二册。现藏于北京故宫博物院。

《黄山文殊台图》

21.《黄山天都峰图》轴。题款："十年幽梦系轩辕，身历层岩始识尊。天上云都供吐纳，江南山尽列儿孙。峰抽千仞全无土，路入重霄独有猿。谁道丹台灵火息，朱砂泉水至今温。天都峰。仿荆关笔意。瞿山梅清并题。"

收录于《中国古代书画图目》第二十二册。现藏于北京故宫博物院。

《黄山天都峰图》

22.《莲花峰图》轴。题款："仙根谁手种，大地此开花。直饮半天露，齐擎五色霞。人从香国转，路借玉房遮。莲子何年结，沧溟待泛槎。莲花峰。瞿山清。"

收录于杨臣彬《梅清生平及其绘画艺术（续）》（《故宫博物院院刊》1986年

第 2 期）。现藏于北京故宫博物院。

23.《白龙潭图》轴。题款："苍松翠壁瀑声奇，六月来游暑不知。仙子真踪无处觅，白龙潭上立多时。白龙潭摹松雪笔意。瞿山梅清并题。"

收录于《中国绘画全集21·清3》。现藏于北京故宫博物院。

24.《西海门图》轴。题款："一径开危窦，悬崖万丈高。是峰皆列戟，无岭不飞涛。花叠章藤枝，云深染布袍。海门开处幻，只觉化工劳。西海门。瞿山。"

收录于《故宫博物院藏文物珍品全集》（商务印书馆1996年版）。现藏于北京故宫博物院。

25.《朱砂泉图》轴。题款："凝砂喷玉不知寒，闻道仙人此濯丹。浴罢莫疑仙路远，临流忽已长飞翰。朱砂泉汤池。瞿山清。"

收录于《故宫博物院藏文物珍品全集》。现藏于北京故宫博物院。

26.《炼丹台图》轴。题款："皇帝飞升处，遗台迹未荒。莫疑丹灶冷，尚觉紫芝香。暧碳生云气，嶙峋吐剑铓。何人采仙药，大冶火灵光。炼丹台。瞿山清。"

收录于《故宫博物院藏文物珍品全集》。现藏于北京故宫博物院。

27.《光明顶揽胜图》轴。题款："旷绝光明顶，天南四望空。谁知孤啸处，身在万峰中。呼吸风雷过，嶙岏日月通。仙踪如可接，何必梦崆峒？光明顶仿云林笔意。瞿山梅清并题。"

收录于杨光河等编《画苑遗珍》（外文出版社1994年版）。现藏于中央美术学院附属中等美术学校。

28.《狮子峰图》轴。题款："狮子峰头石，仙人此结庐。孤筇无着处，双屐尽凌虚，衣冷疑秋逼，山空觉磬疏。何时憩黄海，天半问邻居。狮子林由后海至前海，予曾止宿其地，同友人赋诗竟夜。六月拥棉被犹栗然相向，皆世外事也。作此画因记昔游之不再。仿高尚书笔意。老瞿。"

收录于《中国古代书画图目》第四册。现藏于上海博物馆。

29.《黄山松谷图》轴。题款："日落峰阴乱，山空瀑响齐。断云闲不去，幽鸟寂还啼。投足仙源近。回看世路迷，中宵眠更起，孤月在岩西。从仙源入黄山，必先宿松谷。松谷乃黄山后海门户也，幽静清远，皆非人世。仿刘松年笔意。瞿山梅清。"

收录于《中国古代书画图目》第四册。现藏于上海博物馆。

30.《铺海图》轴。题款："黄山三十六峰，唯天都莲花二峰最高，而文殊台则黄海之中央也，予写铺海图必以此三峰并列焉。瞿山梅清。"

收录于《中国古代书画图目》第四册。现藏于上海博物馆。

（三）不确定时期绘画作品

1.为时翁作《仿坡仙梅花图》卷。题款："岩际春风冷，枝头月影通。清光浮动处，香气有无中。仿坡仙笔意，呈时翁老夫子大教。瞿硎后学梅清拜手。"

收录于《中国古代书画图目》第二十二册。现藏于北京故宫博物院。

2.《仿李营丘梅花屋图》轴。题款："千树梅花旧草堂，依稀十里画生香。寒山独坐无人到，吟就新诗索画尝。"

收录于《中国古代书画图目》第二十二册。现藏于北京故宫博物院。

3.《山水图》卷二段。题款："李营丘梅花书屋图。瞿山。"（之一）"沧海几回干，桑田几番改。谁信天地间，竟有山头海。仿黄鹤山樵笔意。老瞿并题。"（之二）

收录于《中国古代书画图目》第二十二册。现藏于北京故宫博物院。

4.《松溪图》轴。

收录于《中国古代书画图目》第一册。现藏于中国历史博物馆。

5.《山窗读书图》轴。

收录于《中国古代绘画图目》第四册。现藏于上海博物馆。

6.《仿古山水图》四条屏。

收录于《中国古代绘画图目》第四册。现藏于上海博物馆。

7.《仿梅道人山水》轴。

收录于《中国古代绘画图目》第四册。现藏于上海博物馆。

8.《鸣弦泉图》轴。题款："山头曳杖听流泉，湘浦飞声入五弦。仿佛音徽奏仙乐，一齐分韵到尊前。鸣弦泉，仿石田老人笔意。瞿山梅清并题。"

收录于《中国古代书画图目》第十二册。现藏于安徽省博物馆。

9.《扶筇探梅图》轴。题款："东风几树影横斜，峭壁空亭庭寂不哗。未是孤山林处士，扶筇谁独探梅花。仿李营丘笔意。瞿山梅清并题。"

收录于《中国古代书画图目》第十二册。现藏于安徽省博物馆。

10.与梅庚、梅翀、梅蔚、梅琢成合作《山水》册页五开。

现藏于安徽省博物馆。

11.《千峰雪色图》轴。

收录于《中国古代书画图目》第八册。现藏于天津历史博物馆。

12.《瞿硎石室图》轴。题款："我爱先生披鹿裘，一声长啸万山秋。只今洞口孤云出，谁解瞿硎伴我游。瞿硎石室一号山门，乃宁阳第一仙境。瞿山清识。"

收录于《中国古代书画图目》第十一册。现藏于浙江省博物馆。

13.《水石图册》册页十二开。题款："瞿山"（之一）"瞿山"（之二）"一叶下空江，孤帆去何处。日落晚风多，钟声听不住。瞿山。"（之三）"危阁起寒空，凌虚接宵霭。疑是黄山云，依稀风铺海。瞿山。"（之四）"孤鸿不来，梧桐欲落。空山无人，一声孤鹤。瞿山。"（之五）"野径荒亭石壁开，萧萧木落水潺洹。分明一幅云林画，曳杖无人待我来。老瞿山人。"（之六）"偶来松树下，长啸弄瑶琴，可叹无知己，平生一片心。瞿山清集句。"（之七）"瞿山"（之八）"瞿山（之九）"瞿山"（之十）"秋风吹渭水，把钓忆高怀。山静问孤啸，新诗任意裁。瞿山。"（之十一）"香疑近庾岭，枝斜在汉滨。醉中横洒墨，愁绝陇头人。瞿山梅清。"（之十二）

收录于《中国绘画总合图录》第四册。山口良夫旧藏。

14.《松石图》轴。题款："仿石田老人笔意。瞿山梅清写。"

收录于《中国古代书画图目》第十三册。现藏于广东省博物馆。

15.《山水图》轴。题款："万木浓阴野兴绕，南熏何处竞炎□。更横绿绮茶挡畔，流水声中夏尽消。仿梅华道人笔意。瞿山梅清并题。"

收录于《中国绘画总合图录》第四册。山口良夫旧藏。

16.《仿赵孟頫山水图》轴。题款："……仿松雪笔意。瞿山梅清并题。"

收录于《中国绘画总合图录》第四册。山口良夫旧藏。

17.《水墨山水图》轴。

收录于《中国绘画总合图录》第四册。山口良夫旧藏。

18.《栖真山图》轴。

收录于《中国绘画总合图录》第四册。现藏于江田勇二处。

19.梅翀合作《山水册》八开（各四开）。梅清四幅题款："松雪风流自不群，青山碧树尽成云。春风不断江南路，吹过轻帆□气□。瞿山并题。"（之五）"仿荆浩关同。"（之六）梅清"仿李成。"（之七）梅清"仿马遥父。"（之八）

收录于《世界名画全集》第十七册（东京都平凡社昭和三十五年版）。现藏于京都桥本节哉处。

20.《云门放艇图》轴。题款："野水悬高垒，闲情咏急流。山随云树转，天挂浪花浮。去住将何宅，安危不系舟。春蚕传好手，黄鹤是仙俦。仿黄鹤山樵《云门放艇图》。瞿山梅清并题。"

收录于《木扉藏明遗民画二十家》。现藏于郑德冲的木扉堂。

21.《梅花书屋图》轴。题款："千树梅花旧草堂，依稀十里画生香。寒山独坐无人到，吟就新诗索画尝。仿李营丘梅花书屋。瞿山梅清。"

收录于《梅瞿山画山水册》。

22.《山居烟雨图》轴。题款："仿郭河阳《山居烟雨图》。"

收录于《梅瞿山画山水册》。

23.《悬瀑图》轴。题款："临刘松年笔意，为老年翁教之。瞿山梅清。"

收录于《梅瞿山画山水册》。

24.《仿沈周山水图》轴。题款："孤舟停晚壑，老树起寒烟。洒罢千峰墨，高呼向石田。"

25.《响潭泛舟图》轴。题款："野涨接城闉，轻舟放宛津。晴光惊乍远，酒气觉逾亲。荡桨云移树，萧吹月近人。空潭回月色，隐隐见龙鳞。泛舟响潭，用马遥父笔意。瞿山。"

附录二　书法作品

1.行书《题画诗》扇页。

收录于《中国古代书画图目》第十七册。现藏于安徽省博物馆。

2.为赓虞老年台作草书《报国寺古松歌》扇面。题款："韦侯旧迹于今少，天下何由叹神妙。飞腾秃笔舞潜虬，凌厉风霜上苍浩。芙蓉岭半盘屈奇，天台绝壁伸危枝。云气满衣笑相见，俨同画里烟霞姿。黄河以北谁如此，东鲁祠前曾足比。谁道长安古寺中，五岳寒涛拂天起。吁磋画者难为工，仰高拍手惊双瞳。但得长醉坐终日，何必黄山第一峰。报国寺古松歌书似赓虞老年台正之。瞿山同学弟梅清。"

收录于《中国古代书画图目》第四册。现藏于上海博物馆。

3.行书《七律诗》轴。

收录于《中国古代书画图目》第十二册。现藏于朵云轩。

4.为崔老道翁作《新安诸子招游城西诗》轴。题款："重来四十载，指点认溪山。放眼长桥外，沉吟绝壁间。人烟生宵霭，鸟语落潺湲。安坐诸天寂，能消半日闲。新安诸子招游城西为崔老道翁正。瞿山梅清。"

收录于《中国古代书画图目》第二十二册。现藏于北京故宫博物院。

附录三　印章作品

　　梅清的别号很多，常见的有瞿硎、瞿山道者、老瞿、新田山长、梅楞、梅楞山口、梅痴、柏枧、柏枧山口人家、柏枧山中人、茶峡、茶峡草堂、衡洞草堂、天延阁、雪庐、云烟过眼楼、莲峰长者、莲华峰长者、敬亭、敬亭画逸、白发老顽皮、天闲道人等。其中，"瞿硎"名号出自宣城一位知名隐者，晋太和年间，宣城文脊山有高士隐居，其居处前有一块瞿硎石，因此人称"瞿硎先生"。大司马桓温曾率众入山中寻访，只见高士披鹿裘端坐石室中，神无怍色，温及僚佐数十人皆莫测之，乃命伏滔为之铭赞。梅清之号瞿山，即是对瞿硎隐者的倾慕，有诗明志："我爱先生披鹿裘，一声长啸万峰秋。只今洞口孤云出，谁解瞿硎伴我游。"新田、天延阁、茶峡是梅清居住过的住所。柏枧山为梅氏家族发迹之处，"柏枧""柏枧山口人家""柏枧山中人"显示其不忘本。

　　梅清的书画作品中还钤有许多闲章，如敬亭山下双溪之上、游戏三昧、画松、可为知者道、翰墨余事聊以自娱、不薄今人爱古人、我法等。下附梅清常用印章。

梅清1

梅清2

梅清3

梅清4

梅清印1

梅清印2

白发老顽皮

柏枧山中人

柏枧山口人家

不薄今人爱古人

茶峡

茶峡

茶峡草堂

臣清1

臣清2

臣清瞿山

敬亭

臣清3

画松

敬亭山下双溪之上

瞿山

瞿山氏

瞿硎山人

老瞿清

老梅

梅

莲花峰顶三生梦

梅痴

梅花书屋

梅瞿山

梅子1

梅子2

偶尔

清

山高水长

我法

烟云过眼楼

游戏三昧

渊公

直上云门一放歌

子真之裔

皆大欢喜

可为知者道

梅清瞿山氏

梅清诗画印

梅清私印

梅清之印

藏之名山传之其人

山高水长

得句自长吟

东山草堂

古欢

古欢

古人在我

翰墨余事聊以自娱

濠上翁

后之视今今之视昔

花月

家居白云深处

敬亭画逸

敬亭山壑

瞿老人

瞿山1

瞿山2

瞿山3

瞿山人

瞿山人清记

瞿山氏珍玩章

瞿硎

瞿硎清

瞿硎山人

瞿硎石室中人

可为知者道

老瞿1

老瞿2

老去看山眼倍青

梅痴

名予曰清字之则渊

南冈草堂

老更狂

一声渔笛在沧浪

梅清诗画印

名予曰清字之则渊

宜认酒徒

主要参考文献

一、著作

［1］《梅瞿山黄山图册》，中华书局民国（1912—1949年）影印本。

［2］《梅瞿山黄山胜迹图册》，上海文明书局民国十四年（1925年）、民国二十九年（1940年）影印本。

［3］［清］张庚：《国朝画征录》，民国二十三年（1934年）活字本。

［4］《梅瞿山笔墨山水图》，商务印书馆民国二十三年（1934年）影印本。

［5］《梅清仿古山水册》，上海博物馆1954年影印本。

［6］郭味蕖编：《宋元明清画家年表》，中国古典艺术出版社1958年版。

［7］道济著，俞剑华标点注译：《石涛画语录》，人民美术出版社1959年版。

［8］于安澜编：《画史丛书》，上海人民美术出版社1963年版。

［9］［清］梅清绘：《梅清黄山图册》，上海人民美术出版社1980年版。

［10］徐邦达编：《中国绘画史图录》，上海人民美术出版社1981年版。

［11］俞剑华编：《中国美术家人名辞典》，上海人民美术出版社1981年版。

［12］谭正璧主编：《中国文学家大辞典》，上海书店1981年版。

［13］王士禛：《带经堂诗话》，人民文学出版社1982年版。

［14］南京大学历史系《中国历代名人辞典》编写组编：《中国历代名人辞典》，江西人民出版社1982年版。

［15］徐州师范学院中文系《简明中国古典文学辞典》编写组编：《简明中国古典文学辞典》，江西人民出版社1983年版。

［16］刘夜烽、徐传礼选注：《黄山诗选》，安徽人民出版社1983年版。

［17］邓之诚：《清诗纪事初编》，上海古籍出版社1984年版。

［18］穆孝天：《梅清》，上海人民美术出版社1986年版。

［19］安徽省文学艺术研究所编：《论黄山诸画派文集》，上海人民美术出版社1987年版。

［20］朱旭初编：《中国古代闲章拾萃》，江苏美术出版社1987年版。

［21］上海博物馆编：《中国书画家印鉴款识》，文物出版社1987年版。

［22］刘秉升主编：《黄山志》，黄山书社1988年版。

［23］李玉安、陈传艺编：《中国藏书家辞典》，湖北教育出版社1989年版。

［24］吴山主编：《中国工艺美术大辞典》，江苏美术出版社1989年版。

［25］徐世昌：《晚晴簃诗汇》，中华书局1990年版。

［26］廖盖隆等主编：《中国人名大词典·历史人物卷》，上海辞书出版社1990年版。

［27］李国钧主编：《中华书法篆刻大辞典》，湖南教育出版社1990年版。

［28］张哲永等主编：《中国茶酒辞典》，湖南出版社1991年版。

［29］许焕玉等主编：《中国历史人物大辞典》，黄河出版社1992年版。

［30］马德泾等主编：《镇江人物辞典》，南京大学出版社1992年版。

［31］［清］施闰章撰，何庆善、杨应芹点校：《施愚山集》，黄山书社出版1992年版。

［32］戎毓明主编：《安徽人物大辞典》，团结出版社1992年版。

［33］［清］陈维崧等著，钱仲联选编：《清八大名家词集》，岳麓书社1992年版。

［34］王克文：《山水画谈》，上海人民美术出版社1993年版。

［35］马兴荣等主编：《中国词学大辞典》，浙江教育出版社1996年版。

［36］钱仲联编：《中国文学家大辞典·清代卷》，中华书局1996年版。

［37］［清］梅清：《天延阁删后诗》，《四库全书存目丛书》编纂委员会编《四库全书存目丛书·集部第二二二册》，齐鲁书社1997年版。

［38］［清］梅清：《敬亭倡和诗》，《四库全书存目丛书》编纂委员会编《四库全书存目丛书·集部二二二》，齐鲁书社1997年版。

［39］［清］梅清：《敬亭唱和诗》，《四库全书存目丛书》编纂委员会编《四库全书存目丛书·集部二二二》，齐鲁书社1997年版。

［40］［清］梅清：《天延阁联句唱和诗》，《四库全书存目丛书》编纂委员会编《四库全书存目丛书·集部第二二二册》，齐鲁书社1997年版。

［41］［清］梅清：《天延阁后集》，《四库全书存目丛书》编纂委员会编《四库全书存目丛书·集部第二二二册》，齐鲁书社1997年版。

［42］［清］梅清：《天延阁赠言集》，《四库全书存目丛书》编纂委员会编《四库全书存目丛书·集部第二二二册》，齐鲁书社1997年版。

［43］［清］梅清：《瞿山诗略》，《四库全书存目丛书》编纂委员会编《四库全书存目丛书·集部第二二二册》，齐鲁书社1997年版。

［44］李来源、林木编：《中国古代画论发展史实》，上海人民美术出版社1997年版。

［45］臧励和等编：《中国人名大辞典》，商务印书馆出版1998年版。

［46］傅璇琮等主编：《中国诗学大辞典》，浙江教育出版社1999年版。

［47］顾文彬等撰：《过云楼书画记》，江苏古籍出版社1999年版。

［48］薛永年主编：《中国绘画的历史与审美鉴赏》，中国人民大学出版社2000年版。

［49］王伯敏：《中国绘画通史》，生活·读书·新知·三联书店2000年版。

［50］钱仲联等主编：《中国文学大辞典》，上海辞书出版社2000年版。

［51］许承尧：《歙事闲谭》，黄山书社2001年版。

［52］陈传席：《中国山水画史》，天津人民美术出版社2001年版。

［53］彭修银：《中国绘画艺术论》，山西教育出版社2001年版。

［54］邵洛羊总主编：《中国美术大辞典》，上海辞书出版社2002年版。

［55］王伯敏、任道斌主编：《画学集成（明—清）》，河北美术出版社2002年版。

［56］徐英槐：《中国山水画史略》，浙江大学出版社2003年版。

［57］邓绍基主编：《中国古代戏曲文学辞典》，人民文学出版社2004年版。

［58］薛永年、杜鹃：《中国绘画断代史·清代绘画》，人民美术出版社2004年版。

［59］徐建融：《元明清绘画研究十论》，复旦大学出版社2004年版。

［60］王鸿鹏等编著：《中国历代榜眼》，解放军出版社2004年版。

［61］汪世清编著：《石涛诗录》，河北教育出版社2005年版。

［62］朱道平：《朱道平解析梅清》，天津人民美术出版社2005年版。

［63］［清］闵麟嗣：《黄山志定本》，《中国名山志》（九），全国图书馆文献缩

微复制中心2005年影印本。

[64] 乔晓军编著：《中国美术家人名辞典·补遗一编》，三秦出版社2007年版。

[65] 乔晓军编著：《中国美术家人名辞典·补遗二编》，三秦出版社2007年版。

[66]〔清〕洪亮吉、凌廷堪总纂：《宁国府志》，黄山书社2007年版。

[67]〔清〕胡有诚主修，丁宝书总纂：《广德州志》，黄山书社2008年版。

[68]〔清〕李应泰、范葆廉主修：《宣城县志》，黄山书社2008年版。

[69] 郑午昌：《中国画学全史》，东方出版社2008年版。

[70] 郑昶：《中国美术史》，岳麓书社2010年版。

[71] 中国文物学会专家委员会编：《中国文物大辞典》，中央编译出版社2008年版。

[72]〔清〕梅清绘：《梅清画集》，天津人民美术出版社2008年版。

[73]〔清〕沈雄著，孙克强、刘军政校注：《古今词话》，上海古籍出版社2009年版。

[74] 孙之梅：《钱谦益与明末清初文学（增订版）》，山东大学出版社2010年版。

[75] 浙江省通志馆编，浙江省地方志编幕委员会整理：《重修浙江通志稿》，方志出版社2010年版。

[76] 傅抱石：《中国绘画理论》，江苏教育出版社2011年版。

[77] 陈连琦主编：《中国画大师经典系列丛书·梅清》，中国书店出版2011年版。

[78] 赵红娟：《明清湖州董氏文学世家研究》，中国社会科学出版社2011年版。

[79] 万柳：《清代词社研究》，中州古籍出版社2011年版。

[80] 余英时：《方以智晚节考》，生活·读书·新知三联书店2012年版。

[81] 宋豪飞编：《明清桐城桂林方氏家族及其诗歌研究》，黄山书社2012年版。

[82] 李婵娟：《清初古文三家年谱》，世界图书出版广东有限公司2012年版。

[83] 王虎华主编：《扬州瘦西湖》，南京师范大学出版社2012年版。

［84］张小庄编著：《清代笔记、日记绘画史料汇编》，荣宝斋出版社 2013 年版。

［85］程芸编：《元明清戏曲考论》，中国社会科学出版社 2013 年版。

［86］童永生：《宣城画派研究》，江苏凤凰美术出版社 2017 年版。

［87］程章灿主编：《江南通志》，凤凰出版社 2019 年版。

［88］［清］魏宪编，方丽萍、丁洁琼校注：《百名家诗选》，广西师范大学出版社 2024 年版。

二、学术论文

［1］杨臣彬：《梅清生平及其绘画艺术》，《故宫博物院院刊》1985 年第 4 期。

［2］杨臣彬：《梅清生平及其绘画艺术（续）》，《故宫博物院院刊》1986 年第 2 期。

［3］曹玉林：《轩朗高妙 清奇秀远——梅清生平与艺术》，《荣宝斋》2006 年第 1 期。

［4］刘继潮、刘源：《智者梅清——读〈梅清黄山图册〉兼论古典山水画的创作机理》，《书画世界》2007 年第 5 期。

［5］樊波：《写意大手笔 奇绝生妙境——梅清山水审美再探》，《中国书画》2007 年第 11 期。

［6］白珂：《梅清"晚期"画风再认识》，中国艺术研究院 2009 年硕士学位论文。

［7］解安宁：《论梅清山水画艺术意境之表现》，《艺术探索》2011 年第 5 期。

［8］何炳谕：《清初黄山画派研究》，青岛大学 2012 年硕士学位论文。

［9］蔡涵悦：《梅清尚"奇"的绘画艺术》，中央美术学院 2013 年硕士学位论文。

［10］任颖欣：《梅清山水画中的物象形态与空间构成——以〈黄山十九景〉为例》，中央美术学院 2016 年硕士学位论文。

［11］张继超：《物象形态与空间构成——论梅清山水画的艺术特色》，《艺术生活–福州大学厦门工艺美术学院学报》2017 年第 5 期。

后　记

　　《清史稿·列传》记载：梅清"宋梅尧臣后也。清英伟豁达，自力于学，以淹雅称。顺治十一年举人，试礼部不第。朝士争与之交，王士祯、徐元文尤倾倒焉。诗凡数变，自订天延阁前后集。年七十余，复合编《瞿山诗略》。书法仿颜真卿、杨凝式。画尤盘礴多奇气。尝作《黄山图》，极烟云变幻之胜，为当时所重。"一个功名不举之人，被当时的文坛所推崇，并正史留名，首要的是门第家世对他的影响，良好的家风潜移默化地影响了他的品行和为学态度，家学渊源则影响了他的文学涵养、文体选择和作品风格。其次，广泛的交游对其人格志趣、诗歌、绘画和印章创作有很大影响。第三，地域文化对其人其诗亦有沾溉熏陶作用，宣城的自然山水激发、感染了梅清的创作性情，人文环境中的诗歌文化景观、"温柔敦厚"的乡俗士风、尚佛习俗等则影响着梅清的审美情趣。当然个人的天分也是少不了的。

　　梅清首先是作为画家出现在人们面前的。著名的美术史论家陈传席最早提出"宣城画派"的概念，他在《论皖南诸画派几个问题》中说："皖南地区在明末清初实际存在着三个画派，其一是以渐江为首的新安派；其二是以梅清为首的宣城派；其三是以萧云从为首的姑熟派。新安派的画，其突出特征，是构图稳定、简朴，气氛冷静清逸，几乎所有的山都是用大大小小方形几何体组成，主要是用线条空勾，线条瘦峭坚凝，犹如折铁，山石的突凸处不皴，乃至大片的面积全留空白，不着一笔，仅以暗处以干笔略皴。姑熟派的画之突出特色颇类新安派。山头也多用石块堆叠而成。姑熟派的画不同于新安派的是：其画山水增加一些横皴或竖皴，线条和墨色没有新安派那样刚挺、简洁、明净，气氛虽也荒寒，但不像新安派那样强烈。宣城派的画线条曲拙，水墨淋漓，从稳静中产生了跃动，虽然缺乏了'冷'的感觉，'凉'的气氛仍在，宣城派的画显然和新安派有差距，变化较大，但也可以看出它从冰冷变清凉，从稳静中变跃动，和新安派还算有一点联系。

这一点联系可以合而共称为一个大画派而不能加入新安画派。"2006年4月，在安徽合肥举行的"新安画派继承与发展学术研讨会"上，著名的美术史论家薛永年和陈传席先后谈及宣城画派，薛永年称："宣城派我最早是听陈传席先生提出来的，他是用开派画家梅清的籍贯来命名的，包括梅氏家族这么一批人。陈先生说，皖南地区在明末清初有三个画派，第一个是以渐江为首的新安派，第二个是以梅清为首的宣城派，第三个是以萧云从为首的姑熟派，统称为皖南诸画派。"陈传席说："我研究新安画派是23年前，20多年过去了，有个事情刚才被薛永年先生揭露出来了，就是当时皖南有几个画派呢？姑熟画派有了，新安画派有了，就是没有宣城画派，我当时写这个问题时，跑到南京去查地方志，南京师范大学是全国藏地方志最多的一个学校，也没有查到宣城画派，后来我就把梅清写成宣城画派。"2011年6月，在安徽宣城举行的"梅清与宣城画派学术研讨会"上，陈传席在发言中说："虽然以前书里面也有提到梅清的，但没有提到宣城画派。在画史里面第一个把梅清和宣城画派列为章节写出来的，我是第一个。距今将近30年了，1981年，我研究美术史那几年。"

梅清是我国具有地域特色和风土人情的宣城画派领军人物，其绘画理论和绘画境界是他绘画的最高成就。他与宣城画派其他大家石涛、梅庚、梅蔚、梅磊、梅翀、梅琢等人一道不仅开创了具有现代审美意识的山水画新形式，而且还给中国山水画留下了很多具有创新意义的理论。中国山水画创作到了明代之后，摹古之风日盛，而此时的宣城画家们却独树一帜，习古不泥古，崇尚个性，抒情写意，高举"我法"旗帜，挑战主流绘画思想，为其后中国山水画的传承和发展开创了新的道路。梅清深厚的绘画功底既有沈周的笔墨技法，又有自己的主观感受，并赋予豪放、泼辣的用笔，为山水派画作注入了新的内容，也登上了徽派画作的顶峰，创造了大量以黄山为题材的优秀画作。

梅清亦工诗文。相较于梅清晚年选汰重编的《瞿山诗略》，早年编就的《天延阁删后诗》《天延阁后集》更全面地记载了他的早期生活和写作经历、最真切的情感，也最能反映他不同时期、不同地域的诗歌创作情况。坎坷的生活遭遇（中年丧子，老年丧妻）、十次北上应试（皆铩羽而归）和在出入尘世间徘徊的矛盾心情在其诗歌创作上都留下了痕迹。诗凡数变，然而"往复有定则，变化惟自然"，其诗风格虽多变，但温和雅淡之风不变。

梅清的书法仿颜真卿、杨凝式。颜书之妙，在于化唐初的清雅细润为丰腴雄浑，杨凝式书法亦从颜书得来，在其宽博的基础上向着洒脱散逸又迈进了一步，成为承接唐宋两朝书风的桥梁。梅清留下来的独立书作很少，但观其绘画上的款识和诗词，可以确信他是以此两家为范的。就风格特点而言，其题书时而工致，时而放逸，时而生涩，时而圆熟，不拘一格，灵活多变，自然、率真是其书风之精髓。

梅清从父梅鼎祚的《鹿裘石室集》中收录了两篇印谱序，序中的见解体现了梅鼎祚对印学的见识，从父梅膺祚是晚明文字学大家，这是梅清篆刻的家学渊源。在《梅清诗集》中，还有许多与徽籍印人程邃、戴本孝的交游记录，徽籍印人是清初篆刻的主力军，而程邃更是徽派鼻祖。梅清治印史实出自李驎的《大涤子传》："（石涛）时又画一横卷，为十六尊者像，梅渊公称其可敌李伯时，镌'前有龙眠'之章，赠之。"梅清在用印方面也不甘沿袭晚明旧习，篆刻布局灵活、新颖，字法重书写性，以缪篆、小篆为主，少用奇字，刀法迟涩，线条崇古。他是同时具备诗、书、画综合能力的印人，这在清代是一种趋势，也成为清代篆刻艺术发展的重要特色。

本书在编撰过程中，借鉴了学界的前贤时俊的研究成果，得到了宣城市历史文化研究会的支持，在此一并表示感谢。

我们不因简陋，花了几年时间，编撰了这本年谱，但笔者的学识有限，本书中难免存在一些舛误，敬请专家学者批评指正！

2024 年 5 月